KB048627

군주론

돋을새김 푸른책장 시리즈 **004**

군주론 [개정판]

초판 발행 2005년 6월 29일
개정10쇄 2023년 4월 30일

지은이 | 니콜로 마키아벨리
옮긴이 | 권혁
발행인 | 권오현

펴낸곳 | 돋을새김
주소 | 경기도 고양시 일산동구 하늘마을로 57-9 301호 (중산동, K시티빌딩)
전화 | 031-977-1854 팩스 | 031-976-1856
홈페이지 | http://blog.naver.com/doduls 전자우편 | doduls@naver.com
등록 | 1997.12.15. 제300-1997-140호
인쇄 | 금강인쇄(주)(031-943-0082)

ISBN 978-89-6167-185-9 (03340)
Copyright ⓒ 2005, 2015, 권혁

값 10,000원

*잘못된 책은 구입하신 서점에서 바꿔드립니다.
*이 책의 출판권은 도서출판 돋을새김에 있습니다. 돋을새김의 서면 승인 없는 무단 전재 및
 복제를 금합니다.

돌을새김
푸른책장
시 리 즈
0 0 4

군주론

니콜로 마키아벨리 지음 | **권혁** 옮김

돌을새김

군주에게 가장 튼튼한 요새는
국민들의 지지와 사랑이다.

니콜로 마키아벨리 Niccolo Machiavelli 1469~1527
르네상스 시대 피렌체의 외교관, 정치이론가, 저술가.

피렌체 시가

마키아벨리가 활동하던 15세기 피렌체 시가의 모습.

메디치 가의 사람들

메디치 궁 가족 예배실의 벽화. 이 궁은 코시모 데 메디치에 의해 1459년에 짓기 시작해 1461년에 완성되었다. 이 작품은 '아기예수를 경배하기 위해 베들레헴으로 가는 동방박사'라는 성서의 한 장면을 주제로 그린 것인데, 세 사람의 동방박사는 이 그림이 그려질 당시 유럽 종교계와 정계 거물의 얼굴들로 형상화하였다. 동방교회의 대주교 주세페와 비잔틴제국의 황제 요한네스

8세 팔라이올로구스, 그리고 가장 어린 동방박사가 후에 '위대한 로렌초'로 불리게 되는 로렌초
데 메디치다. 로렌초의 뒤를 그의 아버지 피에로와, 할아버지 코시모가 따르고 있다. 이 그림은
당시 피렌체에서 로렌초 가문의 위엄과 영향력을 과시하기 위해 그려졌으며, 로렌초의 얼굴 역
시 실제의 모습보다 이상화되어 표현되었다.

로렌초 데 메디치 Lorenzo de' Medici 1449~1492

로렌초 일 마그니피코는 가업인 금융업을 등한히 함으로써 메디치 가가 파산
의 조짐을 보였음에도 불구하고, 지성인이자 예술적 학문적 재능을 가진 인재
들의 후원자로서 자신의 이미지를 만드는 데 자부심을 가지고 열중했다.

지롤라모 리아리오와 파치 가의 음모

피렌체에 대한 주도권을 잡기 위해 교황 식스투스 4세의 조카 지롤라모 리아리오는 메디치 가의 경쟁자인 파치 가와 손잡고 로렌초 암살음모 사건을 일으킨다. 그러나 이 음모는 로렌초의 동생 줄리아노만을 살해함으로써 실패로 끝났고, 이로 인해 분노한 피렌체 인들과 교황청이 정면으로 충돌하게 된다.

프란체스코 스포르차 Francesco Sforza 1401~1466
15~16세기 이탈리아에서 중요한 역할을 했던 용병대장. 평민 출신이었으나
밀라노 공 비스콘티의 딸 비앙카(그림 오른쪽)와 결혼하여 후에 밀라노 공작
이 된다. 코시모 데 로렌초의 후원과 피렌체-밀라노 동맹에 힘입어 밀라노에
대한 확고한 지배권을 갖게 된다.

비앙카 마리아 비스콘티 스포르차 Bianca Maria Visconti Sforza

루도비코 스포르차 Ludovico Sforza 1452~1508

프란체스코 스포르차의 둘째 아들. 까무잡잡한 피부와 검은 머리카락 때문에 일 모로(Il Moro, 무어 인)로 불렸다. 형이 살해당하고 난 후 어린 조카의 섭정이 되었으나, 조카와 여동생을 각각 나폴리 공주, 신성로마제국 황제와 결혼시키는 방법으로 밀라노의 실질적 지배자가 되고자 했다. 샤를 8세의 밀라노 입성을 환영함으로써 프랑스에게 이탈리아 침략의 빌미를 주었다가 나중에는 대적했다. 그러나 이후 다시 침략해온 루이 12세에게 잡혀 프랑스에서 여생을 마쳤다.

체사레 보르자 Cesare Borgia 1475~1507

교황 알렉산데르 6세의 아들로, 아버지와 프랑스 왕의 후원을 받아 이탈리아 중부 로마냐 지방의 통치권을 확보하고 자신의 왕국으로 세우려고 했다. 그러나 교황 알렉산데르 6세가 죽고 나서 자신도 병이 났으며, 그의 통치권을 인정하지 않는 새 교황 율리우스 2세와 대립하면서 체포와 탈출을 거듭하다 뜻을 이루지 못하고 죽었다. 자신의 권력을 지키기 위해 탁월한 군사력과 외교력은 물론 속임수와 잔혹함까지 갖추었던 그를, 마키아벨리는 신생 군주의 전형으로 보았다.

프란체스코 스포르차의 밀라노 입성

프란체스코 스포르차는 1434년 피렌체의 코시모 데 메디치와 용병 계약을 맺고 피렌체를 위해 싸웠으며, 비스콘티가 죽은 후 밀라노의 총사령관으로 임명되어 북이탈리아 연합군에 대항했다.

15세기의 용병들

15세기의 용병들은 유능한 장군의 지휘 아래 나라에 상관없이 돈을 주는 군주를 위해 싸웠다. 따라서 특정한 군주에게 충성심을 갖지 않았으며, 경우에 따라 적대적인 관계에 있는 두 나라 군주 모두에게 돈을 받기도 했다.

루이 12세 Louis XII 1462~1515

프랑스의 왕. 재위에 오르기 전부터 사촌인 샤를 8세와 함께 이탈리아 정복 전쟁에 적극적으로 참여했다. 왕위에 오르자 샤를의 미망인 안과 결혼하기 위해, 왕비 잔과의 결혼을 무효로 해주는 조건으로 교황 알렉산데르 6세의 아들 체사레 보르자를 발렌티노 공작에 임명했다. 나폴리와 밀라노의 소유권을 주장하며 이탈리아 원정에 열을 올렸으나, 그에 대항하는 신성동맹국들과 스위스 용병 등에 밀려 프랑스로 퇴각했다.

지롤라모 사보나롤라 Girolamo Savonarola 1452~1498

15세기 피렌체에서 활동한 설교가이자 종교개혁가. 도미니쿠스 수도회 소속의 수도사로, 지도자들의 부패와 사치를 비난하고 금욕적인 종교 생활을 강조하는 설교를 했다. 피렌체의 실질적인 통치자인 메디치 가를 정면으로 질타했으며, 샤를 8세에 의해 메디치 가문이 쫓겨나자 피렌체의 공화정을 이끌었다. 그러나 너무 급진적이고 극단적인 그의 개혁은 반대 세력을 키웠고, 결국 기적을 기대했다가 실망해 폭도로 변한 시민들에 의해 화형당하고 만다.

사보나롤라의 처형
피렌체의 시뇨리아 광장에서 행해진 사보나롤라와 동료들의 처형.

교황 식스투스 4세 Sixtus IV 1414~1484 **와 조카들**

프란체스코 수도회 소속이었으나 정치적 야심이 커 교황권을 크게 확대시켰
다. 이 과정에서 피렌체의 메디치 가문과 긴장관계가 형성되었으며, 로렌초
암살음모의 배후 인물이 된다. 음모가 실패로 끝나고 조카가 죽음을 당하자
로렌초에게 성사금지령을 내리는 등 피렌체에 압력을 행사하려 했으나, 이 또
한 실패하고 만다.

교황 율리우스 2세 Julius II 1443~1513

교황 식스투스 4세의 조카로, 교황령 확보에 열을 올렸다. 베네치아를 공격하
기 위해 프랑스와 에스파냐, 신성로마제국 황제 등과 캉브레 동맹을 맺었고,
프랑스를 견제하기 위해 에스파냐와 신성동맹을 맺기도 했다. 그러나 신성동
맹군은 라벤나 전투에서 프랑스에 대패하고 만다. 그의 재위 시절은 로마에
르네상스 문화가 꽃피기도 했다. 레오나르도 다 빈치와 미켈란젤로를 후원했
으며, 성베드로 대성당을 재건했다.

교황 레오 10세 Leo X 1475~1521

위대한 로렌초의 둘째 아들로 본명은 조반니 데 메디치다. 교황이 되자 아버
지 로렌초 시대에 누렸던 메디치 가문의 영광을 되찾기 위해 정치력을 발휘했
다. 피렌체 공화정과 나폴리 왕국에는 동생 줄리아노를, 추기경에는 사촌 줄리
오를, 교황대리인으로는 조카 로렌초를 임명해, 이탈리아 중부의 패권을 차지
했다. 프랑스의 프랑수아 1세가 이탈리아를 침략하자 그와 협약을 맺고 현실
에 안주했으며, 사치스러운 생활로 교황청의 재정을 탕진했다. 무리한 면죄부
판매와 마르틴 루터에 의한 종교개혁운동이 일어난 것도 그의 재위 때이다.

황제 막시밀리안 1세 Maximilian I 1459~1519
신성로마제국의 황제. 아들 펠리페의 정략 결혼을 통해 중부 유럽과 이베리아 반도를 포함하는 복잡한 동맹체제를 만들어냄으로써, 합스부르크 왕가를 16세기 유럽의 지배 세력으로 키운 인물이다. 그러나 이탈리아를 침략한 프랑스와 전쟁에서는 별 소득 없이 국력을 낭비하기도 했다.

황제 카를 5세 Karl V 1500~1558

신성로마제국의 황제. 아버지 막시밀리안 1세로부터는 독일의 합스부르크 왕
가를, 어머니로부터는 에스파냐 왕국을 물려받았으며, 독일의 왕으로 즉위하자
마자 신성로마제국 황제의 칭호를 얻었다. 프랑스와 교황 클레멘스 7세의 연
합군인 코냐크 동맹군을 물리치고 로마를 침략, 약탈했다. 결국 클레멘스 7세
는 카를과 강화조약을 맺고 황제의 왕관을 씌워주었다.

교황 클레멘스 7세 Clemens VII 1478~1534

파치 가의 음모로 살해된 줄리아노 데 메디치의 서자. 우유부단해서 이탈리아를 차지하려는 프랑스 왕 프랑수아 1세와 신성로마제국 황제 카를 5세 사이에서 애매한 태도를 보였다. 카를 5세가 로마로 쳐들어와 시민들을 약탈하자, 피렌체에서 메디치 가의 지배권을 인정해 주는 조건으로 신성로마제국 황제로 임명했다. 마키아벨리가 죽은 지 5년 후인 1532년에 『군주론』을 출간하게 했다.

차 례

위대한 로렌초 데 메디치 전하께

니콜로 마키아벨리가 올리는 글

군주의 총애를 받으려 하는 자들은 대부분 자신들이 가장 값지다고 생각하거나 군주가 가장 기뻐할 것이라 여기는 선물과 함께 군주를 알현하는 것이 관례입니다. 그리하여 군주들께서는 말과 무기, 금으로 수놓은 예복, 보석과 같은 군주의 위엄에 어울리는 장신구들을 선물로 받는 것을 자주 볼 수 있습니다.

그래서 저 또한 전하를 향한 충성심의 증거로써 선물을 준비하고자 했습니다. 그러나 제가 지니고 있는 것들 중에는 오랫동안 겪어온 사건들을 통해 알게 됐거나, 고대제도의 꾸준한 연구를 통해 알게 된 위인들의 업적에 관한 지식보다 더 가치 있고 소중한 것이 없음을 알게 되었습니다. 저는 그러한 업적들에 대해 오랫동안 관심을 기울여왔으며 또 연구해왔습니다. 이제 그 결과물을 한 권의 소책자로 정리하여 전하께 바치고자 합니다.

저의 글이 전하께는 하찮을 것이라 생각합니다. 그럼에도 불구하고 저에게는 몇 년에 걸친 곤경과 위험을 겪으며 체득하게 된 것들을 단시간 내에 전하께서 이해하실 수 있도록 해줄 이 소박한 선물보다 더 값진 것이 없으므로, 자비로운 전하께서 분명 받아주실 것이라 믿습니다.

　저는 이 글에 많은 저술가들이 흔히 그러듯이, 자신들이 다루는 주제를 묘사하고 장식하기 위한 화려한 구절이나 수사양식 혹은 불필요한 기교를 사용한 장식적이거나 고상한 문장을 사용하지 않았습니다. 저의 글을 돋보이게 하거나 의미 있게 만드는 것은 소재의 다양성과 내용의 진지함 외에는 없어야 한다고 생각했기 때문입니다.

　신분이 낮고 비천한 자가 감히 군주의 통치를 논하고 규정하려는 것을 주제넘다 여기시지 않기를 바랍니다. 풍경을 그리려는 사람이라면, 산맥과 고지대의 특징을 살펴보기 위해서는 낮은 곳에 있어야 하고 평원을 살펴보기 위해서는 산꼭대기에 있어야 하기 때문입니다. 이와 같은 이치로 백성의 본성을 잘 파악하기 위해서는 군주가 되어야만 하고, 군주의 본성을 잘 파악하기 위해서는 백성이 되어야만 하는 것입니다.

그러므로 저의 뜻을 헤아리시어 이 작은 선물을 받아주십시오. 이것을 꼼꼼히 읽고 깊이 성찰하신다면 운명과 전하의 능력에 의해 위대한 과업이 성취되기를 바라는 저의 뜨거운 열망을 발견하실 수 있을 것입니다. 그리하여 위대하신 전하께서 계신 그 높은 자리에서 낮은 곳을 바라보실 때, 그곳에 잔혹하고 연속된 불운으로 인해 부당하게 고통을 겪고 있는 제가 있다는 걸 알아차리시게 될 것입니다.[1]

제1장

군주국에는 몇 가지 종류가 있으며 어떻게 성립되는가

민중에 대한 지배권력을 행사해온 국가나 통치체제는 과거는 물론 지금까지 모두 공화국이거나 군주국이었습니다. 군주국은 군주의 가문에 의해 몇 대에 걸쳐 통치돼온 세습 군주국이거나 신생 군주국입니다.

신생 군주국은 프란체스코 스포르차가 통치하는 밀라노처럼 완전히 새로 탄생한 군주국이거나 에스파냐 왕이 통치하는 나폴리 왕국처럼 기존 세습 군주국의 군주에게 정복되어 편입된 군주국입니다. 이런 방식으로 편입된 영토는 기존 군주의 통치를 받고 있던 지역과 자유롭게 살고 있던 지역으로 구분할 수 있습니다. 이런 영토들을 얻는 방법에는 다른 세력의 무력을 이용하거나 스스로의 무력을 사용하는 경우가 있으며, 행운이거나 능력에 의해 얻는 경우가 있습니다.[2]

제2장

세습 군주국

공화국에 대한 논의는 다른 책자*에서 충분히 다루었기 때문에 여기에서는 다루지 않도록 하겠습니다. 앞에서 언급한 주제들을 논의함에 있어 오직 군주국에 관해서만 고려할 것이며, 이러한 군주국들을 어떻게 통치하고 유지할 것인가에 대해 논의할 것입니다.

군주 가문의 통치에 익숙한 세습 군주국은 그 통치과정에서 겪는 어려움이 신생 군주국보다 훨씬 적다고 할 수 있습니다.

세습 군주국은 오랫동안 지켜온 관습을 깨뜨리지 않는 것만으로도 충분히 유지될 수 있으므로 예상치 못한 사태에 대해서만 적절히

---

* 『군주론』을 쓰기 전에 시작한 마키아벨리의 『로마사론Discourses』

대처해도 되기 때문입니다. 그러므로 군주가 평범한 능력만 갖추고 있어도, 대적하기 힘들 정도의 강력한 세력이 등장해 지위를 박탈하지 않는 한 자신의 국가를 계속 유지할 수 있을 것입니다. 더 나아가 그런 사태가 발생하여 권좌에서 물러나게 된다 할지라도 찬탈자의 아주 작은 실수만으로도 권좌를 다시 차지할 수 있게 됩니다.

예를 들어, 이탈리아의 페라라 공작은 1484년에 베네치아와 1510년의 율리우스 교황의 공격을 물리쳤는데 그 이유는 오직 그가 그 지역을 오랫동안 통치하고 있었다는 것뿐이었습니다.[*] 세습 군주는 자신의 백성들을 괴롭힐 이유도 없고 그럴 필요도 거의 없기 때문입니다.

그가 백성들로부터 더욱 사랑받는 것은 자연스러운 일이며, 유별난 악행을 저지르지 않는 한 미움을 받지 않을 것입니다. 그가 백성들로부터 신뢰를 받는 것이 합리적이며 자연스러운 일이기 때문입니다. 더구나 군주 가문의 통치가 오래 지속됨에 따라 혁신에 대한 기억과 동기들은 서서히 소멸되기 마련입니다. 세상에서 발생하는 모든 변화는 또 다른 변화를 만들어낼 여지를 남기기 때문입니다.

---

[*] 페라라 공작 에르콜레Ercole d' Este(1471~1505)는 교황 식스투스 4세와 동맹을 맺은 베네치아에게 많은 영토를 빼앗겼으며, 그의 아들 알폰소Alfonso d' Este(1486~1534)는 1510년 프랑스에 대항하여 신성동맹을 맺은 교황 율리우스 2세의 공격을 받았다(마키아벨리는 두 가지 사건을 혼동하고 있다).

제3장

복합 군주국

복합 군주국의 통치방법

신생 군주국들은 많은 어려움을 겪게 됩니다. 무엇보다 신생 군주국이 완전히 새롭게 형성된 것이 아니라 병합된 경우라면(두 개의 군주국이 합쳐져 복합 군주국이라 부를 수 있게 된 경우), 신생 군주국들이 공통적으로 겪게 마련인 문제들로 인해 어려움을 맞게 될 것입니다.

즉, 사람들은 자신들의 처지를 스스로의 힘으로 향상시킬 수 있다고 믿게 되기 때문에 스스럼없이 군주를 갈아치우려 하게 되고, 이러한 믿음은 그들로 하여금 무기를 들고 지배자에게 저항하도록 만드는 것입니다. 그러나 곧 현실의 경험을 통해 상황이 더욱 악화됐다는 것을 알아차리게 될 것이므로, 그들은 스스로를 어리석게 만들게 된 것입니다. 신생 군주는 언제나 자신의 군대를 통해, 그리고 새로운 정복에 따른 무수한 가해 행위를 통해 새로운 백성들에게 피해를 줄 수밖에 없습니다. 따라서 이러한 상황 또한 자연스럽고 정상적인 필요에 의해 발생하게 되는 것입니다. 그렇게 하여 다른 군주국을 병합하는 과정에서 피해를 입혔던 모든 사람들을 적으로 만들게 되는 것입니다.

또한 새로운 지배자가 되는 데 도움을 준 거주민들에게는 그들이 기대했던 만큼 만족시켜줄 수도 없고, 신세를 진 그들에게 가혹한 조치도 취할 수 없기 때문에 우호적인 관계도 유지할 수 없게 됩니다. 제아무리 강력한 군사력을 지니고 있다 해도 어떤 지역을 점령하기 위해서는 그 지역 거주민들의 도움이 항상 필요하기 때문입니다.

프랑스 왕 루이의 실패

바로 이런 이유로 프랑스의 왕 루이 12세는 한달음에 밀라노를 정복했지만 순식간에 잃고 말았던 것입니다. 루도비코의 군대만으로도 그 지역을 단숨에 다시 찾을 수 있었던 것은, 루이 12세에게 도시의 성문을 열어주었던 백성들이 자신들의 믿음이 기만당했다는 것과 기대했던 만큼의 향상된 삶을 누릴 수 없으리라는 것을 알게

되자 새로운 군주를 지지하지 않았기 때문이었습니다.[3]

반란을 일으켰던 지역을 두번째로 점령해야 할 경우, 다시 되찾기란 무척 어려운 일입니다. 다시 그 지역을 탈환한 새로운 군주는 이전의 반란을 빌미로 반역자를 처벌하거나 역모 혐의자를 찾아낼 것이며, 취약한 전략지를 강화함에 있어 더욱 강력하게 대처할 것이기 때문입니다.

그렇기 때문에 루도비코 공작이 처음에는 단순히 국경지역을 교란하는 것만으로도 밀라노에서 프랑스를 몰아낼 수 있었지만, 두번째로 프랑스 군대를 격파하고 이탈리아에서 몰아낼 때는 모든 국가들이 연합하여 저항해야만 했던 것입니다.* 바로 앞에서 언급한 이유들 때문에 이런 사태가 발생하게 된 것이지만, 그럼에도 불구하고 프랑스로부터 밀라노를 두 번씩이나 탈환했던 것입니다.

병합한 영토를 유지하는 방법

지금까지 처음으로 영토를 잃게 되는 이유에 관한 일반적인 논의를 해보았습니다. 이제 한 번 탈환한 영토를 두번째로 잃게 되는 이유를 구체적으로 논의해보겠습니다.

프랑스 왕이 어떻게 대처했던가를 살펴보면 그와 유사한 상황에

---

* 교황 율리우스 2세를 중심으로 한 신성동맹군(에스파냐, 베네치아, 영국, 신성로마제국)과 프랑스 왕 루이 12세와의 전투(1512, 라벤나)에서 프랑스는 승리했으나 유능한 지휘자였던 가스통 드 푸아Gaston de Foix를 잃은 프랑스 군은 사기가 저하되어 이탈리아에서 철수해버렸다.

처한 군주가 어떻게 하면 프랑스 왕이 다스렸던 것보다 더 탄탄하게 점령지를 유지할 수 있는지 알게 될 것입니다.

우선 오랫동안 통치해온 국가에 새로이 점령한 영토들을 병합한 경우, 그것이 동일한 지역에 있는 영토인지, 동일한 언어를 사용하고 있는지 살펴봐야 합니다. 만약 그런 지역이라면 그 영토를 유지하는 것은 한결 쉬운 일이며, 특히 그곳의 백성들이 자유롭게 사는 것에 익숙하지 않을 경우 더더욱 쉬운 일입니다. 그 영토를 안정적으로 통치하려면 그곳을 지배하던 군주의 가문을 없애버리는 것만으로도 충분합니다. 통치하던 가문이 없어진다는 것 외에는 오래된 생활양식이 그대로 유지되고 관습도 변하지 않는다면 백성들은 평화로운 삶을 지속할 수 있기 때문입니다.

오랫동안 프랑스에 병합되어 있던 부르고뉴, 브르타뉴, 가스코뉴, 그리고 노르망디의 경우,* 비록 언어적 차이는 조금 있었지만 풍습이 유사했기 때문에 지금까지 쉽게 어울려 살아갈 수 있는 것입니다.

그러한 영토를 병합하여 유지하려는 군주라면 누구든 다음의 두 가지 점을 명심하고 있어야 합니다. 첫째, 옛 군주의 가문은 확실히 제거해야만 합니다. 둘째, 그들의 법률과 조세 방법에 변화를 주지 말아야 합니다. 그렇게 함으로써 새로운 영토는 매우 짧은 시일 내

---

* 부르고뉴는 1477년, 브르타뉴는 1491년, 가스코뉴는 1453년, 노르망디는 1204년부터 병합되어 있었다.

에 기존의 군주국과 합쳐진 하나의 정치체제가 될 것입니다.

언어, 관습, 제도가 다른 영토의 병합

그러나 새로이 병합된 영토가 언어와 관습 그리고 제도가 다르다면 그것으로 인해 상당한 어려움이 발생하며, 그곳을 유지하는 데 보다 많은 행운과 엄청난 노력이 필요하게 됩니다.

가장 적절하며 효과적인 해결책은 그 영토를 정복한 자가 스스로 그 지역에 가서 정착하는 것입니다. 그렇게 하면 투르크가 그리스를 통치했던 예에서 볼 수 있듯, 점령 지역을 보다 안정적으로 오래 지배할 수 있습니다. 점령지를 유지하기 위한 모든 예방조치들에도 불구하고 만약 현지에 가서 정착하지 않았다면 그 지역을 유지하는 것은 불가능했을 것입니다. 현지에 직접 살게 되면 분쟁을 그 발생단계에서 찾아낼 수 있으며 즉각적인 조치를 취할 수 있기 때문입니다. 현지에 살지 않을 경우, 분쟁이 생겼을 때 이미 아무런 해결책도 찾을 수 없을 때에서야 그 소식을 듣게 될 것입니다.

더 나아가 자신이 임명한 관리들이 그 지역을 약탈하지 못할 것이며, 백성들은 군주에게 직접 호소할 수 있다는 것에 만족할 것입니다. 그로 인해 그들은 기꺼이 선량한 백성이 되려 할 것이기 때문에 군주를 사랑할 더 많은 이유를 갖게 되지만, 만약 선량한 백성이 되기를 원치 않는 자들이라면 군주를 두려워할 더 많은 이유를 갖게 되는 것입니다.

또한 누구든 그 영토를 침범하려는 외국세력이라면 더욱더 주저하게 될 것이므로 현지에 사는 것만으로도 군주는, 해결점을 찾기가 지극히 어려운 문제가 아닌 이상 그 영토를 쉽게 빼앗기지 않을 것입니다.

식민지 건설의 장점

차선책이 있다면 한두 개의 지역에 군주국의 지원 역할을 할 식민지를 건설하는 것입니다. 군주에게는 식민지를 건설하거나 대규모의 보병 및 기병부대를 주둔시키는 것이 필요합니다. 식민지를 운영하는 데는 그다지 많은 비용이 들지 않습니다. 군주는 아주 적은 비용 혹은 전혀 비용을 들이지 않고서도 식민지를 건설하고 유지할 수 있습니다.

식민지 건설로 피해를 보는 사람들은 단지 새로운 이주민들에게 자신들의 경작지와 주택을 내주어야 하는 사람들뿐입니다. 국가 전체적으로 보아 피해를 보는 사람들은 소수에 불과합니다. 그리고 피해를 보게 되는 사람들은 여러 곳으로 분산되고 힘이 미약해지기 때문에 군주에게 위협이 될 수 없으며, 나머지 다수의 주민들은 아무런 피해 없이 살던 지역에 남아 있게 됩니다(이러한 이유로 그들은 아무런 소란도 피우지 않게 됩니다). 그들은 자신의 소유재산을 빼앗길까 두려워 도리어 군주를 향해 실수를 저지르지나 않을까 조심하게 됩니다.

이러한 식민지들의 운영은 비용도 많이 들지 않고, 주민들이 보다 충성스러워지므로 처치 곤란한 문제를 거의 일으키지 않는다고 결론 내릴 수 있습니다. 그리고 이미 언급했듯이 피해 입은 자들은 세력이 미약하고 이리저리 흩어져버리기 때문에 군주에게 전혀 위협이 될 수 없습니다.

이와 관련하여 고려해야 할 것이 있다면, 사람들을 다룰 때는 그들이 하고 싶은 대로 하도록 내버려두거나 아니면 철저하게 제거해야 한다는 점입니다. 사람들은 사소한 피해를 입었을 경우엔 보복을 꾀하지만 막대한 피해를 입었을 때는 감히 복수할 생각도 하지 못하기 때문입니다. 그러므로 사람들을 가혹하게 다뤄야 한다면 복수를 걱정할 필요조차 없을 정도로 확실하게 해야만 합니다.

군대 주둔의 문제점

그러나 식민지를 건설하는 대신 군대를 주둔케 한다면 더욱 많은 비용을 들여야 합니다. 그 지역에서 거두어들인 세금은 모두 국경을 경비하는 데 들여야 하기 때문입니다. 그렇게 되면 그 영토는 오히려 군주에게 손해가 됩니다. 그리고 군대가 그 영토 안에서 주둔지를 이곳저곳으로 옮기게 되면서 보다 더 심각한 폐해가 발생하게 될 것입니다.

지역의 주민들은 이러한 불편에 대해 분노하게 되고 서서히 반감을 품게 될 것입니다. 이렇게 형성된 적개심은 훗날 매우 위험할 수 있습니다. 비록 정복을 당했지만 그들은 자기 자신들의 고향에 머물고 있는 것이기 때문입니다. 그러므로 모든 면을 고려했을 때, 식민지화하는 것이 매우 효과적인 반면 군대를 주둔케 하는 것은 전혀 이로운 것이 없다 할 수 있습니다.

인접한 군소국을 다루는 법

더 나아가, 자신의 국가와 언어와 관습이 다른 지역을 정복했다면 스스로 인접한 군소국들의 지도자와 수호자로서의 역할을 수행해야 합니다. 그리고 국력이 강한 국가를 약화시키는 데 온힘을 기울여야 하며, 어떤 이유가 있더라도 자신과 대적할 만한 국가가 그 지역에 개입하지 못하도록 항상 경계해야 합니다.

아이톨리아[4] 인들이 로마 인들을 그리스로 끌어들였던 경우에서 볼 수 있는 것처럼, 지나친 야심을 지녔거나 혹은 두려움으로 인해 불만을 품게 된 자들은 언제나 강력한 외부세력을 끌어들이기 마련입니다. 로마가 침범했던 나라들은 한결같이 그 나라 거주민들의 요청이 있었습니다. 강력한 외부세력이 어느 지역으로 진입하게 됐을 때 그곳의 군소세력들이 모두 그에게 매달리게 되는 것은 자신들을 지배하고 있던 군주에 대해 시기심을 품고 있었기 때문입니다. 그러므로 이러한 군소세력들을 장악하는 데에는 거의 아무런 어려움이 없습니다. 그들은 모두 즉각적이며 자발적으로 새로운 군주가 점령한 국가의 일원이 되려하기 때문입니다.

군주는 군소세력들이 너무 강한 군사력과 영향력을 갖지 못하도록 경계만 늦추지 않으면 됩니다. 그리고 군주는 자신의 군대와 그들의 지원을 통해 강력한 세력들을 매우 쉽게 진압할 수 있으며 그 지역의 완벽한 중재자로 남게 되는 것입니다. 이러한 과정을 거치지 않은 군주는 자신이 획득한 영토를 쉽게 잃게 될 것이며 그 영토를 통치하는 동안에도 근심과 곤경이 끊이지 않을 것입니다.

로마의 그리스 통치방식

로마 인들은 자신들이 점령한 지역들에서 이러한 정책을 매우 세심하게 시행했습니다. 그들은 식민지를 건설했고, 약소세력들이 힘을 키우지 못하도록 견제하면서 관계를 유지했으며, 강대해진 세력은 진압하고 강력한 외국세력이 그 지역에 영향력을 행사하지 못하도록 저지했습니다.

그 예로 그리스의 한 지역만 인용하겠습니다. 로마는 아카이아와 아이톨리아 사람들은 견제했고, 마케도니아 왕국은 진압했으며 안티오코스[5]는 그 지역에서 쫓아냈습니다.

로마 인들은 아카이아와 아이톨리아 사람들이 자신들을 지원했음에도 불구하고 영토는 차지하지 못하게 했습니다. 또한 마케도니아의 필리포스[6]가 동맹을 원했지만 로마 인들은 쉽사리 받아들이지 않았습니다. 또한 안티오코스는 강력한 군사력을 지니고 있었음에도 그리스 내의 어떠한 영토도 차지할 수 없었습니다.

미래에 대한 경계

로마 인들은 모든 현명한 군주들의 사례에 따라 이러한 일들을 처리했던 것입니다. 현명한 군주라면 현재의 문제들뿐만 아니라 미래에 일어날 문제들에 대해서도 경계해야 하며 그것들을 피하기 위해 부단히 대책을 만들어내야 합니다. 문제들이 발생되기 전에 알아차리게 된다면 쉽게 해결할 수 있기 때문입니다.

그러나 문제들이 눈앞에 드러날 때까지 기다린다면 처방은 이미 너무 늦은 것이 되고, 그 질병은 치유할 수 없는 지경에 이르렀을 것이기 때문입니다.

바로 의사들이 말하는 질병에 관한 이야기가 여기에 적용될 수 있습니다. 즉 질병은 초기에는 진단하기는 어렵지만 치료하기는 쉽고, 시간이 경과한 후에는 진단은 쉬우나 치료는 어려워지는 것입니다.

국가적인 차원의 일들에도 그와 똑같은 일이 벌어집니다. 국가 내에 그러한 질병이 만연하기 전에 미리 알게 되면(이러한 것은 사려 깊은 통치자에게만 주어지는 재능입니다) 즉각적으로 치유할 수 있기 때문입니다. 그러나 미리 인식하지 못하고 모든 사람들이 알아차릴 정도로 방치되어 만연해버렸다면 더이상 치료할 기회는 없는 것입니다.

전쟁은 피할 수 있는 것이 아니다

그러므로 문제점들을 미리부터 파악했던 로마 인들은 언제나 처방을 적절하게 할 수 있었습니다. 로마 인들은 전쟁을 피하기 위해 그런 골칫거리들이 제압할 수 없을 정도로 커지는 것을 결코 용납하지 않았습니다.

로마 인들은 전쟁은 피할 수 있는 것이 아니라, 다만 적군에게 유리한 상황이 될 때까지 지연되는 것이라는 점을 알고 있었기 때문입니다. 그래서 로마 인들은 이탈리아에서 전투를 벌이게 되는 상황을 피하기 위해 그리스에서 필리포스와 안티오코스를 맞아 싸우기 위해 진격해 들어갔던 것입니다.

또한 당시의 로마 인들은 두 세력을 상대로 싸우는 것을 피할 수도 있었지만 그렇게 하기를 원치 않았습니다. 그들은 우리 시대의 현자들이 항상 말하고 있는, 유리한 시간이 오기를 기다리라는 말을 전혀 받아들이지 않았습니다. 대신 자신들이 지니고 있는 힘과 신중함을 통해 얻는 이득을 더 선호했습니다.

시간은 모든 것을 이끌고 오기 때문에 이익을 가져오는 만큼 해악을 가져오기도 하고, 해악을 가져오는 만큼의 이익을 가져오는 것입니다.

루이 12세와 베네치아

그러면 다시 프랑스의 이야기로 돌아가 지금까지 거론했던 일들이 어느 정도까지 실행되었는지 살펴보기로 하겠습니다. 다만 샤를 왕* 대신 루이 왕**의 경우를 말씀드리도록 하겠습니다. 샤를보다 루이 왕이 훨씬 더 오랫동안 이탈리아 영토를 지배했으므로 그의 통치과정을 보다 더 쉽게 살펴볼 수 있기 때문입니다. 또한 외국의 영지를 통치하기 위해 꼭 지켜야만 하는 것과는 정반대로 시행한 일들도 살펴볼 수 있을 것입니다.

베네치아 인들의 야망이 있었기 때문에 루이 왕은 이탈리아에 기반을 마련할 수 있었습니다. 그들은 루이 왕을 끌어들임으로써 롬바르디아 영토의 반을 차지하려 했던 것입니다.

루이 왕이 수행했던 계획을 비난하지는 않겠습니다. 루이 왕은 이탈리아에 전초기지를 구축하고 싶었지만 그 지역에는 아무런 동맹도 없는 데다가 샤를 왕의 행위들로 인해 모든 통로가 닫혀 있었기 때문에, 동맹을 맺을 수만 있다면 어느 누구도 상관없다는 상황에 몰려 있었습니다. 그가 취한 다른 조치들에 실수만 없었다면 충분히 가치 있는 이 계획은 성공했을 것입니다.

롬바르디아를 정복한 이후 루이 왕은 샤를 왕으로 인해 잃었던 특권을 즉시 되찾을 수 있었습니다. 제노바는 항복했으며 피렌체는 동

---

* 샤를 8세Charles VIII(1470~1498) : 프랑스 왕. 나폴리 왕국에 대한 계승권을 주장하며 1494년 이탈리아를 침략했다. 그러나 베네치아를 중심으로 한 밀라노, 에스파냐, 교황 알렉산데르 6세의 동맹군과 포르노보Fornovo 전투(1495)에서 맞섰으나 패하여 프랑스로 돌아갔다.
** 루이 12세Louis XII(1462~1515) : 프랑스 왕. 샤를 8세의 뒤를 이어 1499년 이탈리아를 침략했다.

맹이 되었고 만토바 후작, 페라라 공작, 벤티볼리오 가문, 포를리 백작부인, 파엔차와 페사로, 리미니, 카메리노, 피옴비노의 영주들 그리고 루카, 피사, 시에나의 백성들이 그와 동맹을 맺기 위해 몰려들었습니다. 그렇게 되고 나서야 베네치아 인들은 자신들의 의도가 분별없는 것이었음을 깨달았습니다. 롬바르디아의 한귀퉁이를 얻기 위해 그들은 프랑스 왕에게 이탈리아 반도의 3분의 1을 지배할 수 있게 해준 것입니다.[7]

인접 약소국에 대한 루이 12세의 실수

만약 루이 왕이 앞서 언급한 통치방식을 따르고 동맹국들을 확고하게 지켜주었다면 별다른 노력 없이도 이탈리아에서 위상을 확고히 구축했을 것입니다. 그에게는 상당수의 동맹국들이 있었으며, 모두들 세력이 미약하고 두려움을 갖고 있었습니다. 그들 중 일부는 교회세력을, 일부는 베네치아 인들을 두려워하고 있었으므로 언제든 그와 동맹관계를 유지할 수밖에 없었던 것입니다. 그들을 통해 그는 나머지 강대국들에 맞서 쉽게 지위를 확보할 수 있었을 것입니다.

그러나 루이 왕은 밀라노에 입성하는 즉시 교황 알렉산데르 6세[8]의 로마냐 정복을 지원함으로써 앞서 논의했던 것과는 정반대의 조치를 취했던 것입니다. 게다가 이러한 결정으로 인해 자신의 동맹국들과 자발적으로 자신의 품안으로 찾아들어온 세력들을 포기하게 됨으로써 스스로의 힘을 약화시켰으며, 막강한 권력이 파생되는 영적인 권력에 너무 많은 세속의 권력을 보태줌으로써 교회를 한층 더 강력하게 만들었다는 점을 인식하지 못했습니다.

최초의 실수를 저지른 이후 그는 어쩔 수 없이 다른 실수를 연달아 저지를 수밖에 없었습니다. 교황 알렉산데르 6세의 야심을 저지하고 토스카나의 영주가 되는 것을 막기 위해 자신이 이탈리아를 침공해야만 했던 것입니다.

교회를 더욱더 강력한 세력으로 만들고 자신의 동맹국들을 상실했음에도 불구하고, 그는 나폴리 왕국에도 욕심을 품어 그곳을 에스파냐 왕과 분할하여 지배하기로 했기 때문이었습니다. 그로 인해 애초에 자신이 지배자로 군림하던 이탈리아에 협력자를 불러들임으로써, 그 지역의 야심가들과 그에게 불만을 품은 자들이 대안으로 선택할 수 있는 세력을 제공한 셈이 되었습니다.

허울뿐인 왕으로 하여금 나폴리 왕국을 통치하도록 남겨둘 수 있었음에도 그는 나폴리 왕을 갈아치우고 도리어 자신을 쫓아낼 수 있는 자를 그 자리에 앉혀놓고 말았던 것입니다.[9]

영토를 확장하려는 욕구는 사실 매우 자연스럽고 당연한 것입니다. 능력을 지닌 사람들이 영토를 확장할 때 그들은 언제나 비난 대신 찬사를 받습니다. 그러나 능력 없는 자들이 수단과 방법을 가리지 않고 영토 확장을 꾀한다면 실책을 저지르게 될 것이며 비난을 받게 될 것입니다.

그러므로 만약 프랑스가 군대를 이끌고 나폴리 왕국을 침공할 능력이 있었다면 그렇게 하는 것이 마땅한 일일 것입니다. 하지만 그럴 능력이 되지 않았다면 나폴리 왕국을 나누어 갖지 말았어야 합니다. 만약 롬바르디아를 베네치아 인들과 분할하여 루이 왕이 이탈리아에 거점을 확보하게 된 것이라면 그것은 눈감아줄 수 있는 일이겠지만, 그 외에는 그렇게 분할할 필요성이 없었기 때문에 비난받아 마땅한 것입니다.

따라서 루이 왕은 다음과 같은 다섯 가지 실수를 범했던 것입니다. 군소세력들을 파괴해버린 점, 이탈리아에 있는 다른 세력의 힘을 강화시킨 점, 그 지역에 강력한 외세를 끌어들인 점, 그 자신이 직접 그 지역에 머물지 않았던 점, 그리고 그곳에 식민지를 건설하지 않은 점 등입니다.

이러한 실수들에도 불구하고 여섯번째의 실수, 즉 베네치아 인들의 힘을 약화시키는 실수를 저지르지만 않았다면 그는 타격을 받지 않고 살아갈 수 있었을 것입니다. 그가 교회를 더욱 강하게 만들지 않았다거나 이탈리아 땅에 에스파냐를 불러들이지 않았더라면 베네치아 인들을 격파하는 것은 합리적이며 필요한 일이었을 것입니다.[10]

그러나 앞의 두 가지 상황을 자초했기 때문에, 결코 베네치아의 몰락을 용인해서는 안되는 것이었습니다. 베네치아 인들이 강한 힘을 지니고 있는 한 다른 외부세력이 롬바르디아를 차지할 수 없도록 지켰을 것이기 때문입니다. 즉, 그들이 롬바르디아의 통치자가 되는 것이 아니라면 결코 외세의 침입을 허용하지 않았을 것이기 때문입니다. 또한 외부세력들도 베네치아에 넘겨주기 위해 프랑스 왕으로부터 롬바르디아를 빼앗을 리도 없었을 것이며, 양쪽 세력을 동시에 도발할 만한 담력도 갖추지 못하고 있었습니다.

만약 루이 왕이 전쟁을 피하기 위해 로마냐 지역을 교황 알렉산데르 6세에게, 그리고 나폴리 왕국을 에스파냐에 양보한 것이라 주장한다면 앞서 제시한 조건들을 근거로 반박할 수 있습니다. 전쟁은 피할 수 있는 것이 아니라 다만 불리한 방향으로 늦춰질 뿐이기 때문에, 전쟁을 피하기 위해 화근이 자라는 것을 허용해서는 결코 안 됩니다. 그리고 만약 루이 왕이 교황의 계획을 도와주기로 약속했던 이유가 자신의 결혼 취소*를 승인받고 루앙[11]을 추기경으로 임명해주는 대가였다는 근거 없는 주장을 펴는 사람이 있다면 나중에 '군주의 신의란 무엇이며 왜 지켜져야 하는가'를 논할 때 반박하기로 하겠습니다.

상대 세력에 대한 판단

앞서 언급했듯이 루이 왕은 영토를 점령하고 유지하려는 자들이 따라야 할 조건들을 이행하지 않았기 때문에 롬바르디아를 잃고 말

---

* 루이 12세는 부인 잔Jeanne(루이 11세의 딸)과 이혼하고 샤를 8세의 미망인 브르타뉴 공국의 안 Anne과 결혼했다.

았습니다. 그렇게 된 것은 전혀 놀라운 일도 아닐 뿐더러 당연하고도 충분히 있을 수 있는 일입니다.

발렌티노 공작(흔히 교황 알렉산데르 6세의 아들 체사레 보르자**를 부르던 이름)이 로마냐 지역을 점령했을 때 낭트에서 루앙의 추기경과 이 문제에 대해 이야기를 나눈 적이 있습니다. 루앙의 추기경이 이탈리아 사람들은 전쟁을 이해하지 못한다고 말했을 때, 나는 프랑스 사람들은 정치를 이해하지 못한다고 대답했습니다. 만약 프랑스 사람들이 정치를 이해한다면 교회가 그토록 막강한 권력을 갖도록 허용하지 않았을 것이기 때문입니다. 경험에서 알 수 있듯이 이탈리아 땅에서 교회와 에스파냐가 행사하고 있는 권력은 프랑스가 자초한 것이며 그들로 인해 프랑스가 몰락하게 되었던 것입니다.

이러한 사실로부터 절대 실패하지 않을 일반 원칙을 도출해낼 수 있습니다. 그것은 상대방을 강하게 만드는 자는 스스로를 망치게 된다는 것입니다. 강대한 세력은 교묘한 술책이나 무력을 통해 이루어지게 마련이며, 이 두 가지는 바로 강력한 세력을 차지하게 된 자가 의심의 눈초리로 보는 것이기 때문입니다.

** 체사레 보르자Ceasre Borgia(1475/76~1507)는 1493년 아버지에 의해 추기경에 올랐으며 루이 12세에 의해 공작으로 임명되었고 프랑스의 후원을 받아 이탈리아 중부 로마냐 지역을 정복했다.

제4장

알렉산더 대왕에게 정복당했던 다리우스 왕국은 왜 대왕이 죽은 후에도 반란을 일으키지 않았을까

정복 국가를 통치하는 두 가지 방법

새로이 정복한 영토를 유지하면서 겪게 되는 어려움들을 고려해 볼 때, 알렉산더 대왕이 불과 몇 년 만에 아시아의 패자가 되었으며 제대로 기반을 만들기도 전에 죽었지만(그러므로 제국 전체가 반란 상태에 빠지는 것이 당연함에도) 그럼에도 불구하고 알렉산드로스의 후계자들은 그 지역을 잘 관리했으며, 그들의 야심에 의해 발생한 문제들 외에는 별다른 어려움을 겪지 않았던 것은 참으로 놀랄 만한 일이었습니다.[12]

우리들이 역사적으로 알고 있는 모든 공국들은 두 가지 상이한 방법으로 통치되어왔다는 점을 들어 그 이유를 설명할 수 있습니다. 그중 한 가지는 군주가 자신의 뜻에 따라 임명한 각료들의 보좌를 받아 공국을 통치하는 것이고, 다른 한 가지는 군주의 임명에 의해서가 아닌 세습된 권력을 확보하고 있는 제후들과 함께 통치하는 경우입니다. 이 경우 제후들은 자신들만의 영지와 백성을 확보하고 있으며 백성들은 그를 주군으로 인식하여 자연스럽게 충성을 바칩니다.

군주와 각료에 의해 통치되는 국가에서는 군주만큼 고귀하다고 인정받을 만한 자가 영토 내에는 존재하지 않기 때문에 군주가 보다 더 많은 권한을 갖게 됩니다. 만약 백성들이 군주 외의 다른 사람들에게 복종하는 경우가 있다면 그것은 그들이 군주의 각료이거나 관료이기 때문이며, 그들에게 특별한 충성을 바치지는 않습니다.

투르크와 프랑스의 통치 유형

우리 시대에서는 이처럼 상이한 두 가지 통치 유형의 예를 투르크[13]와 프랑스 왕의 경우에서 찾아볼 수 있습니다. 투르크 왕국은 온전히 한 명의 군주가 지배하고 있으며 그 외의 인물들은 그에게 봉사하는 각료에 불과합니다. 그는 왕국을 여러 지역으로 나누어 자신의 뜻에 따라 다양한 행정관료들을 파견하고 이동시키고 교체할 수 있습니다.

그러나 프랑스 왕은 각자의 지역에서 백성들의 인정과 신뢰를 받는 세습 제후들에게 둘러싸여 있습니다. 제후들은 세습된 특권을 지니고 있어 왕이라 할지라도 위험을 무릅쓰지 않고는 제거할 수 없습니다. 그러므로 이러한 두 가지 유형의 국가를 고려해볼 때 투르크와 같은 국가를 정복하는 것은 어렵지만 일단 정복하게 되면 유지하는 것은 매우 쉬운 일입니다. 이와는 달리 프랑스와 같은 국가는 비교적 정복하기는 쉽지만 유지하는 것은 매우 어렵습니다.

자신의 군사력으로 공격한다

투르크 왕국을 정복하는 것이 어려운 이유는 다음과 같습니다. 우선, 정복하려는 자는 그 왕국을 통치하고 있는 자들로부터 원조 요청을 받을 가능성이 없다는 것입니다. 또한 통치자를 둘러싸고 있는 각료들이 반란을 일으켜 정복을 쉽게 해줄 가능성도 없습니다. 이것은 이미 앞에서 언급한 이유들 때문입니다. 즉 각료들이 모두 통치자에게 복속되어 추종하고 있기 때문에 그들을 타락시키기는 어렵습니다. 비록 그들을 타락시켰다 해도 앞서 언급한 이유로 인해 추종자들을 끌어모을 수 없기 때문에 별다른 도움을 기대할 수도 없습니다.

그러므로 투르크와 같은 국가를 공격하려는 자라면 누구라도 그들이 완벽하게 단결하여 대항할 것을 고려하여, 적군의 분열을 기대하는 대신 오직 자기 자신의 군사력만을 믿고 공격해야 합니다. 그러나 일단 전투에서 그들을 제압하여 군대를 재정비하지 못할 정도가 되었다면 그 군주의 가문 외에는 두려워할 것이 전혀 없습니다. 일단 군주의 가문을 제거하고 난 후에는 누구도 백성들을 지배할 수 있는 권한이 없기 때문에 두려워해야 할 세력은 전혀 없습니다. 그리고 점령자가 승리 이전에 그들 내부의 도움을 기대할 수 없었던 것과 마찬가지로 승리 이후에 그들을 두려워할 필요도 없는 것입니다.

변화를 원하는 세력을 찾는다

프랑스처럼 통치되고 있는 왕국의 경우 이와 정반대의 현상이 발생하게 됩니다. 그 왕국의 제후들 중 일부를 자신의 편으로 만들기만 하면 쉽게 진격해 들어갈 수 있습니다. 불만을 품고 있는 세력과 변화를 갈망하는 세력을 쉽게 발견할 수 있기 때문입니다. 제후들은 이러한 이유들 때문에 왕국으로 진입하는 관문을 열어줄 것이며 새로운 군주의 성공이 원활하도록 지원해줄 것입니다.

그러나 그곳을 점령하고 유지하는 데 있어 새로운 군주를 도왔던 무리들과 그에 의해 진압된 무리들로 인해 지속적으로 문제들이 발생하게 됩니다. 새로운 파벌의 우두머리가 되려는 제후들이 남아 있기 때문에 군주의 가문을 제거하는 것만으로는 충분하지 않기 때문입니다. 그러한 세력들을 만족시킬 수도 제거해버릴 수도 없기 때문에 새로운 군주는 때가 되면 그곳을 잃게 될 것입니다.

전투를 통한 진압

이제 다리우스 왕국의 형태를 살펴보면 그것이 투르크 왕국의 형태와 비슷하다는 것을 알 수 있습니다. 앞에서 말한 이유 때문에 알렉산더 대왕은 전투를 통해 그 국가를 완벽하게 진압하여 빼앗을 수밖에 없었습니다. 승리를 거둔 후 다리우스 왕은 살해되었기 때문에 알렉산더 대왕은 앞서 언급한 이유들에 따라 그 지역을 확고하게 손아귀에 쥘 수 있었습니다.

알렉산더 대왕의 후계자들이 단결되어 있었다면 그 지역에 대한 권한을 쉽게 유지할 수 있었을 것입니다. 다리우스 왕국에서는 그들 스스로가 야기한 것 외에는 아무런 혼란도 일어나지 않았기 때문입니다.[14] 하지만 프랑스처럼 안정적으로 조직돼 있는 국가를 이처럼 쉽게 통치하는 것은 불가능합니다.

바로 이러한 이유 때문에 에스파냐와 프랑스 그리고 그리스에서 로마에 대한 반란이 자주 일어났던 것입니다. 이런 나라들에는 공국들이 많이 있었기 때문이며 자신들의 공국에 대한 기억이 남아 있는 한, 로마 인들은 이 영토들을 안정적으로 확보할 수 없었습니다. 그러나 로마 인들에 의한 지배가 오래 지속되어 공국에 대한 기억이 완전히 없어지자, 이들 지역에 대한 로마 인들의 지배는 확고해졌습니다. 훗날 로마 인들끼리 분쟁을 벌이게 되었을 때 각각의 지도자들은 그동안 자신이 권력을 행사해오던 지역을 지배할 수 있게 되었습니다. 과거에 그 지역을 통치했던 제후들의 혈통이 끊어져 있었으므로 오직 로마의 지도자들만이 그 권위를 인정받을 수 있었던 것입니다.

　이러한 모든 것들을 감안해 볼 때, 알렉산더 대왕이 아시아 지역을 그처럼 수월하게 유지했던 것이나, 피로스[15]를 비롯한 다른 정복자들이 점령한 영토의 유지에 무수한 어려움을 겪었던 것을 경이롭게 생각할 필요가 전혀 없습니다. 정복자의 능력이 탁월하거나 모자라서 이러한 일들이 발생한다기보다 정복된 지역의 상황에 의해 발생한 것이기 때문입니다.

병합되기 전 자신들 고유의 법에 따라 살아온 도시나 공국은 어떻게 다스려야 할까

병합된 국가의 통치방법

앞에서 언급했듯이 자신들의 고유한 법에 의해 자유롭게 살아온 국가를 병합했을 경우 그들을 다스리는 데에는 세 가지 방법이 있습니다.

첫번째 방법은 그들을 철저히 파멸시키는 것이고, 두번째 방법은 그 나라에 직접 살면서 통치하는 것이고, 세번째는 자신들 고유의 법에 따라 살도록 허용하면서 공물을 바치게 하고 지속적으로 우호적인 관계를 유지할 과두정부를 수립하는 것입니다. 그러한 과두정부는 군주에 의해 만들어졌기 때문에 군주의 호의와 권력 없이는 자신들의 권력이 존속할 수 없다는 것을 알고 최선을 다해 그 체제를 유지할 것입니다. 자유롭게 사는 것에 익숙해져 있는 도시를 유지하고자 한다면, 그곳의 시민들을 이용해 다스리는 것보다 더 쉬운 방법은 없을 것입니다.

자유로운 도시국가의 통치방법

스파르타와 로마 인들의 경우가 그 좋은 예라 할 수 있습니다. 스파르타 인들은 아테네와 테베에 과두정부를 수립하여 통치했음에도[16] 불구하고 결국 두 나라를 잃고 말았습니다. 로마 인들은 카푸아, 카르타고, 누만티아를 다스리기 위해 그 나라들을 완전히 붕괴시켰으며 그 나라들을 잃지 않았습니다.

로마 인들은 그리스를 그들 고유의 법에 따라 자유롭게 살 수 있도록 하여 스파르타 인들과 거의 흡사한 방법으로 통치하려 했지만 성공적이지 못했습니다. 그래서 그리스 지역을 유지하기 위해 많은 도시들을 파괴할 수밖에 없었습니다. 도시를 멸망시키는 방법 외에는 실제적으로 지배를 확고하게 유지하는 방법이 없습니다.

자유롭게 사는 것에 익숙해 있는 도시의 새로운 지배자가 그 도시를 완전히 파괴하지 않는다면, 그 도시에 의해 자기 자신이 파멸되리라는 것을 알고 있어야 합니다. 시간이 흐르고 새로운 지배자가 제공하는 특전이 있다 해도, 그 도시는 항상 결코 잊혀지지 않을 자유의 정신과 오래 전해져 내려온 제도를 명분으로 모반을 꾀할 수 있기 때문입니다.

지배자가 어떤 조치를 취하고 대책을 만드는 것은 아무런 소용이 없습니다. 그들을 격리시키고 분산시키지 않는다면 그들은 결코 자유의 정신과 자신들의 오래된 제도를 잊지 않을 것입니다. 그들은 백 년 동안 피렌체에 복속해 있었던 피사의 경우처럼, 기회만 주어진다면 즉시 모반을 꾀할 것입니다.[17]

오래된 군주국과 공화국의 차이

그러나 군주의 지배에 익숙해 있다가 그 군주의 가문이 제거돼버린 도시나 국가는 옛 군주가 없는 상태에서도 여전히 복종의 습성이 남아 있지만 자신들 중 누구를 군주로 선택할 것인가에 대해서는 합의를 이끌어내지 못하는 법입니다. 더 나아가 자유로운 삶을 영위하는 방법도 모르기 때문에 그들은 지배자에 대항하여 봉기하는 것을 머뭇거리게 됩니다. 그러므로 새로운 군주는 매우 쉽게 그들의 지지를 확보할 수 있으며 자신에게 해를 끼치지 않을 것이라 확신할 수 있습니다.

하지만 공화국의 경우에는 복수에 대한 더욱더 확실한 생명력과 더욱더 강한 증오심, 더욱더 강렬한 열망이 있습니다. 공화국 사람들은 오래전에 누렸던 자유에 대한 기억을 쉽게 잊지 않을 뿐더러 잊을 수도 없습니다. 그러므로 가장 확실한 방법이 있다면, 그 나라를 완전히 파괴해버리거나 직접 그곳에 살며 통치하는 것입니다.

제6장

자신의 군대와 능력으로 얻은 신생 군주국

존경할 만한 위대한 군주들

완전히 새로운 군주국을 논의함에 있어 가장 훌륭한 군주와 정부를 예로 든다 해서 놀라는 사람은 없을 것입니다. 사람이란 거의 언제나 자신보다 앞서 살았던 이들의 행적을 따르며 그들의 업적을 모방하기 때문입니다. 비록 선인들이 만들어놓은 길을 완벽하게 따라가지 못하거나, 그 인물이 지녔던 능력에 미치지 못한다 해도 현명한 사람이라면 늘 위대한 사람들의 행적을 따르려 노력하고 모방을 통해 그와 비슷한 업적을 내고자 할 것입니다.

그런 사람은 무척 멀리 떨어져 있는 목표물을 겨냥할 때 자신의 활이 지닌 강도를 알고 있는 사려 깊은 궁사처럼 처신해야 합니다. 이런 경우 궁사는 목표물보다 좀 더 높은 지점을 겨냥하는데 그것은 그 높은 지점을 화살로 맞히려는 것이 아니며, 높은 지점을 겨냥함으로써 목표물을 맞히려는 것입니다.

이와같이 새로운 군주가 전혀 새롭게 수립된 공국을 다스리며 겪게 되는 어려움들은 군주의 능력에 의해 달라진다고 할 수 있습니다. 평범한 시민이 군주가 되는 것은 그가 지닌 재능이나 행운에 의한 것이기 때문에, 이 두 가지 중 하나가 어느 정도까지는 어려움을 경감시키는 데에 많은 도움이 되었을 것입니다.

그럼에도 불구하고 최대한 행운에 의존하지 않으려는 군주가 자신의 지위를 가장 잘 유지할 것입니다. 더 나아가 군주가 다스려야 할 다른 국가가 없어 직접 그 나라에 거주하며 다스려야 하는 경우라면 더욱 도움이 될 것입니다.

모세, 키루스, 로물루스, 테세우스

행운이 아닌 자신의 능력으로 군주가 된 인물들을 살펴볼 때 모세, 키루스,[18] 로물루스,[19] 테세우스[20] 등이 가장 존경할 만하다고 생각합니다.

모세의 경우 비록 신의 명령을 단순히 집행한 자이기 때문에 논의할 필요도 없다고 생각할 수 있지만, 신과 대화할 정도의 은총을 받았다는 것만으로도 존경받아야 합니다. 하지만 키루스와 같이 왕국을 차지했거나 건국했던 이들을 살펴보면 그들 모두가 존경받을 만한 인물들임을 알게 될 것입니다. 그들의 행적이나 만들어낸 특출한 제도를 보면 위대한 지도자였던 모세의 경우와 다를 바가 없습니다.

그들의 행적과 생애를 꼼꼼히 살펴보면 주어진 기회라는 재료를 이용해 자신들이 원하는 형태로 만들어낸 것 외에는 행운으로 얻어낸 것이 전혀 없다는 것을 알 수 있습니다. 그러한 기회가 없었다면 그들의 정신력은 소멸됐을 것이며, 그러한 정신력이 없었다면 기회역시 아무런 쓸모가 없었을 것입니다.

그러므로 모세에게는 이집트 인들의 노예가 되어 탄압받고 있던 이스라엘 백성들이 필요했던 것이며, 유대 인들은 노예 상태를 벗어나기 위해 그를 따를 준비가 되어 있었던 것입니다.

로물루스의 경우, 로마의 건국자이자 왕이 될 수 있기 위해서는 태어나자마자 알바에서 버려져야 했던 것입니다. 키루스 왕 역시 메디아 인들의 지배에 불만을 품고 있던 페르시아 인들과 오랫동안 누려온 평화로 인해 나약해진 메디아 인들이 필요했던 것입니다. 테세우스의 경우엔 아테네 인들이 뿔뿔이 흩어져 있지 않았다면 자신의 능력을 보여줄 수 없었을 것입니다.

그러므로 이러한 기회들이야말로 이들을 성공할 수 있게 한 요인이며 그들은 뛰어난 재능으로 그 기회들을 알아차렸고 그들의 국가를 고귀하게 만들었으며 번영하도록 이끌었던 것입니다.

이러한 인물들처럼 자기 자신의 능력으로 어렵게 국가를 차지하게 된 군주들은 별다른 어려움 없이 국가를 유지하게 됩니다.

나라를 얻는 과정에서 부닥친 어려움들은 부분적으로 자신들의 권력을 확고히 하기 위한 새로운 제도와 법률을 도입하는 과정에서 더욱 커지게 됩니다. 새로운 질서를 도입하는 것이 정책을 집행하는 것보다 훨씬 성공하기 힘들고 관리하기도 어렵다는 것을 분명히 알고 있어야 합니다.

옛 질서로부터 이익을 취하던 모든 사람들이 적들로 남아 있는 반면, 새 질서로부터 이익을 취하게 될 사람들은 겨우 미온적인 동맹으로 남아 있을 것이기 때문입니다. 그들이 이처럼 미온적인 태도를 보이는 이유는 한편으로는 자신들만의 법으로 이익을 누리던 적들을 두려워하기 때문이며, 다른 한편으로는 새로운 질서를 오래 경험해보기 전까지는 믿지 않으려는 인간의 회의적인 속성 때문이기도 합니다.

그러므로 적의를 품고 있는 자들은 기회만 생기면 적극적으로 공격을 가하는 데 비해 새 질서를 지키려는 자들은 미온적으로 대처함으로써 군주는 그들과 함께 위험에 빠지게 되는 것입니다.

따라서 이 문제를 보다 철저하게 논의하려면 이러한 개혁가들이 자기 자신의 의지에 따라 집행하는지 아니면 다른 세력에 의존하는지를 살펴봐야 합니다. 다시 말해, 자신들의 계획을 집행하는 데 다른 세력에 의존해야만 하는지 혹은 자신들만의 힘으로 집행할 수 있는지를 살펴봐야 합니다. 다른 세력에 의존해야 하는 경우, 그들은 좋은 결과를 이끌어낼 수 없으며 아무것도 성취할 수 없습니다. 그러나 자신들이 지니고 있는 자원만으로도 충분한 힘을 발휘할 수 있다면 곤경에 빠지는 경우는 거의 없을 것입니다.

이러한 것으로 미루어볼 때, 무력을 갖춘 예언자는 모두 성공하지만 무력을 갖추지 못한 예언자는 멸망한다는 사실을 알 수 있습니다. 앞에서 언급한 깃들 외에도 사람들은 천성적으로 변덕스럽기 때문에 신념을 주입하는 것은 쉽지만 그 신념을 확고히 유지하도록 하는 것은 어렵습니다. 그러므로 새로운 질서에 의한 계획들을 집행하는 데 있어 백성들이 더 이상 믿음을 갖지 않을 경우에는 강제적인 힘을 바탕으로 믿을 수 있게 만들어야만 합니다.

모세, 키루스, 테세우스 그리고 로물루스에게 무력이 없었다면 자신들이 설립한 새로운 체제를 오랫동안 지속하지 못했을 것입니다. 이러한 경우는 우리 시대의 지롤라모 사보나롤라 신부가, 그가 세운 새로운 질서를 백성들이 더이상 믿지 않게 되자 몰락해버린 것에서 찾아볼 수 있습니다. 그에게는 자신을 믿었던 사람들을 지속적으로 관리할 방법도, 믿지 않았던 사람들을 믿게 할 방법도 없었던 것입니다.[21]

그러므로 개혁자들은 개혁을 수행하는 데 많은 어려움을 겪게 되고 집행하는 데 있어서도 수많은 위험에 직면하지만 자신의 능력을 통해 그것들을 극복해내야만 합니다. 일단 그러한 시련들을 극복하고 존경받기 시작하면, 그들은 성공을 시기하는 세력을 제거함으로써 강력하고 안정적인 상태에서 존경받는 행복한 지도자로 남게 되는 것입니다.

시라쿠사의 히에론

이처럼 잘 알려진 사례들보다는 덜 중요하긴 하지만 한 가지 사례를 더 살펴보기로 하겠습니다. 그러나 이것 역시 다른 사례들과 연관성이 있으며 이와 비슷한 사례들에 대한 설명을 보완하는 경우가 될 것입니다.

그것은 바로 시라쿠사의 히에론[*] 왕의 경우입니다. 이 사람은 일개 시민으로서 시라쿠사의 군주가 되었습니다. 그는 기회를 잘 활용했다는 것 외에는 행운으로 얻은 것이 전혀 없었습니다. 시라쿠사인들은 탄압받고 있을 때 그를 지도자로 선출했습니다. 그는 지도자의 자리에서 그들의 군주가 되기에 충분한 가치를 지니고 있다는 것을 증명했습니다. 또한 그는 평범한 시민이던 시절에도 능력을 최대한 발휘하여, 어떤이가 '그에게 부족한 것이 있다면 다만 다스릴 왕국이 없다는 점이다'라는 글을 남길 정도였습니다.

그는 오래된 시민군을 해체하고 새로운 군대를 조직했으며 새로운 동맹을 체결했습니다. 그는 자신이 주도한 군대와 동맹을 기반으

---

* 히에론Hieron II(BC 306~215)은 시라쿠사 군의 지휘자였으나 권력을 잡고 참주정치를 실시했다.

로 자신이 원하는 조직이라면 무엇이든 만들 수 있었습니다. 그는
권력을 얻는 데에는 힘이 들었지만 유지하는 데에는 큰 어려움이 없
었던 것입니다.[22]

제7장

다른 세력의 군대와 행운을 기반으로 얻게 된 신생 군주국

조력과 행운으로 된 신생 군주의 문제점

일반 시민이었다가 운이 좋아 군주가 된 자는 그 자리에 오르기는 쉽지만 그 자리를 유지하는 데에는 엄청난 어려움을 겪을 수밖에 없습니다. 그런 자들은 쉽게 성공했기 때문에 군주의 자리에 오르기까지 아무런 장애물도 없었지만 그 자리에 오른 후부터 모든 문제들이 발생하게 됩니다.

이들은 돈으로 영토를 사거나 특별한 호의로 영토를 증여받아 국가를 얻게 된 경우입니다. 그리스의 이오니아와 헬레스폰투스의 도시국가들에서 이런 일들이 있었는데, 그것은 다리우스 왕이 자신의 권력 유지와 영광을 드높이기 위해 군주들을 양산해냈기 때문이었습니다.[23] 이와 유사한 사례로는 군인들을 뇌물로 매수하여 시민에서 황제에 오른 경우도 있습니다.

이러한 자들은 오직 불확실하고 불안정한 두 가지 요소에 의해서만 자신을 지킬 수 있습니다. 그것은 그들에게 그 국가를 허용해준 사람의 의지와 행운입니다. 그들은 자신의 지위를 지키는 방법도 모르며 지킬 능력도 없습니다.

뛰어난 지능과 천재성을 지니고 있지 않는 한, 일개 시민으로 살아온 그들이 통치하는 방법을 안다는 것은 거의 불가능한 일이기 때문에 그들은 통치방법을 모르는 것입니다. 게다가 그들에게는 우호적이며 충성스러운 세력도 없기 때문에 유지할 능력도 없습니다. 그러나 무엇보다 갑작스럽게 형성된 국가란 튼튼한 뿌리를 내리지 못하고 급속도로 자라난 식물과 같아서 처음으로 맞이하게 된 악천후에도 쉽게 죽어버리고 말 것입니다.

이렇듯 갑자기 군주가 된 사람들은 자신이 어떤 준비를 신속히 해야 하고 주어진 행운을 어떻게 유지해야 하는지, 그리고 다른 사람들이 군주가 되기 전에 마련해두었던 기반과 관계를 나중에라도 어떻게 만들어내야 하는지를 모르고 있는 한 이런 일은 일어나기 마련입니다.

능력에 의해서나 행운에 의해 군주가 되는 두 가지 방법에 대해서는 최근에 있었던 두 가지 사례를 통해 보여드리고자 합니다. 바로 프란체스코 스포르차[*]와 체사레 보르자의 이야기입니다.

프란체스코는 적절한 수단과 자신의 뛰어난 재능을 바탕으로 평범한 시민의 신분에서 밀라노의 공작이 되었습니다. 그는 수많은 시련을 겪은 끝에 그 지위를 얻었으며 별다른 어려움 없이 유지할 수 있었습니다.

신생 군주로서의 보르자의 행적

프란체스코와는 달리, 체사레 보르자(보통 발렌티노 공작으로 불리는)는 아버지의 도움을 받아 그 지위를 얻었으며 아버지의 도움이 사라지자마자 그 지위를 잃고 말았습니다. 타인으로부터 제공받은 무력과 행운에 의해 차지한 영토에 뿌리를 내리기 위해 가능한 모든 수단을 동원하여, 사려 깊고 유능한 사람이라면 당연히 수행해야 할 모든 조치를 다 취했음에도 그렇게 되었던 것입니다.

앞에서 거론했듯이 처음부터 자신의 기반을 구축하지 못한 자는 자신의 위대한 능력을 바탕으로 나중에라도 기반을 구축할 수 있지만 그것은 무척 어려운 일이며, 그렇게 일으켜 세운 구조물 역시 매우 불안정한 것입니다.[24]

그러므로 발렌티노 공작이 밟아갔던 모든 단계들을 살펴보면 그

---

* 프란체스코 스포르차Francesco Sforza(1401~1466)는 용병대장이었으나 밀라노 공작의 딸과 결혼하고 1450년 밀라노 공작이 되었다.

가 자신이 얻을 미래의 권력을 위한 강건한 기반을 구축했음을 알 수 있습니다.[**] 그러한 각 단계들을 거론하는 것이 무의미하다고 생각하지 않는 것은, 신생 군주로서 그의 행적들보다 더 모범적인 선례를 찾아볼 수 없기 때문입니다. 비록 그의 계획이 성공하지 못했다 해도, 그것은 그의 실수 때문이 아니라 예외적이며 극단적인 불운의 결과라 할 것입니다.

알렉산데르 6세와 루이의 원조

교황 알렉산데르 6세는 자신의 아들인 발렌티노 공작의 세력을 키우는 과정에서 당시에는 물론이거니와 다가올 많은 문제들을 해결해야 했습니다.

무엇보다 교회에 복속한 기존의 국가 외에는 어느 곳에서도 아들을 군주로 만들 수 있는 방법이 없었습니다. 그리고 만약 교회에 복속한 곳을 차지하려 하면, 파엔차와 리미니가 이미 베네치아 인들의 보호 하에 있었기 때문에 밀라노 공작[***]과 베네치아 인들이 용납하지 않을 것임을 잘 알고 있었습니다.

[**] 마키아벨리는 피렌체 공화국의 외교관 시절 체사레 보르지를 만났으며 보르자에 대해 반역을 시도한 부하 오르시니, 비텔리 등등을 전부 없애는 과정(세니갈리아 처형, 1502.12)을 지켜 보며, 피렌체 공화국의 자신의 상사에게 「비텔로초 등등을 살해한 발렌티노 공작의 방법에 대해서」라는 글을 써서 보냈다. 이 보고서는 「군주론」을 쓰기 10년 전에 작성되었다.

[***] 프란체스코 스포르차의 뒤를 이어 밀라노 공작이 된 아들 루도비코 스포르차Ludovico Sforza (1452~1508).

게다가 그는 이탈리아의 군대, 그중에서도 특히 그가 활용하려 했던 병력은 교황의 권력이 확장되는 것을 두려워하는 세력들이 장악하고 있다는 것도 알고 있었습니다. 군사력은 모두 오르시니와 콜론나 그리고 그들의 동맹들이 장악하고 있었기 때문에 기대할 수도 없었던 것입니다.[25]

따라서 이러한 국가들의 영토 중 일부분이라도 확고하게 차지하기 위해서는 기존의 질서를 흔들어 이러한 국가들 내에 혼란을 일으킬 필요가 있었습니다. 그의 계획은 베네치아 인들이 각기 다른 이유로 이탈리아에 프랑스를 다시 끌어들이기로 결정했다는 사실을 알았기 때문에 쉽게 실행에 옮길 수 있었습니다.[26]

교황은 그들의 결정에 반대하지 않았음은 물론 더 나아가 루이 왕의 첫번째 결혼을 취소시켜주는 것으로 그 계획이 더욱 쉽게 진행되도록 해주었습니다. 그래서 프랑스 왕은 베네치아 인들의 지원과 교황 알렉산데르 6세의 묵인 하에 이탈리아에 진입했던 것입니다. 루이 왕이 밀라노에 진입하자마자 교황은 로마냐를 공략하기 위해 프랑스 군대의 지원을 받았으며, 루이 왕은 자신의 명망을 위해 그것을 허용했던 것입니다.[27]

체사레 보르자의 군사력

그러나 발렌티노 공작은 로마냐 지역을 차지하고 콜론나를 제압한 이후, 점령지를 유지하면서 영토를 확장하고 싶었지만 두 가지

방해물이 있었습니다. 우선 자기 군대의 충성심이 부족하다는 것과, 프랑스 왕의 의중을 알 수 없다는 것이었습니다. 다시 말하면, 그가 지휘하고 있던 오르시니의 군대가 자신을 지지하지 않을 뿐 아니라 이미 손에 넣은 영토마저 빼앗을지도 모른다는 것이었습니다. 마찬가지로 프랑스 왕도 자신이 점령한 영토를 빼앗지 않을까 걱정했던 것입니다.

오르시니 군대의 충성심에 의심이 생겼던 이유는, 파엔차를 점령한 후 볼로냐로 진격했을 때 그들이 소극적으로 전투에 임하는 것을 보았기 때문입니다. 프랑스 왕에 대한 우려는 그가 우르비노 공국을 점령하고 토스카나로 진격했을 때 프랑스 왕이 그 작전을 포기하도록 종용했기 때문에 생겨난 것이었습니다. 그 결과 공작은 더 이상 그들의 군대와 호의에 의존하지 않기로 결심했던 것입니다.

공작의 첫번째 조치는 로마에 있는 오르시니와 콜론나의 추종세력을 약화시키는 것이었습니다. 두 세력을 따르던 모든 귀족들을 자신의 수하로 만들었으며 재물을 넉넉히 주고 그들의 지위에 따라 군대의 지휘권과 관직을 내려 대우해주었습니다. 그 결과 불과 수개월 만에 그들이 추종하던 파벌에 대한 충성심은 사라지고 공작을 따르게 되었던 것입니다.

그는 먼저 콜론나의 추종자들을 분산시켜놓고 오르시니의 지도자들을 제거할 기회를 엿보았습니다. 그리고 마침내 좋은 기회가 찾아왔을 때 이를 적절히 활용했습니다.

세니갈리아의 학살

공작과 교회의 세력이 강대해진다는 것은 결국 자신들의 파멸을 뜻한다는 것을 뒤늦게 알아차린 오르시니 파의 지도자들은 페루자 지방의 마조네에 모여 회동을 했던 것입니다. 그 회합의 결과로 우르비노 지역의 반란과 로마냐 지방의 폭동 등 끝없이 위험한 상황이 벌어졌지만 공작은 프랑스의 도움을 받아 극복할 수 있었습니다.

이러한 과정을 거쳐 권위를 되찾게 된 이후로 그는 프랑스 왕은 물론 모든 외부세력을 신뢰하지 않게 되었으며 그들에게 의존하지 않기 위해 속임수를 쓰기 시작했습니다. 그는 자신의 의도를 감쪽같이 감추고 파올로 영주를 통해 오르시니 파의 지도자들이 자발적으로 자신과 화해하도록 만들었습니다. 공작은 파올로에게 확신을 심어주기 위해 매우 정중하게 대접했으며 돈과 의복 그리고 말을 주었습니다. 그 결과, 단순한 오르시니 파는 세니갈리아로 진입하여 공작의 수중에 들어갔던 것입니다.[28] 그 지도자들을 제거하고 그들의 추종자들을 자기 편으로 만들어버린 다음 공작은 확고한 권력기반을 구축했던 것입니다. 그가 우르비노 공국과 함께 로마냐 전 지역을 장악하게 되자 로마냐 백성들은 그의 통치로 인해 번영을 누리게 되었음을 믿게 되고 전폭적인 지지를 보냈던 것입니다.

민심을 얻기 위한 체사레의 냉혹함

그의 정책은 뛰어난 것이어서 다른 사람들이 모방할 만한 가치가 충분하므로 조금 더 논의하도록 하겠습니다. 로마냐 지방을 장악한 공작은, 백성들을 올바르게 통치하는 것이 아니라 약탈을 일삼는 데 혈안이 된 무력한 영주들이 그 지역을 다스려왔음을 알게 되었습니다. 그들은 백성들을 단결시키기보다 분열시켜왔으며, 그로 인해 도둑이 들끓고 갖가지 분쟁과 분규가 발생했던 것입니다. 그는 그 지역을 평화롭게 다스리고 통치자의 법률에 복종하도록 만들기 위해서는 정의로운 정부를 수립해야 한다는 결론을 내렸습니다.

그는 레미로 데 오르코*라는 가혹하지만 능력 있는 인물에게 그 지역을 맡기고 모든 권한을 위임했습니다. 레미로는 짧은 시간 내에 그 지역을 평화롭고 단합된 곳으로 만들었으며 그 과정을 통해 매우 좋은 평판도 얻었습니다. 그 후 공작은 레미로에게 주어진 과도한 권한은 더 이상 필요하지 않으며 그의 권한 때문에 훗날 성가시게 될 것을 두려워했습니다.

공작은 그 지역의 중심부에 시민재판소를 설치하여 권위 있는 재판장으로 하여금 관장토록 하고 각 도시별로 법률가를 파견하도록 했습니다. 공작은 그동안 해온 가혹한 조치들로 인해 백성들 사이

---

* 레미로 데 오르코Remirro de Orco는 체사레 보르자의 부관으로서 1501년 로마냐 지역을 통치했으나 지역의 민심이 악화되자 체사레에 의해 제거되었다.

에 원한이 생겼다는 것을 알고 있었기 때문에 백성들의 마음을 위로하고 자신을 전적으로 지지하게 만들려고 했던 것입니다. 즉 그동안 있었던 가혹한 조치들은 자신이 지시한 것이 아니라 행정관의 잔혹한 성품 때문이었다는 것을 보여주려 했던 것입니다.

그러한 계획을 실행할 기회를 잡은 어느 날 아침, 체세나 광장에 두 토막 난 레미로의 시체를 단두대와 피 묻은 칼과 함께 놓아두었습니다. 그 참혹한 모습은 백성들에게 만족감과 동시에 당혹감을 심어주었습니다.

미래를 대비한 체사레의 외교정책

자, 다시 본론으로 돌아가겠습니다. 이제 원했던 군대를 거느리게 되었으며 현존하는 위험으로부터 어느 정도는 안전하다는 것을 알아차렸습니다. 또한 자신이 영토를 확장하려 할 때 해가 될 수 있는 주변의 세력들을 대부분 진압했기 때문에 이제는 프랑스에 관심을 집중했습니다. 공작은 뒤늦게 자신의 실책을 깨달은 프랑스 왕이 자신의 영토확장 계획을 지원하지 않을 것임을 알아차렸던 것입니다. 그래서 공작은 새로운 동맹국을 찾는 한편 가에타를 공격하고 있던 에스파냐 군대와 싸우기 위해 나폴리 왕국으로 진격했던 프랑스 왕에게 협력했습니다. 그의 의도는 그 세력들로부터 자신의 안전을 확보하려는 것이었습니다. 교황 알렉산데르 6세가 살아 있었다면 그의 계획은 쉽사리 성공했을 것입니다.

이러한 정책들은 현안들에 대한 조치였습니다. 그러나 미래에 생길 일들에 있어서는 걱정이 있었습니다. 무엇보다 교회의 주도권을 장악할 새 교황*이 자신에게 우호적이지 않을 경우, 교황 알렉산데르 6세가 자신에게 주었던 것들을 빼앗으려 할 것이라는 걱정이었습니다. 그런 가능성에 맞서 그는 네 가지 대책을 통해 자신의 입지를 확고히 하고자 했습니다.

　첫째, 자신이 빼앗은 영토의 이전 통치자들의 모든 인척들을 제거하여 새 교황이 그들에게 기회를 제공하지 못하도록 했습니다.

　둘째로는 이미 언급했던 바와 같이, 로마 내의 모든 귀족들을 자기 편으로 끌어들여 새 교황을 견제하도록 하는 것이었습니다.

　셋째는 추기경 회의단을 최대한 자신의 세력으로 만드는 것이었습니다.

　넷째로는 교황이 죽기 전에 최대한 영토를 확장하여 동맹국들의 도움 없이도 적의 공격을 물리칠 수 있도록 대비하는 것이었습니다.

　교황 알렉산데르 6세가 죽었을 때 그는 이 네 가지 중에서 세 가지는 성취한 상태였으며 네번째 대책도 거의 이루어가고 있었습니다.

　자신에게 영토를 빼앗긴 옛 지배자의 일족들을 수없이 살해하여

---

* 1503년 체사레 보르자의 아버지 교황 알렉산데르 6세가 죽었으며 그 뒤를 이은 교황은 피우스 3세였으나 재위기간이 짧았다. 그 뒤를 이은 새 교황은 율리우스 2세(Julius II(재위 1503~1513)다.

극히 소수만이 생명을 지킬 수 있었고 로마 귀족들의 환심을 얻어냈으며 대부분의 추기경들을 자기 편으로 끌어들였던 것입니다.

또한 영토를 확장하는 데 있어 그는 토스카나 지방의 영주가 될 계획을 세워두었으며, 일찍이 페루자와 피옴비노를 장악했으며 피사는 이미 그의 보호 하에 있었습니다. 그는 프랑스의 뜻을 존중해야 할 이유가 사라지자(프랑스가 나폴리 왕국을 에스파냐에게 빼앗겼고 그 결과 두 강대국은 각각 공작과 동맹을 맺어야 할 필요가 생겼던 것이다) 즉시 피사를 공격했습니다.

이런 일들이 있은 후, 피렌체에 대한 앙심과 두려움으로 인해 루카와 시에나가 즉각 투항했으며 피렌체는 그것을 막을 아무런 대책도 없었습니다. 이러한 모든 계획들이 성공적으로 이루어졌다면(이 모든 계획들은 교황 알렉산데르 6세가 죽은 바로 그해에 실현될 수 있었다) 그는 더 이상 타인의 호의나 군대에 의존할 필요없이 자신의 권력과 재능만으로 막강한 군사력과 명망을 얻으며 독립할 수 있었을 것입니다.

예상치 못한 체사레의 비운

그러나 교황 알렉산데르 6세는 칼을 뽑아든 지 5년 만에 죽고 말았습니다. 그는 심하게 앓고 있는 자신의 아들에게 겨우 로마냐 지역만을 확실하게 남겨주었을 뿐이며 그 외의 지역은 막강한 군사력을 지니고 있는 적대적인 두 나라 사이의 허공에 남겨두고 말았습니다.[29] 공작은 강인하고 능력도 갖추고 있었으며 승리하는 방법을 정확히 이해하고 있는 사람이었습니다. 또한 그처럼 단기간 내에 기반을 확고히 했던 사람이었으므로 그처럼 막강한 국가들과 맞서야 하지 않았거나 건강하기만 했더라면 모든 곤경을 다 극복해냈을 것입니다.

그가 지닌 권력의 토대가 견고했다는 것은 로마냐의 백성들이 한 달 이상이나 그가 돌아오기를 기다렸다는 사실에서 입증될 수 있습니다. 로마에서 그는 겨우 살아 있는 정도였지만 아무런 위협도 받지 않았습니다. 또한 발리오니와 비텔리 그리고 오르시니의 지도자들이 로마를 찾아왔지만 공작을 해치는 데 동조하는 세력을 전혀 찾을 수 없었습니다.

공작은 비록 자신이 원하는 사람을 교황으로 만들 수는 없었다 해도 최소한 자신이 원치 않는 사람이 교황이 되지 못하도록 영향력을 행사할 수는 있었을 것입니다. 교황 알렉산데르 6세가 죽었을 때 그가 건강하기만 했어도 모든 일은 간단명료했을 것입니다.[30] 그리고 율리우스 2세가 교황으로 선출되던 날 공작은 나에게 이렇게 말했습니다. 자기 아버지의 죽음으로 인해 발생할 수 있는 모든 일들을 이미 생각해두었으며 모든 경우에 대한 대처 방안도 세워두었지만 단 한 가지, 자신의 아버지가 죽음을 맞이할 때 자신도 죽음의 문턱에 가 있을 것이라고는 상상도 못했다는 것이었습니다.

체사레에게서 배워야 할 것들

지금에 와서 공작의 모든 행적을 돌이켜볼 때, 그에 대해 비난할 것은 없습니다. 오히려 행운에 의해 혹은 타인의 군대를 이용해 권좌에 오른 모든 사람들이 그를 배워야 한다고 추천하는 것이 옳다고 생각합니다. 진정한 용기와 원대한 목표를 지니고 있던 그가 지금까지 살펴본 것과 다르게 행동할 수는 없었을 것이기 때문입니다. 그의 모든 계획은 오로지 교황 알렉산데르 6세의 단명*과 자신의 병에 의해 좌절됐던 것입니다.

그러므로 새로이 군주국을 차지하게 되었을 경우, 적들로부터 자신을 안전하게 지켜야 할 필요가 있다고 생각한다면 다음과 같이 행동해야 합니다.

우호세력을 만들고, 무력이나 속임수로 정복하고, 백성들로부터 사랑을 받으면서 동시에 두려움을 품도록 해야 하며, 군대로부터 복종과 존경을 받을 수 있어야 합니다. 또한 해를 끼칠 가능성이 있는 자들은 모두 제거하고, 오래된 제도는 새로운 제도로 대체하고, 잔혹한 동시에 너그러워야 하며, 관대하고 대범해야 하며, 충성을 바치지 않는 군인들은 제거하여 새로운 인물들을 발탁하고, 주변의 왕들과 동맹관계를 유지하여 그들이 흔쾌히 도움을 줄 수 있도록 하고, 함부로 공격할 수 없도록 만들어야 합니다. 이러한 것들의 본보

---

* 알렉산데르 6세의 짧은 재위기간(1492~1503)을 말한다.

기로서 공작의 행적보다 더 생생한 모범은 없습니다.

체사레의 실책

공작에 대해 비판할 것이 있다면 율리우스가 교황에 선출되도록 했던 점인데, 그것은 아주 잘못된 선택이었습니다. 이미 앞에서 언급했던 것처럼 자신의 뜻에 맞는 교황을 선출할 수는 없다 해도 자신이 원하지 않는 인물이 선출되는 것을 막을 수는 있었습니다.

공작은 자신으로 인해 피해를 입었던 적이 있거나, 교황이 되었을 때 자신을 두려워할 이유가 있는 추기경이 선출되는 것에 절대 동의하지 말았어야 합니다. 인간은 두려움이나 증오로 인해 타인에게 해를 끼치기 때문입니다.

추기경 중에서 공작에게 피해를 당했던 인물로는 산 피에트로 애드 빈쿨라, 콜론나, 산 조르지오 그리고 아스카니오가 있었습니다.[31] 루앙의 추기경과 에스파냐 출신의 추기경을 제외한 그 밖의 인물들도 모두 교황이 되면 그를 두려워했을 인물들입니다. 에스파냐의 추기경은 은혜를 입은 적이 있어 공작과 긴밀한 관계를 맺고 있었으며 루앙의 추기경은 프랑스 왕국과 연합하여 세력이 강대했기 때문입니다.

그러므로 공작은 어느 누구보다 에스파냐 출신의 추기경을 교황으로 만들었어야 했으며, 그렇게 되지 않았을 경우에는 산 피에트로 애드 빈쿨라가 아닌 루앙의 추기경이 선출되도록 해야 했습니다.

높은 지위에 오른 자에게 새로운 은혜를 베푸는 것으로 과거에 입혔던 피해를 잊게 할 수 있다고 믿는 것은 스스로를 기만하는 일입니다. 그러므로 공작은 교황 선출에서 실책을 범한 것이며 궁극적으로 자신의 파멸을 자초하게 되었던 것입니다.

제8장

부정한 방법으로 군주가 된 인물들

사악한 군주의 유형

평범한 시민에서 군주가 되는 방법에는 두 가지가 더 있으며 이것들은 전적으로 행운이나 능력에 의한 것이라 볼 수 없기 때문에 언급하지 않고 지나칠 수 없습니다. 그중 한 가지는 공화국에 대해 논의할 때보다 상세하게 논의할 수 있을 것입니다.

이 두 가지 방법이란, 부정하고 사악한 방법을 통해 군주의 자리에 오르는 것과 일개 시민이 동료 시민들의 호의에 의해 군주가 되는 경우입니다. 첫번째 방법을 논의함에 있어 고대와 현재의 두 가지 예를 들겠지만 이런 방법의 장점에 대해서는 언급하지 않을 것입니다. 이러한 방법을 모방하려는 사람에게는 두 개의 예만으로도 충분할 것이라고 생각하기 때문입니다.

아가토클레스

시칠리아의 아가토클레스[32]는 평민 중에서도 미천하고 보잘것없는 신분이었지만 시라쿠사의 왕이 되었습니다. 도공陶工의 아들인 이 인물은 평생을 파렴치하게 살았습니다. 그럼에도 불구하고 강인한 정신력과 신체를 지니고 있었으므로 직업 군인으로 헌신하여 시라쿠사 군의 사령관이 되었습니다.

사령관으로서 지위를 확고히 하자, 그는 다른 세력의 도움을 받지 않고 권력을 강탈하여 군주가 되기로 결심했습니다. 그는 그 목적을 달성하기 위해 당시 자신의 군대를 이끌고 시칠리아에서 전투 중이던 카르타고의 하밀카르와 협정을 맺어두었습니다.

어느 날 아침 그는 국가적인 중대사를 논의하는 것을 가장하여 시라쿠사의 원로들과 재력가들을 한 자리에 불러 모았습니다. 그리고 미리 약속된 신호에 따라 자신의 사병들로 하여금 그들을 모두 죽이게 했습니다. 그러고 난 후 그는 시민들의 저항 없이 도시를 장악하고 통치권을 확보했습니다.

비록 카르타고 군에게 두 번씩이나 패배해 도망치다 포위 공격을 받는 지경에 이르렀지만 그는 도시를 지키는 능력을 보여주었을 뿐만 아니라, 심지어 포위 공격을 감당할 병력만을 성에 남겨둔 채 나머지 병력을 이끌고 아프리카 본토를 공격했습니다. 그리고 아주 단시간 내에 시라쿠사를 구하고 카르타고 군을 곤경에 빠트렸습니다.

카르타고는 그와 평화협정을 맺을 수밖에 없었으며 아가토클레스에게 시칠리아를 넘겨주고 아프리카를 차지하는 것으로 만족해야만 했습니다.

아가토클레스의 행적과 일생을 꼼꼼히 살펴보면 이 인물이 행운에 의존했던 것을 전혀 혹은 거의 찾아볼 수 없을 것입니다. 앞에서 언급했듯이 수많은 곤경과 위험을 헤치며 남의 도움 없이 높은 지위에 올랐으며 용맹하고 위험스러운 행동들을 통해 공국을 차지하고 다스리게 되었기 때문입니다.

그러나 시민들을 죽이고 친구들을 배반했으며, 신의는 물론 자비와 신앙심도 없는 행동을 뛰어난 재능이라 부를 수는 없을 것입니다. 이러한 방법으로 권력을 얻을 수는 있겠지만 영광을 얻을 수는 없습니다.

만약 아가토클레스의 위험을 헤쳐나오는 능력과 적들과 맞서 싸우고 승리를 쟁취해내는 위대한 정신만을 고려한다면 그는 세상의 가장 뛰어난 장군들과 어깨를 견줄 수 있을 것입니다.

그럼에도 불구하고 무수히 저지른 사악한 행동들과 더불어 잔인하고 비인간적인 면모는 그를 다른 위대한 인물들과 함께 존경할 수 없도록 만듭니다. 그러므로 그가 성취한 것은 행운이나 재능에 의한 것이 아닌 것입니다.*

올리베로토의 비열한 계략

알렉산데르 6세가 교황으로 있던 우리 시대의 인물 페르모의 올
리베로토[33]는 아버지를 일찍 여의고 어린 시절부터 외삼촌인 조반니
폴리아니에 의해 양육되었습니다. 청년 시절부터 그는 파올로 비텔
리 휘하의 군인으로 훈련을 받았으며 때가 되면 군대의 높은 직위를
차지하기로 되어 있었습니다.

그러나 파올로가 죽자 그의 동생인 비텔로초 휘하로 들어가게 되
었습니다. 그는 뛰어난 지능과 강건한 몸과 정신을 바탕으로 아주
짧은 시간 내에 그 부대의 지휘관이 되었습니다.

하지만 남을 위해 일하는 것을 굴욕적이라 생각한 그는 비텔로초
추종자들의 지원과, 조국이 자유를 누리는 것보다 노예 상태에 있는
것을 더 좋아하는 일부 페르모 시민들의 도움을 받아 페르모의 권력
을 빼앗기로 결심했습니다.

그는 오랫동안 고향을 떠나와 있었기 때문에 외삼촌과 고향도 보
고 자기에게 남겨진 유산도 직접 확인하고 싶다는 편지를 자신의 외

---

* 마키아벨리를 비도덕한 악의 화신으로 이해하는 사람들은 이 구절을 간과해서는 안된다. 마키
  아벨리가 말하는 군주의 미덕Virtu(skill, ability, ingenuity)은 그야말로 '권력'이라는 것과 뚜렷
  하게 구별되는 것이다. 다시 말하면 아주 특별한 목적을 위해 사용될 때 정당화될 수 있다고 말
  하고 있기 때문이다.

삼촌인 조반니 폴리아니에게 보냈습니다. 또한 그동안 고향을 떠나와 노력해온 이유는 오직 영광을 얻기 위한 것이었으므로 고향의 시민들에게 자신의 노력이 헛된 것이 아니었음을 보여주고 싶다고 했습니다.

그래서 그에 어울리는 명예로운 방식으로 고향에 도착하고 싶다며 자신의 친구들과 부하들 중에서 선발한 기병 100명의 호위 속에 귀환하고 싶다는 뜻을 전했습니다. 그리고 페르모의 시민들이 그에 어울리는 환영 행사를 마련하도록 주선해달라고 간청했습니다. 그러한 행사는 자신뿐만 아니라 그가 자라는 데 도움을 준 조반니에게도 영광스러운 일이 될 것이라고 했습니다.

조반니는 조카를 맞이하는 데 모든 정성을 다 기울였습니다. 그는 페르모 시민들로 하여금 자신의 조카를 영예롭게 맞이하도록 했으며 자신의 저택을 그들의 숙소로 내주었습니다. 며칠이 지난 후 올리베로토는 비밀스럽게 앞으로 있을 음모에 대비해 준비를 시작했습니다.

그는 조반니 폴리아니와 페르모의 모든 지도자급 시민들을 초대하여 멋들어진 연회를 열었습니다. 만찬과 그러한 연회에서 흔히들 진행하는 유희를 다 마치고 난 후, 올리베로토는 계획에 따라 교황 알렉산데르 6세와 그의 아들 체사레의 위대함과 그들의 업적들을 거론하면서 짐짓 심각한 문제를 늘어놓기 시작했습니다. 조반니와 그 외의 몇몇 사람들이 그 언급에 대해 반문하자 그는 별안간 자리에서 일어나 이런 문제들은 조금 더 은밀한 장소에서 논의할 필요가 있다고 했습니다. 그리고 그가 별실로 들어가자 조반니를 비롯한 모든 사람들이 그의 뒤를 따라 들어갔습니다. 그들이 별실에 들어가 자리에 앉자마자 비밀장소에 숨어 있던 병사들이 튀어나와 조반니를 비롯한 모든 사람들을 죽여버렸습니다.

그들을 암살한 후 올리베로토는 말을 타고 도심지를 돌며 시위했으며 주요 관료들의 저택을 포위했습니다. 관료들은 공포에 휩싸여 그에게 복종하고 그를 군주로 추대하는 새로운 정부를 구성했습니다.

불만을 품고 자신에게 해를 끼칠 수 있는 세력을 모두 제거한 후 그는 새로운 민정제도와 군사제도를 설립하는 것으로 권력을 강화했습니다. 그렇게 하여 권력을 잡은 지 1년 남짓한 시간 내에 페르모 시를 장악했을 뿐만 아니라 모든 인접 국가들이 두려워하는 세력을 갖추게 되었습니다.

앞에서 언급했던 것처럼 체사레가 세니갈리아에서 오르시니와 비텔리의 지도자들을 사로잡을 때, 올리베로토가 속임수에 빠지지만 않았더라면 그를 파멸시키는 것은 아가토클레스를 쫓아내는 것만큼이나 어려운 일이었을 것입니다. 그러나 그는 외삼촌을 죽인 후 1년 만에 그곳에서 사로잡혔으며, 재능이나 사악함에 있어 그의 스승이라 할 비텔로초와 함께 교살당하고 말았습니다.

가혹한 행위는 단번에, 은혜는 조금씩 천천히

아가토클레스나 그와 유사한 인물들이 수많은 배신과 잔혹 행위를 저지르면서도 어떻게 그토록 오랫동안 나라를 안정적으로 통치하고 외부의 적들을 막아내며 시민들의 음모에도 걸려들지 않을 수 있었을까에 대해 의문을 품을 수 있을 것입니다. 다른 많은 지배자들의 경우, 잔인한 수단을 사용했다면 불안정한 전쟁시에는 물론 평화로운 시기라 할지라도 자신의 권력을 유지할 수 없었기 때문입니다.

이러한 차이는 그런 잔인한 수단들이 제대로 사용되었는지 혹은 잘못 사용되었는지에 따라 나타난다고 믿고 있습니다. 잔인한 수단들이 잘 사용되었을 경우(사악한 일에도 '잘'이라는 단어를 사용할 수 있다면), 그것은 단번에 전격적으로 실행되어 자신을 보호하는 데 유용한 역할을 하고 그 이후에는 백성들에게 이익이 되는 수단으로 전환될 수 있을 것입니다. 잘못 사용된 경우란 처음에는 드물게 실행되었지만 시간이 지날수록 증가하는 경우일 것입니다.

첫번째 방법에 따라 실행하는 군주들은 아가토클레스가 그랬던 것처럼 신과 인간의 도움을 받아 자신의 처지를 개선시킬 수 있습니다. 그러나 두번째 방법을 택한 군주들은 살아남을 수 없습니다.

그러므로 한 국가를 탈취한 정복자는 실행할 필요가 있는 모든 가해 행위들은 단번에 실행하고 매일 거듭되지 않도록 해야 된다는 것을 명심하고 있어야 합니다. 가해 행위가 되풀이되지 않는다면 백성들을 안심시키고 그들에게 은혜를 베푸는 것으로 민심을 끌어들일 수 있습니다. 이러한 방법을 따르지 않는 자는 소심함이나 잘못된 판단으로 인해 자신의 손에 언제나 칼을 들고 있어야만 할 것입니다.

또한 지속적인 가해의 상처로 인해 군주를 확고하게 믿지 못할 것이기 때문에 그 자신도 결코 백성들을 신뢰할 수 없게 될 것입니다. 그러므로 가해 행위는 단번에 시행되어야 합니다. 피해는 적게 받을수록 적게 반항하게 되는 것이며, 은혜는 아주 조금씩 천천히 베풀어야 제대로 만끽할 수 있는 것입니다.

무엇보다 현명한 군주라면 자신의 백성들과 함께 살아야 합니다. 그렇게 되면 좋은 일이든 나쁜 일이든 예상치 못한 사건으로 인해 자신의 통치방법을 바꾸지 않아도 됩니다.

비상시에 예상치 못한 사건이 일어날 경우 가혹한 조치를 취할 시간적 여유가 없을 것이며, 은혜를 베푼다 해도 백성들은 군주가 마지못해 베푸는 것으로 받아들이기 때문에 아무런 도움도 되지 않을 것이기 때문입니다.

제9장

시민 군주국

시민의 호의로 군주가 된 유형

이제부터는 평범한 시민이 사악함이나 여타의 용납될 수 없는 폭력이 아니라 동료 시민들의 호의에 의해 자신의 조국에서 군주가 되는 두번째 경우에 대해 논의하도록 하겠습니다. 이러한 경우는 시민 군주국이라 부를 수 있습니다. 이러한 군주국을 얻기 위해서는 전적으로 능력이나 행운만이 필요한 것이 아니라 행운과 영리함을 잘 이용하는 것이 필요합니다.

이러한 형태의 군주국에서 군주가 되는 것에는 백성들이나 귀족들의 호의에 의한 방법이 있습니다. 모든 도시에는 이런 두 가지 상이한 계급이 존재하기 때문이며, 그로 인해 백성들은 귀족들에게 지배당하거나 억압받기를 원치 않지만 귀족들은 백성들을 지배하고 억압하려는 상황이 발생합니다. 반대되는 이러한 두 가지 성향으로 인해 군주정이거나 공화정 그리고 무정부 상태라는 세 가지 중 한 가지 결과가 발생합니다.

군주정의 경우

군주정은 백성들이나 귀족들 두 세력 중에서 누가 먼저 기회를 잡느냐에 따라 성립하게 됩니다. 귀족들은 백성들의 세력을 견디기 힘들어지면 자신들 중의 한 명을 추대하여 군주로 만든 다음 그의 보호 아래 자신들의 욕망을 충족시키려 합니다. 이와 마찬가지로 백성들 역시 귀족들에게 대항할 수 없다는 것을 알게 되면 자신들 중의 한 명을 군주로 추대하여 그의 권위를 통해 자신들을 보호하려고 하는 것입니다.

귀족들의 도움으로 군주의 자리에 오른 사람은 백성들의 지원으로 군주가 된 사람에 비해 그 권력을 유지하는 것이 훨씬 더 어렵습니다. 자신과 대등하다고 생각하는 사람들에게 둘러싸여 있어, 자신이 원하는 대로 통치하거나 다룰 수 없기 때문입니다. 그러나 대중적인 호감에 의해 군주가 된 사람의 주변에는 복종하지 않으려는 사람이 없으며, 있다 해도 소수에 불과할 것이기 때문에 자신에게만 권력이 있다는 것을 알게 될 것입니다.

게다가 누군가를 해치지 않는 공정한 처신만으로는 귀족들을 만족시킬 수 없지만 백성들은 분명히 만족시킬 수 있습니다. 그것은 백성들의 목표가 귀족들의 그것보다 더 정의롭기 때문입니다. 다시 말해, 귀족들은 억압하기를 원하지만 백성들은 억압받지 않기를 원하기 때문입니다. 또한 백성들의 수가 많기 때문에 군주는 그들을 적으로 삼게 되면 자신의 지위를 확고히 지킬 수 없습니다. 그러나 귀족들은 그 수가 적기 때문에 그들과 적대적인 군주는 자신의 지위를 지켜내는 데 어려움이 없습니다.

백성들이 적대적일 때 군주에게 닥칠 수 있는 가장 최악의 상황은 그들로부터 버림받는 것입니다. 그러나 귀족들이 적대적일 경우에는 단순히 버림받는 것뿐만이 아니라 그들이 연합하여 대항할 수 있다는 것을 경계해야 합니다. 귀족들은 보다 멀리 내다볼 수 있으며 교활하기 때문에 언제나 승자가 될 것이라 예상되는 인물의 호의를 얻어 자신들을 보호하려 하기 때문입니다.

더 나아가 군주는 언제나 동일한 백성들과 함께 살아야 하지만 동일한 귀족들과 살아야 할 필요는 없습니다. 군주는 자신이 적절하다고 생각하는 바에 따라 귀족을 만들 수도 있고 제거할 수도 있으며 그들의 특권을 빼앗거나 되돌려줄 수도 있기 때문입니다.

귀족을 활용하는 방법

이러한 점을 보다 명확히 정의하기 위해 귀족들에 관해서 다음과 같은 두 가지 사항을 주로 생각해두어야 합니다. 즉, 귀족들은 전적으로 군주의 운명에 자신들의 운명을 결부시켜 처신하거나 그와 정반대로 행동한다는 것입니다. 자신의 운명을 군주와 한묶음으로 생각하는 자들 중에서 탐욕을 부리지 않는 자는 존중하고 믿음을 주어야 합니다. 군주의 운명에 얽매이지 않으려는 귀족들은 두 가지 유형으로 분석해볼 수 있습니다.

우선 두려움이거나 용기가 부족해서 그렇게 행동하는 경우라면, 군주는 그들을 활용해야 합니다. 그들 중에서도 특히 영리한 조언자들은 번영의 시기에는 군주에게 명예를 더해줄 것이며 역경에 빠진다 해도 두려워할 만한 존재가 아니기 때문에 특별히 잘 활용해야 합니다.

그러나 교묘하게 야심을 품고서 군주에게 종속되기를 주저하는 것이라면 군주보다 자신들의 이익을 더 많이 생각하고 있음을 보여주는 것입니다. 군주는 이러한 귀족들을 주의해야만 하며 마치 드러난 적들을 대할 때처럼 경계해야 합니다. 곤경이 닥치게 되면 그들은 언제라도 군주를 몰락시키기 위해 노력할 것이기 때문입니다.

백성들과 좋은 관계를 유지하는 방법

그러나 백성들의 지원을 통해 군주의 자리에 오른 사람은 백성들과 좋은 관계를 유지해야만 합니다. 백성들이 그에게 요구하는 것은 오직 억압하지 않는 것뿐이기 때문에 그들과 좋은 관계를 유지하는 것은 매우 쉬운 일입니다. 그러나 백성들의 반대에도 불구하고 귀족들의 지원을 받아 군주가 된 경우라면, 무엇보다도 먼저 백성들의 지지를 얻기 위해 노력해야 합니다. 군주가 그들을 보호해준다면 그들의 지지는 쉽게 얻을 수 있습니다.

사람들은 해를 끼칠 것으로 예상했던 사람으로부터 좋은 대접을 받게 되면 그에게 더욱 고마움을 느끼기 마련이어서 백성들은 자신들의 지지로 군주가 된 사람보다 더 깊은 호의를 보이게 됩니다.

군주가 백성들의 호의를 이끌어내는 방법은 매우 다양하고 상황에 따라 달라지기 때문에 고정된 원칙을 제시할 수는 없습니다. 그러므로 그 방법에 대해서는 논의하지 않기로 하겠습니다. 다만 군주는 기필코 백성들과 좋은 관계를 가져야만 한다는 것을 말하는 것으로 논의를 마무리하도록 하겠습니다. 그렇게 하지 않으면 군주는 곤경에 빠졌을 때 아무런 지원도 받을 수 없을 것입니다.

백성을 권력의 기반으로 삼은 군주

스파르타의 군주였던 나비스[34]는 그리스의 모든 세력과 가장 뛰어난 로마 군대의 공격을 잘 막아내 국가는 물론 자신의 권력을 지켜낼 수 있었습니다. 위험이 닥쳐왔을 때 그는 단지 몇몇 신하들로부터의 위협을 막아내는 것만으로 그것을 극복할 수 있었습니다. 그러나 만약 대다수의 백성들이 그에게 적대적이었다면 그것만으로는 위험을 극복할 수 없었을 것입니다.

이러한 견해에 대해 '백성을 권력의 기반으로 삼은 자는 진흙을 밟고 서 있는 것과 같다'는 진부한 격언을 이용하여 반론을 제기하는 사람이 있어서는 안됩니다. 이 격언은 백성을 지지기반으로 삼고 있는 평범한 시민이 적들이나 행정관료들로부터 압박을 받았을 때, 백성들이 자신을 구해줄 것이라 자만하고 있는 경우에만 옳은 말일 것입니다(이와 같은 경우, 로마의 그라쿠스 형제[35]나 피렌체의 조르지오 스칼리[36]가 그랬던 것처럼 종종 자신이 기만당했다는 것을 알게 될 것입니다).

그러나 백성들을 지지기반으로 삼고 있는 군주가 통치술도 제대로 알고 있으며, 곤궁에 빠져서도 당황하지 않고, 필요한 성품을 다 갖추고 있는 용기 있는 사람이라면, 그리고 자신의 용기와 기백을 통해 백성들의 사기를 유지시킬 수 있는 사람이라면 절대 백성들로부터 기만당하지 않을 것이며 자신이 건실한 기반을 구축했음을 알게 될 것입니다.

관료들이 통치하는 국가의 위험성

이러한 형태의 군주국은 보통 적절히 운영되던 시민 사회에서 절대적인 정부체제로 변화시키려 할 때 커다란 위험에 처하게 됩니다. 이러한 군주들은 자신이 직접 통치하거나 관료들을 통해 통치하기 때문입니다.

관료들을 통해 통치하는 경우, 자신이 관료로 임명한 시민들의 의

지에 전적으로 의존하기 때문에 군주의 지위는 보다 약해지고 한층 위험해질 것입니다. 특히 곤경에 처하게 되었을 때 이러한 관료들은 공개적으로 반란을 일으키거나 군주에게 불복하는 방법으로 국가를 쉽게 장악할 수 있습니다.

그처럼 위급한 상황에 빠지게 되면 군주는 확고한 상황 통제를 위한 시간을 충분히 확보할 수 없습니다. 혼란한 상황에서는 관료들의 통제를 받는 데 익숙해진 시민들이 군주의 통제에 기꺼이 복종하지 않을 것이기 때문입니다.

그리고 어수선한 시절이 되면 군주는 언제나 자신이 믿을 수 있는 사람들이 없다는 것을 알아차리게 될 것입니다. 이런 군주는 자신의 통치가 필요했던 평화로운 시기에 보아왔던 시민들에게 의지할 수 없습니다. 평화로운 시기에는 죽음을 당할 가능성이 없기 때문에 모든 사람들이 몰려와 충성을 약속하고 군주를 위해 목숨을 바치겠다는 맹세를 하기 때문입니다.

그러나 국가가 곤경에 처해 시민들이 필요하게 될 때면 남아 있는 자들은 거의 찾아볼 수 없습니다. 그리고 이런 시기에 그들의 충성도를 시험하는 것은 매우 위험한 일입니다. 그것은 단 한 번만 해볼 수 있는 일이기 때문입니다. 그러므로 현명한 군주라면 언제든지 또 어떤 상황에 처하게 되든지 시민들이 정부와 군주의 도움이 필요하도록 방안을 강구해두어야만 합니다. 그렇게 하면 시민들은 언제나 군주에게 충성을 바칠 것입니다.

제10장

주변 군주국들의 군사력을
어떻게 평가할 것인가

군주가 갖추어야 할 군사력

군주국들의 특징들을 분석할 때 고려해야만 하는 것이 또 있습니다. 그것은 군주 자신이 필요할 때, 자신만의 힘으로 스스로를 방어할 만한 충분한 권력을 가지고 있는가 아니면 언제나 다른 세력의 보호를 받아야 하는가 하는 문제입니다.

이 부분을 명확히 하기 위해 다음과 같이 판단할 수 있을 것입니다. 즉 자신의 국가를 공격하는 어떠한 세력에도 맞서 전쟁을 훌륭히 수행할 수 있는 충분한 군대를 결집시킬 수 있는 군주라면, 충분한 병력을 거느리고 있거나 혹은 풍부한 자금력이 있으므로, 자신의 국가를 방어하기에 충분하다 말할 수 있습니다. 그러나 적과 상대할 능력이 없어 언제나 성안으로 도망쳐 수비만 해야 하는 군주라면 늘 다른 세력의 보호가 필요하다 말할 수 있습니다.

첫번째 유형은 이미 논의되었으므로 더 필요한 것들이 있다면 나중에 좀 더 상세하게 논의하도록 하겠습니다. 두번째 유형의 경우, 그러한 상황에 있는 군주라면 영토 주변에 대해서는 신경 쓰지 말고 오직 도시를 요새화하고 식량을 넉넉히 비축해야 한다는 것 외에는 덧붙여 해줄 말이 없습니다. 앞에서 상세하게 설명한, 그리고 이후로도 자주 언급하게 될 방법으로 도시를 제대로 요새화하고 추종자들과 함께 내정을 잘 관리한다면 쉽사리 공격받지 않을 것입니다. 사람들은 어려움이 많을 것이라 예상되는 공격은 결코 꾀하려 하지 않으며, 도시를 제대로 요새화하고 백성들로부터 미움을 받지 않는 군주를 공격하는 것은 쉬워 보이는 일이 아니기 때문입니다.

독일 도시국가의 경우

독일의 도시들은 완전한 자유를 누리고 있고 주변 지역에는 영토가 거의 없으며 자신들이 원할 때에만 황제에게 복종합니다. 그들은 황제는 물론 인접해 있는 세력들을 두려워하지도 않습니다. 그 도시들은 주변의 모든 세력들이 그곳을 점령하는 것은 무척 오랜 시간이 걸리고 어려운 일이 될 것이라 생각할 정도로 요새화가 잘 되어 있기 때문입니다.

도시들은 모두 방어용 도랑과 성벽으로 단단히 둘러싸여 있고 충분한 화포를 갖추고 있으며, 1년 정도는 버티기에 충분한 식량과 식수 그리고 연료가 언제나 공공창고에 비축되어 있습니다.

그리고 무엇보다 백성들이 공적 자금을 소비하지 않고 안정적으로 살아갈 수 있도록, 언제나 1년 정도의 원자재를 풍부하게 비축해두어 백성들에게 종사할 수 있는 일자리를 제공합니다. 그것은 곧 도시와 산업를 유지하는 필수 요소가 되며 그것으로부터 백성들은 생계를 유지하는 것입니다. 더 나아가 그들은 군사 훈련을 매우 중시하며, 군대를 유지하기 위해 많은 규정들을 정해두었습니다

강력한 군사력과 백성들의 지지

그러므로 도시를 강하게 유지하고 백성들의 미움을 받지 않는 군주는 공격받지 않습니다. 비록 공격을 받는다 해도 그의 적들은 수치스러운 퇴각을 해야 할 것입니다. 인간사는 너무나 변하기 쉬워 자신의 군대를 1년 동안, 하는 일 없이 성을 포위하고 있도록 하는 것은 거의 불가능하기 때문입니다.

만약 백성들이 성 밖에 있는 자신들의 재산이 파괴되는 것을 보게 되면 인내심을 잃게 될 것이며, 장기간의 포위와 이기심으로 인해 그들은 군주를 잊을 것이라 반박할 수도 있을 것입니다. 그렇다면 강인하고 기백을 갖춘 군주라면 한편으로는 고난이 오래 지속되지 않을 것이라는 희망을 심어주면서 다른 한편으로는 적의 잔혹함

을 일깨워주는 방식으로 호들갑을 떠는 자들을 솜씨 있게 처리하는 방법으로 언제나 그러한 어려움을 극복할 수 있다고 반박할 것입니다.

이러한 점 외에도, 적군은 당연히 도착하자마자 성 밖의 지역들을 파괴하고 약탈할 것이지만, 그 무렵까지는 백성들의 사기도 충천해 있을 것이며 성을 지키겠다는 결의도 확고할 것입니다. 그렇게 며칠이 지나게 되면 백성들의 흥분은 어느 정도 가라앉을 것이며, 피해는 이미 발생한 것이고 곤경을 겪은 후여서 그 문제를 해결할 아무런 방법도 없기 때문에 군주는 그들을 경계해야 할 이유가 적어지게 됩니다.

또한 군주를 방어하기 위해 자신들의 집이 불타버렸고 재산이 약탈되었으므로 이제 군주가 자신들에게 빚지고 있는 것이라 생각하여 오히려 더욱더 군주를 중심으로 뭉치게 됩니다. 인간의 본성이란, 받았던 은혜와 마찬가지로 베푼 은혜에 의해서도 유대가 강화되기 마련이기 때문입니다.

이런 모든 문제들을 고려해볼 때, 식량이 풍부하고 방어를 위한 수단들을 갖추고 있기만 한다면 신중한 군주는 어떤 형태의 포위 공격을 당하더라도 그 시작부터 끝까지 높은 사기를 유지하는 것이 어려운 일이 아닐 것입니다.

제11장

교회형 군주국

종교적 제도에 의해 유지되는 교회형 군주국

이제 교회형 군주국에 대한 논의만이 남아 있습니다. 이런 형태의 군주국일 경우 모든 문제들은 국가를 차지하기 전에 발생합니다. 교회형 군주국은 능력이나 행운에 의해 차지할 수 있지만 유지하는 데에는 두 가지 요소 모두 다 필요없습니다. 이러한 국가들은 오랫동안 전해 내려온 종교적 제도들에 의해 유지되며, 그 제도들은 군주들이 어떤 식으로 처신하고 살아가더라도 자신들의 권력을 지닐 수 있을 정도로 강력하게 운영됩니다.

오직 군주만이 국가를 소유하지만 방어할 필요도 없으며 백성들이 있지만 다스릴 필요도 없습니다. 비록 군주가 국가를 방어하지 않는다 해도 국가를 빼앗기지 않습니다. 백성들은 통치받지 않더라도 그것에 신경조차 쓰지 않으며, 그들은 군주를 몰아낼 생각도 하지 않을 뿐 아니라 그럴 능력도 없습니다. 그러므로 이러한 군주국들이야말로 가장 안정적이며 바람직하다 할 것입니다.

그러나 이러한 국가들은 인간의 정신이 도달할 수 없는 초월적인 권한에 의해 보호되기 때문에 더 이상 논의하지 않겠습니다. 신에 의해 이루어지고 유지되는 국가를 논하는 것은 오만하고 경솔한 인간의 행위가 될 것이기 때문입니다.

그럼에도 불구하고 교황 알렉산데르 6세 이전까지는 이탈리아의 권력자들 — 실질적인 권력자들은 물론 세력이 미약한 영주나 하급 귀족들마저도 — 은 교회의 세속적 권력을 미미하게 취급했는데, 어떻게 이제는 교회의 세속적 권력이 프랑스 왕도 두려워할 만큼 강해졌는가에 대해 의문을 품는 사람들도 있을 것입니다. 교회는 이탈리아에서 프랑스 왕을 몰아냈으며 베네치아도 몰락시켰습니다. 비록 이 사건들은 널리 알려져 있는 것이지만 다시 한번 기억 속에서 끄집어내는 것도 전혀 불필요한 일은 아니라고 생각합니다.[37]

교황 알렉산데르 6세

프랑스 왕 샤를이 침입하기 전의 이탈리아는 교황과 베네치아, 나폴리, 밀라노 그리고 피렌체가 지배하고 있었습니다. 각 세력의 권력자들은 두 가지 주요한 문제에 몰두해 있었습니다. 그중 한 가지는 외세가 군대를 이끌고 이탈리아를 침범하면 안된다는 것이었으며, 다른 한 가지는 자신들 중 어느 누구라도 더 많은 영토를 차지해서는 안된다는 것이었습니다.

그들이 가장 눈여겨보고 있던 세력은 바로 교황과 베네치아였습니다. 베네치아를 견제하기 위해 그 외의 모든 세력들은 페라라의 방어를 위해 그랬던 것처럼 동맹을 결성하는 것이 필요했습니다. 그리고 교황을 견제하기 위해서는 로마의 귀족들을 활용했습니다. 로마의 귀족들은 두 개의 파벌 오르시니와 콜론나로 나뉘어 언제나 대립하고 있었지만 그들은 무기를 든 채로 교황 앞에 설 만큼 교황의 권위를 취약하고 불안정하게 만들었습니다.

비록 때때로 식스투스[38] 같은 용기 있는 교황이 등장하기도 했지만 행운이나 그의 능력으로도 이런 불편함을 극복할 수는 없었습니다. 교황의 재위 기간이 짧다는 것이 주된 원인이었습니다. 교황들의 평균적인 재위 기간은 10년 정도였으며, 이 정도의 기간에 어떤 세력을 제거하는 것은 매우 어려운 일이었던 것입니다. 그리고 예를 들어 어떤 교황이나 콜론나 파의 제거에 거의 성공했다 해도, 오르시니 파에 적대적인 새로운 교황이 즉위하게 되어 콜론나 파가 다시 권력을 회복하게 되는 결과를 초래하고 그 역시 오르시니 파를 제거할 충분한 시간을 갖지 못하기 때문이었습니다.

그 결과 이탈리아에서는 교황의 세속적인 권력이 거의 무시되어

왔습니다. 그러나 교황 알렉산데르 6세는 이전의 그 어떤 교황보다 탁월하게 돈과 군사력을 앞세워 커다란 성공을 거둘 수 있다는 것을 보여주었던 것입니다. 앞에서 공작의 행적을 논의할 때 살펴보았듯이 발렌티노 공작을 수단으로 삼고 프랑스의 침입을 핑계 삼아 모든 것을 이루어냈습니다. 비록 그의 의도는 교회의 권력이 아니라 공작의 세력을 확장시키려는 것이었지만, 그럼에도 불구하고 그가 죽고 공작이 몰락한 이후에 그 노력의 결실을 물려받은 교회가 권력을 강화할 수 있게 되었던 것입니다.

교황 율리우스 2세

그 후 율리우스 교황이 등장했을 무렵 교회는 로마냐의 전 지역을 장악하고 있었고 로마의 귀족들은 무력화되어 있었으며, 교황 알렉산데르 6세의 조치들에 의해 파벌들은 몰락해 있었으므로 그 세력이 막강했습니다.

또한 율리우스 교황은 알렉산데르 6세나 그 이전의 교황들은 전혀 시도하지 못했던 방법으로 재산을 축적할 수 있었습니다. 율리우스는 자신이 상속받은 것을 유지했을 뿐만 아니라 더욱 확대시켜 나갔습니다. 그는 볼로냐를 점령하고 베네치아를 섬멸하며 프랑스 군을 이탈리아에서 몰아내고자 했습니다.

그의 이러한 모든 계획들은 성공했으며, 이러한 모든 일을 특정한 개인을 위해서가 아니라 교회의 세력을 신장시키기 위해 성취했기 때문에 특별한 찬사를 받을 만합니다.

그는 또한 오르시니와 콜론나를 줄곧 무력한 상태로 남아 있도록 만들었습니다. 비록 그 세력들의 몇몇 지도자가 상황을 변화시키려 했지만 두 가지 요인에 의해 뜻을 이룰 수 없었습니다.

그중 한 가지는 그들을 압도해버린 강력한 교회세력이었으며, 다른 한 가지는 자신들의 파벌 내에 혼란을 일으킨다는 이유로 자신들만의 추기경을 만들지 않았다는 것입니다.

자신들 파벌 내에 추기경이 있어도 평화를 지킬 수 없었던 이유는 추기경들은 로마 내에서나 밖에서 언제나 파벌을 형성했고 귀족들은 자신들이 속한 파벌을 지지할 수밖에 없었으며, 귀족들 간의 모든 알력과 분쟁은 고위 성직자들의 야심으로 인해 생겨난 것이기 때문입니다.

이런 이유들로 인해 성스러운 교황 레오 10세는 지금과 같은 참으로 강력한 교황이 될 수 있었습니다.[39] 만약 전임 교황들이 무력을 통한 공적으로 위대한 교황이 되었다면 레오 10세는 타고난 선량함과 무한한 미덕을 통해 존경받을 충분한 이유가 있는 위대한 교황이 될 것입니다.

제12장

다양한 군대의 종류와 용병

국가의 토대는 법률과 군대

처음에 언급했듯이 지금까지는 모든 군주국들의 특성에 대해 자세히 논의했으며 이러한 군주국들의 번영과 쇠퇴의 이유들에 대해서도 어느 정도 다루었습니다. 그리고 군주국을 획득하고 유지하기 위해 많은 사람들이 활용했던 방법들을 실례를 들어 설명했습니다.

이제 앞서 언급한 군주국들이 공격을 하거나 방어를 할 때 적용할 수 있는 일반적인 조건들을 설명해보려 합니다. 앞에서의 논의를 통해 군주는 권력의 토대를 확고히 해야 한다는 것을 역설했습니다. 토대를 확고히 하지 못한 군주는 필연적으로 멸망하고 말 것입니다.

오래된 국가이든 신생국이든 복합 국가이든, 모든 국가의 주요한 토대는 훌륭한 법률과 군대입니다. 훌륭한 군대가 없다면 훌륭한 법률을 갖출 수 없으며, 훌륭한 군대가 있는 곳에는 훌륭한 법률이 있기 마련이기 때문에 법률 문제는 접어두고 군대 문제를 논의하도록 하겠습니다.

이탈리아가 겪은 용병군의 폐해

군주가 국가를 방어하는 데 사용하는 군대는 자신의 병사들로 구성된 부대나 용병, 외국 지원부대 또는 혼성군이 있습니다. 용병과 외국 지원부대는 아무런 쓸모도 없으며 위험합니다. 자신의 영토를 지키기 위해 용병에 의존한다면 절대 안정되고 확고하게 지킬 수 없습니다. 그런 군대는 통합되어 있지 않고 야심을 품고 있으며, 훈련되어 있지 않고 충성스럽지 않기 때문입니다. 아군들과 함께 있을 때는 용감하지만 적들과 마주치면 비겁해집니다. 신을 두려워하지 않으며 사람들과의 약속도 지키지 않습니다.

그런 군대를 이끌고 있는 군주의 파멸은 적들의 공격이 지연되고 있는 만큼만 연장되고 있는 것에 불과합니다. 그러므로 평화로울 때에는 그들에게 시달리고, 전쟁이 벌어지면 적들에게 시달리게 됩니다. 이러한 일이 발생하는 것은 그들은 군주에 대한 애착이 전혀 없어서, 하찮은 보수 외에는 생명을 걸고 군주를 위해 전쟁에 나가 싸울 이유나 동기가 전혀 없기 때문입니다. 전쟁을 일으키지 않는다면 그들은 기꺼이 군주에게 봉사하겠지만, 정작 전쟁이 다가오면 그들은 도망쳐버릴 것입니다.

현재 이탈리아가 겪고 있는 몰락은 무엇보다 오랜 세월 동안 용병에 의존해온 것에 그 원인이 있기 때문에 이것을 입증하는 데 아무런 노력도 필요 없습니다. 가끔은 이 용병들이 많은 도움이 되기도 했고 다른 용병들과의 전투에서 용맹함을 보이기도 했습니다. 그러나 외국 군대의 침공이 시작되자 그들은 단번에 그 진면목을 드러냈습니다.

그런 이유로 프랑스의 샤를 왕은 백묵 한 조각*으로 이탈리아를 점령할 수 있었습니다. 우리들의 죄악들로 인해 이런 참변을 겪게 된 것이라고 말했던 누군가**의 말이 바로 진실이었던 것입니다. 그러나 그 사람이 의미했던 죄악이 문제가 아니라 바로 내가 설명했던 죄악들이 문제였습니다. 그리고 그것은 군주들의 죄악이었기 때문에 그들 또한 재앙을 겪어야만 했던 것입니다.[40]

---

* 프랑스 역사학자 코뮌Philippe de Commynes은 그의 저서 『기억Memories VII』에서 이 말을 최초로 언급한 사람은 '교황 알렉산데르 6세였다'고 말한다. 그것은 샤를 8세의 군대가 1494~1495년 이탈리아를 침범했을 때 그들이 기거할 집을 백묵으로 표시하기만 해도 가능했다는 것, 즉 아무런 저항도 받지 않았다는 것을 비유적으로 표현한 것으로, 마키아벨리는 이탈리아 인들의 저항이 전혀 존재하지 않았다는 것을 강조하고 있다.

** 샤를 8세가 침입했을 때 피렌체를 장악하고 있던 수도사 지롤라모 사보나롤라Girolamo Savonarola(1452~1498)를 가리킨다.

군주는 자신의 군대를 가져야 한다

이런 형태의 군대가 지니고 있는 부적절함에 대해 보다 자세히 설명드리고자 합니다. 용병 장군들은 훌륭한 군인이거나 전혀 그렇지 못한 인물일 수 있습니다. 만약 능력 있는 인물이라면 그들은 언제나 고용주인 군주를 공격하거나 군주의 의사에 반해 타인을 공격하여 높은 지위에 오르기를 열망하기 때문에 신뢰해서는 안됩니다. 반면에 평범한 인물이라면 군주는 당연히 몰락하게 될 것입니다.

만약, 누구든 군대를 장악하고 있는 자라면 누구나 이런 식으로 행동할 것이라며 반론을 제기한다면, 군대는 군주나 공화국에 의해 통제되어야만 한다는 점을 들어 반박할 것입니다. 군주는 자기 자신이 직접 군대의 수장으로서 지휘해야만 하며, 공화국은 자신들의 백성 중에서 지휘관을 선정하여 파견해야 합니다. 만약 파견된 자가 무능하다면 소환해야만 하며, 유능하다면 자신의 권한을 넘어서는 일을 못하도록 법률로써 견제해야만 합니다.

경험에 의해 알 수 있듯이, 독자적인 군대를 운영했던 군주나 공화국만이 커다란 성공을 이루었으며, 용병을 통해서는 전혀 성공을 거두지 못했고 오히려 손해만 보았을 뿐입니다. 시민 중 한 명이 권력 찬탈을 시도할 때, 자국민으로 이루어진 군대가 있는 공화국은 외국 군대에 의존하는 국가보다 훨씬 더 성공하기 어려웠습니다. 로마와 스파르타는 무력을 갖춘 상태로 수세기 동안 자유롭게 살았습니다. 스위스는 지극히 잘 조직된 군대를 갖추고 있으며 완벽한 자

유를 누리고 있습니다.[41]

카르타고와 밀라노의 용병들

용병부대를 활용했던 고대의 예로는 카르타고를 들 수 있습니다. 카르타고는 용병대장들을 자국민으로 임명해두었음에도 불구하고, 로마와의 첫번째 전쟁[42]이 끝난 후 용병들에게 거의 정복당할 지경에 이르렀습니다. 테베는 에파미논다스가 사망한 이후 마케도니아의 필리포스를 자국 군대의 장군으로 삼았지만 전쟁에서 승리한 후 그는 테베의 독립을 박탈해버렸습니다.[43]

밀라노에서는 필리포 공작이 사망한 후 프란체스코 스포르차를 장군으로 고용하여 카라바지오에서 베네치아를 격파했지만,[44] 스포르차는 베네치아와 연합하여 자신을 고용했던 밀라노를 공격했습니다. 나폴리의 조반나 여왕에 의해 장군으로 고용되어 있던 스포르차의 아버지는 갑작스럽게 여왕을 무방비 상태로 만들어버렸으며, 그로 인해 여왕은 왕국을 지키기 위해 아라곤의 왕에게 투항할 수밖에 없었습니다.[45]

피렌체의 용병 사례

베네치아와 피렌체가 과거에 용병을 활용해 줄곧 영토를 확장했던 것은, 용병 장군들이 스스로 군주가 되려 시도하지 않고 그 대신 영토를 방어해주었기 때문이며, 그것은 피렌체가 운이 매우 좋았기 때문이라 말할 수 있습니다. 위협이 될 만한 유능한 장군들 중 일부는 승리를 거두지 못했고 일부는 반대에 부딪혔으며 그리고 나머지는 자신들의 야망을 다른 지역에서 펼치려 했기 때문입니다.

승리를 거두지 못한 장군은 존 호크우드[*]였으며, 그래서 그의 충성심은 확인할 수 없었습니다. 그러나 그가 성공했었다면 피렌체는 그의 지배 하에 들어갔을 것임을 모두들 인정하고 있습니다. 스포르차 가문은 브라체시 가문[**]과 적대적인 관계에 있었기 때문에 언제나 서로를 견제하고 있었습니다. 프란체스코는 자신의 야망을 이루기 위해 롬바르디아로 갔으며 브라치오는 교회와 나폴리 왕국을 목표로 하고 있었습니다.

좀 더 최근에 일어났던 사건을 살펴보기로 하겠습니다. 피렌체는 파올로 비텔리[46]를 장군으로 고용했는데, 그는 평민 출신이면서 커다란 명망을 얻었던 매우 유능한 인물이었습니다. 그가 만약 피사를 점령했었다면 피렌체는 그를 계속 고용하는 것이 당연한 일이었음은 어느 누구도 부인할 수 없을 것입니다. 만약 그가 적국의 장군으로 고용된다면 피렌체 시민들은 자신들을 방어할 수 없을 것이기 때

---

[*] 존 호크우드Sir John Hawkwood는 1320년 영국 에섹스 지방에서 태어났다. 프랑스와의 백년전쟁에 참가하여 에드워드 3세Edward III에 의해 기사 작위를 받았다. 1361년 군대를 모아 이탈리아로 건너와 1394년 죽을 때까지 피렌체의 용병군(백기사단으로 알려짐)으로 활약하다 피렌체에서 죽었다. 이탈리아에는 조반니 아쿠토Giovanni Acuto로 알려져 있다.

[**] 브라체시the Bracceschi는 브라치오 다 몬토네Braccio da Montone(1368~1422)가 이끌던 용병군. 나폴리의 여왕 조반나의 용병군이었던 스포르차와 적대관계였다.

문입니다. 또한 그를 계속 고용하고 있었다면 피렌체는 그에게 복종해야만 했을 것입니다.

용병으로 손실을 본 베네치아의 사례

베네치아가 이루어온 업적을 살펴보자면, 이탈리아 내륙에서 전쟁을 치르기 전에는 자국의 군대만으로 전쟁에 참전하여 안정적으로 영광을 누렸습니다. 자국의 귀족과 평민들만으로 군대를 조직하여 용맹하게 싸웠던 것입니다. 그런데 본토에서 전쟁을 치르게 되자 그들은 효과적인 전략을 포기하고 이탈리아의 일반적인 관례를 따랐던 것입니다.

처음 내륙의 영토를 확장해 나갈 무렵에는 병합한 영토도 그리 많지 않았고 명망도 드높았기 때문에, 용병 장군들을 두려워할 만한 이유가 없었습니다. 그러나 카르미뇰라의 지휘 아래 영토를 서서히 확장해감에 따라 자신들의 과오를 명백히 느낄 수 있었습니다. 그의 지휘 아래 밀라노를 무찔렀기 때문에 그가 매우 유능하다는 것을 알게 된 반면 그가 전력을 다해 전쟁을 수행하지 않았다는 것도 알게 된 것입니다.

그에게 전쟁에 대한 의욕이 없다는 것을 알았기 때문에 그를 이용해 정복을 계속할 수 없다고 판단했지만, 그동안 차지한 영토를 다시 빼앗기지 않기 위해서는 그를 해고할 수도 없었던 것입니다. 따라서 베네치아는 자신들을 안전하게 지키기 위해 그를 암살할 수밖에 없었습니다.

그 이후 베네치아는 바르톨로메오 데 베르가모, 로베르토 다 산 세베리노, 피티글리아노 백작 등을 용병 장군으로 기용했습니다. 이 장군들의 경우 훗날 바일라 전투에서 발생했던 것처럼,[*] 새로운 영 토의 점령보다는 기존의 영토를 잃게 되는 것을 두려워해야만 했습 니다. 바일라에서는 단 한 번의 전투로 800여 년 동안 심혈을 기울 여 얻었던 영토를 잃었던 것입니다.

그러므로 용병을 활용했을 때에는 매우 느린 속도로 그다지 중요 하지 않은 영토를 얻을 수는 있지만 한편으로는 갑작스럽고도 깜짝 놀랄 만한 손실을 가져오는 것입니다.[47]

교황의 용병 사용과 그 결과

이러한 사례들을 통해 오랫동안 용병들에게 지배당했던 이탈리 아의 문제에 근접했으므로 이 용병제도에 대해 보다 진지하게 논의 하고자 합니다. 용병제의 기원과 발전 과정을 제대로 파악하게 되면 보다 더 쉽게 해결책을 만들어낼 수 있기 때문입니다.

그렇다면 근래에 어떤 이유로 이탈리아에서 교황의 세속적 권력 이 강해지고 황제의 권한이 박탈되면서 많은 국가들로 분할되었는 지에 대해 이해하고 있어야만 합니다. 그것은 애초에 황제의 지원을

---

[*] 1509년 바일라Baila와 아그나델로Agnadello에서 베네치아는 프랑스 군에게 대패했다.

받는 귀족들의 통제 하에 있던 많은 대도시의 백성들이 반란을 일으켰으며, 교회가 세속적인 권력을 확장하기 위해 이러한 반란들을 지원했기 때문입니다. 또한 그 외의 많은 도시들에서는 백성들이 군주가 되었습니다.

그로 인해 이탈리아는 거의 대부분 교회와 몇몇 공화국의 영향력 내에 속하게 되었으며 군대를 지휘해본 경험이 거의 없는 성직자들과 새 군주들은 외국의 군인들을 고용하기 시작했습니다.

처음으로 용병에게 특권을 제공했던 사람은 로마냐의 알베리코 다 쿠니오[**]였습니다. 그의 영향을 받아 당대의 실력자들인 브라치오와 스포르차가 부상하게 되었습니다. 그 뒤를 이어 오늘날에 이르기까지 용병 장군들이 이탈리아의 군대를 지휘하게 된 것입니다.

결국 그들이 보여준 용맹의 결과는, 이탈리아를 샤를 왕에게 공략당하게 만든 것과 루이 왕에게 약탈당하고 페르난도 왕에게 유린당하고 스위스 인들로부터 모욕을 당하게 만든 것이었습니다.[48]

용병들의 특징과 병폐

용병 장군들은 자신들이 이끌고 있던 군대의 명성을 드높이기 위해 보병의 장점을 외면하는 방법을 사용했습니다. 그들은 자신의 영

[**] 로마냐 지역 쿠니오의 백작 알베리코 다 바르비아노Alberico da Barbiano. 외국 군대보다는 이탈리아 인 용병제를 만들어낸 사람이다. 1409년에 죽었다.

토가 없으므로 고용되어야만 먹고 살 수 있었고, 소수의 보병만으로는 자신들의 특권을 누릴 수 없고 그렇다고 대규모의 보병을 유지할 수도 없었기 때문에 그렇게 했던 것입니다. 일정한 규모의 기병만으로도 자신들의 지위를 유지하고 존중받을 수 있었으므로 그들은 전적으로 기병에만 의존했던 것입니다. 그로 인해 2만 명 규모의 군대에서 보병은 2천 명도 되지 않는 상황이 벌어지게 된 것입니다.

더 나아가 가능한 모든 수단을 동원하여 자신과 병사들에게 닥칠 고난과 위험을 줄이려 했습니다. 그들은 전투에서 서로를 죽이지 않고 생포했으며 몸값도 요구하지 않았습니다. 야간에는 도시를 공격하지 않았으며, 도시를 방어하던 용병들 역시 포위군의 주둔지를 공격하지 않았습니다. 주둔지에서도 그들은 방책을 쌓거나 외호를 만들어 방비하지 않았으며 또 겨울에는 전투를 하지 않았습니다.

이미 설명했듯이 이러한 일들은 군사적 규범으로 허용되었으며 자신들의 고통과 위험을 피하기 위해 고안된 것이었습니다. 따라서 바로 그들이 이탈리아를 노예 상태에 빠트리고 수모를 겪게 만든 것입니다.

제13장

지원군과 혼성군 그리고 자국군

지원군으로 군대를 조직한 사례

지원군은 외부의 강력한 세력에게 도움을 청했을 때 군주를 지원하고 방어하기 위해 파견된 또 다른 형태의 쓸모없는 군대입니다. 최근에 교황 율리우스는 자신의 용병부대가 페라라를 공략할 때 별다른 성과를 거두지 못하자 지원군에 관심을 돌려 에스파냐 왕 페르난도*와 협정을 맺어 병력과 무기를 지원받았습니다. 이러한 지원군

---

* 페르난도 2세Fernando II(1452~1516). 별칭은 가톨릭 왕 페르난도. 아라곤의 왕. 1479년부터 여왕 이사벨 1세와 공동 군주로서 카스티야의 왕(페르난도 5세)을 겸했다. 이탈리아 남부를 다스린 통치자로서 나폴리에서는 페르디난도 3세, 시칠리아에서는 페르디난도 2세로 불렸다.

은 그 자체로는 유용하고 쓸모가 있겠지만, 지원군을 요청하는 자에게 거의 대부분 해를 끼치게 됩니다. 지원군이 패배하게 되면 군주도 함께 몰락하게 되고 그들이 승리하게 되면 그들의 볼모가 되어야 하기 때문입니다.

고대의 역사 속에서도 수많은 예들을 찾아볼 수 있겠지만, 최근에 있었던 교황 율리우스 2세의 경우는 그냥 지나칠 수 없습니다. 교황의 결정은 너무 어처구니없는 것이었습니다. 그는 페라라를 얻기 위해 자신을 외국인의 손아귀에 완전히 내동댕이쳤던 것입니다.

하지만 운이 좋았던 그는 경솔한 선택의 결과를 감당하지 않을 수 있었습니다. 그의 지원군이 라벤나에서 패주했지만, 율리우스 교황은 물론 모든 사람들의 예상을 뒤엎고, 스위스가 거병하여 정복자를 몰아냈던 것입니다. 그로 인해 교황은 패주해버린 적군의 포로가 되지 않을 수 있었으며 또한 자신의 지원군이 승리한 것이 아니었기 때문에 그들의 손아귀에 빠지지도 않았던 것입니다.[49]

그리고 전혀 무장이 되어 있지 않았던 피렌체는 피사를 차지하기 위해 1만 명의 프랑스 군인을 고용했습니다. 그 계획으로 인해 피렌체는 그동안 자신들이 겪었던 그 어떤 고난보다 더 힘든 상황을 맞이해야 했습니다.[50]

또한 콘스탄티노플의 황제는 이웃 국가에 대항하기 위해 1만 명의 투르크 병력을 그리스로 불러들였는데, 전쟁이 끝난 후에도 투르크 군대는 돌아가려 하지 않았습니다. 이로 인해 그리스에 대한 이

교도의 지배가 시작되었던 것입니다.[51]

지원군과 용병군의 차이

그러므로 정복을 원치 않는 군주만이 지원군을 이용해야 합니다. 지원군은 용병보다 훨씬 더 위험하기 때문입니다. 지원군을 끌어들이는 것은 파멸을 예약하는 것입니다.

지원군은 완벽하게 결속되어 있으며 요청한 군주가 아닌 타인의 명령에만 복종합니다. 그러나 용병의 경우에는 승리를 거둔 후에도 군주를 해치기 위해서는 더 많은 시간이 필요하며 보다 더 좋은 기회도 필요합니다. 용병의 경우 군주에 의해 고용되고 보수를 받기 때문에 결속된 모습을 보이지 못합니다. 또한 군주가 그들의 지도자로 임명한 외부 인물은 군주에게 해를 입힐 정도의 권위를 단시간 내에 구축할 수 없습니다. 간단히 말하자면 용병이 가장 위험한 경우는 그들이 비겁함을 보일 때이며, 지원군이 가장 위험한 경우는 그들이 용맹함을 보일 때입니다.

자신의 군대를 완벽하게 장악한 체사레 보르자

현명한 군주라면 언제나 이런 형태의 군대들을 피하고 자신의 군대에 의존합니다. 현명한 군주는 외국의 군대를 이용해 정복하는 것보다 차라리 자신의 군대로 패하는 것을 선택합니다. 현명한 군주라면 외국 군대를 이용해 얻은 승리는 진정한 승리가 아니라고 평가하기 때문입니다.

그 좋은 예로서, 주저없이 체사레 보르자의 업적을 인용하겠습니다. 공작은 프랑스 병사만으로 구성된 지원군을 끌어들여 로마냐를 침공했으며 그들과 함께 이몰라와 포를리를 점령했습니다. 그러나 그 군대를 신뢰할 수 없었기 때문에 용병을 기용했습니다. 용병이 덜 위험하다고 판단한 그는 오르시니와 비텔리의 용병들을 고용했던 것입니다. 그러나 그들이 신뢰할 수 없고 불충하며 위험스럽다는 걸 알게 되었을 때, 그는 그들을 몰아내고 자신의 병력으로 구성된 군대를 구성했습니다.

이러한 군대의 차이는 공작이 프랑스 군대를 사용했을 때와 오르시니 및 비텔리의 군대를 사용했을 때 그리고 자신의 군대에만 의존했을 때 누렸던 명성을 비교해보면 명백히 드러납니다. 그의 영향력이 계속 확대되어왔음을 쉽게 알 수 있으며, 특히 모든 사람들이 그가 자신의 군대를 완벽히 장악하고 있음을 보았을 때 가장 높게 평가했다는 것을 알 수 있습니다.

히에론과 다윗의 사례들

이탈리아에서 최근에 일어났던 사례들만 인용하려 했지만, 그럼에도 불구하고 앞에서 이미 언급한 바 있는 시라쿠사의 히에론의 경우는 빼놓을 수가 없습니다. 이 인물은 앞서 언급했듯이 시라쿠사 군대의 장군으로 임명된 직후 용병부대가 우리 이탈리아의 용병과 비슷한 부류의 쓸모없는 부대라는 것을 알아차렸습니다. 그로서는 그 부대를 유지할 수도 없고 또한 쫓아버릴 수도 없었으므로 그들을 참살해버렸습니다. 그러고 나서 그는 외국군의 지원 없이 자기 자신의 병력만으로 전쟁을 수행했습니다.[52]

그리고 이러한 문제에 적용할 수 있는 적절한 예를 구약성서에서 살펴보고자 합니다. 다윗[53]이 팔레스타인의 용사 골리앗과 싸우겠다고 사울에게 제의했을 때 사울이 용기를 북돋아주기 위해 다윗에게 자신의 무기를 내주었습니다. 그러나 그것을 한 번 사용해본 다윗은 제대로 사용할 수 없다며 사양하고 자신의 투석기와 단검으로 상대하겠다고 했습니다. 간단히 말하자면, 남이 쓰던 무기와 갑옷은 자신에게 거추장스럽거나 부담이 되거나 제약이 될 뿐이라는 것입니다.

혼성군의 병폐를 보여준 샤를 7세와 루이 12세

루이 11세의 아버지인 샤를 7세는 자신의 행운과 용기로 프랑스를 영국으로부터 해방시킨 후, 자신의 군대를 육성할 필요가 있다는 것을 깨닫게 되어 기병과 보병을 징병하는 법령을 확립했습니다. 훗날 그의 아들 루이 왕은 보병을 폐지하고 스위스 군을 고용하기 시작했습니다.

이 실수는 지금 우리가 명확히 알고 있는 또 다른 실수들과 함께 프랑스 왕국을 위협하는 많은 요소들의 원인이 되었습니다.[54] 스위스 군에게 특권을 줌으로써 그는 자기 군대의 사기를 떨어뜨렸습니다. 자신의 보병은 해체하고 기병은 외국 군대에 의존하도록 만들었기 때문입니다. 스위스 군대와 함께 싸우는 데 익숙해진 기병들은 그들 없이는 정복도 할 수 없다고 생각하는 지경에 이르렀습니다. 그 결과 프랑스 군은 스위스 군을 상대할 수 없을 만큼 허약한 상태가 되었으며 스위스 군 없이는 적군을 상대할 수도 없게 되었던 것입니다.

결국 프랑스의 군대는 용병과 자국군이 섞여 있는 혼성군이 되었던 것입니다. 그러한 방식으로 구성된 혼성군이 온전한 지원군이나 용병부대보다는 훨씬 더 우수하긴 하지만 순수한 자국군에 비해서는 훨씬 더 열악합니다. 이러한 예에서 알 수 있듯, 만약 샤를 왕이 제정해놓은 모병제를 확대시켰거나 최소한 유지라도 했었다면 프랑스 왕국은 무적이 되었을 것입니다. 그러나 앞서 소모성 열병에 대해 언급했던 것처럼 인간은 지혜가 부족하여 최초에 훌륭하게 보이는 정책 속에 감추어져 있는 독소를 구분해내지 못하고 실행에 옮겨버리는 것입니다.

따라서 독성이 퍼지기 전인 초기 단계에 그것을 진단해내지 못하는 군주라면 현명하다고 말할 수 없으며, 이러한 재능은 소수만이 갖추고 있을 뿐입니다.

로마 제국이 쇠퇴하게 된 초기 원인을 검토해보면, 고트 족[55]을 용병으로 활용하면서 시작되었음을 알 수 있을 것입니다. 그 시기부터 로마 제국의 힘은 약화되기 시작했으며, 로마 제국이 육성해온 용맹함을 모두 고트 족에게 넘겨주었던 것입니다.

군주의 가장 확실한 기반은 자신의 군사력

결론적으로 자기 자신의 군대가 없으면 어떤 군주국이든 절대 안전할 수 없습니다. 오히려 위기가 닥쳤을 때 자신을 방어할 힘과 충성심이 없기 때문에 오직 행운에만 의존해야 합니다. '자신의 힘에 기반을 두지 않는 권력의 명망만큼 취약하고 불안정한 것은 없다'는 것이 현명한 사람들의 판단이며 믿음인 것입니다.

자신의 군대란 자신이 통치하는 국가의 백성이나 시민 혹은 부하들로 구성된 군대를 말하는 것이며, 그 외의 경우는 모두 용병이거나 지원군입니다.

자신만의 무력을 갖추는 올바른 방법은 앞서 인용했던 네 사람의 경우를 검토하면 될 것이며, 알렉산더 대왕의 아버지인 필리포스를 비롯한 다른 많은 공화국들과 군주들이 어떻게 무장하고 스스로 조직을 갖추었는가를 살펴보면 됩니다. 그들의 방법은 전적으로 믿을 만합니다.

제14장

군사와 관련된 군주의 의무

군주는 군사에 정통해야 한다

군주는 전쟁과 관련된 전략 수립 및 군사훈련 외에는 그 어떤 일이든 목표로 삼거나 관심을 가져서도 안되며 또 연구해서도 안됩니다. 전쟁과 관련된 것이야말로 통치하는 자에게 어울리는 유일한 기술이기 때문입니다. 이러한 기술은 세습 군주로 하여금 그 지위를 보존할 수 있도록 해줄 뿐만 아니라 많은 사람들을 평민에서 군주가 될 수 있도록 해주었습니다.

반면에 군주가 군대와 관련된 일보다 개인적으로 사치스러운 일에 더 몰두하게 되면 그 지위를 잃게 되는 것은 당연한 일입니다. 그렇게 되는 가장 주요한 원인은 군사를 소홀히 하는 데 있으며, 그 지위를 획득하는 방법은 군사에 정통해 있는 것입니다.

프란체스코 스포르차가 평범한 시민에서 밀라노의 군주가 되었던 것은 그가 군사에 정통했기 때문입니다. 반면에 그의 후손들은 군사로 인한 불편함을 회피했기 때문에 군주의 지위에서 평범한 시민으로 전락했던 것입니다. 군주는 다른 어떤 나쁜 요인들보다 무력을 제대로 갖추지 못했을 때 경멸당하게 됩니다.

앞으로 언급하게 되겠지만, 이러한 상황은 군주 스스로 경계해야만 할 불명예스러운 일 중의 하나입니다. 무력을 갖춘 자와 그렇지 못한 자 사이에는 어떤 공평함도 있을 수 없기 때문입니다. 무력을 갖추고 있는 자가 그렇지 못한 자에게 자발적으로 복종한다거나, 무력을 갖추지 못한 자가 무력을 갖춘 부하들 사이에서 안전하다는 것은 전혀 이치에 맞지 않는 일입니다. 무력이 없는 자는 줄곧 의심할 것이며, 무력을 갖춘 자는 줄곧 경멸할 것이기 때문에 함께 어떤 일을 잘 해나간다는 것은 불가능한 일입니다.

그러므로 이미 언급했던 다른 그 어떤 실책들보다 군대에 정통하지 못하다면 군주는 자신의 병사들로부터 존경받지 못하게 될 것이며, 군주 또한 그들을 신뢰하지 못하게 되는 것입니다.

평화로운 시기에 준비해야 할 일들

그러므로 군주는 언제나 전쟁에 관심을 집중해야 하며, 전시보다 평화로운 시기에 더욱 많은 준비를 해두어야만 합니다. 이러한 준비에는 두 가지 방법이 있습니다. 그 한 가지는 실제 훈련을 하는 것이고 다른 한 가지는 연구를 하는 것입니다. 훈련에 있어서는 군대를 잘 조직하고 훈련시키는 것 외에도 자주 사냥을 떠나 신체가 거친 환경에 익숙하도록 만들어야 합니다. 그리고 지형의 특성을 알고 있어야만 하며 산맥이 어떻게 솟아 있고 계곡은 어떻게 전개되며 평원은 어떻게 펼쳐져 있는가를 알고 있어야만 합니다. 또한 강물과 습지의 특성을 꿰뚫고 있어야 하며, 모든 관심을 이러한 모든 것들에 집중하고 있어야만 합니다.

이러한 지식들은 두 가지 면에서 매우 유용합니다. 첫째로는 자신이 다스리고 있는 국가에 대해 잘 알게 되므로 어떻게 방어해야 할 것인지를 더욱 확연히 알 수 있으며, 둘째로는 지형에 대한 지식과 경험을 바탕으로 군주는 처음으로 마주치게 되는 지역의 지형에 대해서도 쉽게 파악할 수 있게 된다는 것입니다.

예를 들어, 토스카나에 있는 언덕과 골짜기, 평원, 강 그리고 늪지는 여러 가지 면에서 다른 지역의 그것들과 비슷합니다. 그러므로 어느 지역의 지형을 잘 알고 있으면 다른 지역의 지형도 쉽게 파악할 수 있습니다. 이러한 것에 대한 재능이 부족한 군주는 지도자가 갖추어야 할 가장 중요한 자질을 갖추지 못한 것입니다. 이러한 재능을 통해 군주는 적을 놀라게 하고 주둔지를 결정하고 군대를 이끌고 나아가 전투에 임하게 하여 자신에게 유리하도록 도시들을 포위

할 수 있는 것이기 때문입니다.

역사가들이 아카이아의 군주였던 필로포이멘[56]에게 찬사를 보냈던 이유 중 한 가지는 그가 평화로운 시기에도 언제나 전쟁 수행 방법에 대해 집중했다는 점입니다. 그는 측근들과 지방을 찾았을 때 종종 발걸음을 멈추고 그들과 함께 따져보기를 즐겼습니다.

"적군이 저 언덕 위에 있고 우리 군대는 이곳에 있다면 누가 더 유리할 것인가? 어떻게 하면 우리들의 대형을 흐트러뜨리지 않으면서 공격할 수 있을까? 만약 우리 군이 퇴각하려면 어떻게 해야 하는가? 만약 적군이 퇴각하려 하면 어떻게 추격할 수 있을까?"

그는 측근들에게 자신의 군대가 마주칠 수 있는 모든 상황을 제시하고 그들의 의견을 듣고 나름대로의 근거를 갖춘 자신의 의견을 밝혔습니다. 이러한 지속적인 토론이 있었기 때문에 전시에 자신의 군대를 이끌 때, 예측하지 못했던 상황과 부딪히지 않을 수 있었습니다.

위대한 인물을 모방한 현명한 군주들

정신적인 훈련을 위해 군주는 역사서를 읽어야만 하며, 그중에서도 위대한 인물들의 행적을 연구해야 합니다. 군주는 그들이 전시에 어떻게 처신했는지 살펴봐야 합니다. 실패를 피하고 성공을 본받기 위해 그들이 거둔 성공과 실패의 이유들을 면밀히 검토해야 합니다.

무엇보다 자신보다 앞서 칭송받고 존경받았던 인물을 표상으로 삼아 모방하며 그들의 업적과 행적을 명심하고자 했던 앞세대의 위대한 인물들의 행동을 따라야 합니다. 이미 알려져 있듯이 알렉산더 대왕은 아킬레우스[57]를 모방했으며 카이사르[58]는 알렉산더 대왕을 모방했으며 스키피오[59]는 키루스를 모방했습니다. 크세노폰이 기록한 키루스의 생애[60]를 읽어본 사람이라면 누구나 스키피오가 그러한 모방으로 인해 영광된 삶을 맞이했음을 알 수 있을 것입니다. 그리고 스키피오가 보여준 순결함과 선량함 그리고 자비로움과 관대함이 키루스의 성품을 모방함으로써 얻게 된 것임을 알아차릴 수 있을 것입니다.

현명한 군주는 언제나 이러한 규범들을 따라야만 하며 평화로운 시기라 해도 절대 게으름을 피워서는 안됩니다. 오히려 근면함을 통해 자신의 역량을 확대시켜 역경의 시기에 대비할 수 있어야만 합니다. 그렇게 하면 운명이 변하게 될지라도 그 변화를 견딜 수 있게 될 것입니다.

제15장

군주가 칭송을 받거나
비난받게 되는 경우

군주는 사악하게 행동하는 법을 알고 있어야 한다

이제 군주가 자신의 신하들과 동맹관계에 있는 사람들을 상대할 때 어떤 행동 규범을 가져야 하는지에 대해 논의하겠습니다. 이미 많은 사람들이 이 문제에 관한 글들을 남겼다는 것을 알고 있으며, 이 문제에 대한 제 의견은 그들과 전혀 다르기 때문에 혹시 주제넘다 여기실까 걱정이 됩니다.

하지만 이 문제를 적절히 이해할 수 있는 모든 사람들에게 도움이 될 수 있도록 하자는 것이 저의 의도이기 때문에, 추상적인 것보다 이 문제의 실체적 진실을 추구하는 것이 더욱 합당한 일이라고 생각합니다. 그동안 많은 저술가들이 현실에서는 한번도 확인되지도 알려지지도 않았던 공화국이나 군주를 상상만으로 제시해왔기 때문입니다.[*]

그러나 '인간이 어떻게 사는가'와 '인간이 어떻게 살아야만 하는가'는 분명히 다른 문제이기 때문에, 꼭 해야만 되는 일을 등한히 하는 군주는 권력을 보존하기보다는 잃게 된다는 것을 알고 있어야 합니다. 언제나 선하게 행동해야 한다고 주장하는 사람은 선량하지 않은 사람들에게 둘러싸여 곧 몰락하게 될 것입니다. 그러므로 자신의 지위를 유지하고자 하는 군주라면 사악하게 행동하는 법을 알고 있어야 하며, 자신의 필요에 따라 그것을 활용할 수 있어야 합니다.

군주가 추구해야 할 성품과 피해야 할 평판

그러므로 군주의 처신에 있어 추상적인 것을 제쳐두고 현실에서 일어나는 일들에 대해 논의하도록 하겠습니다. 사람들은, 특히 군주들은 보다 높은 지위에 있기 때문에 다음과 같은 성품들로 인해 칭송받게 되거나 비난받게 됩니다. 이러한 것들로 인해 관대하다는 평을 받거나 인색하다는 평을 받게 되는 것입니다.

즉, 베푸는 사람이거나 탐욕적인 사람, 잔인한 사람이거나 자비

---

[*] 이상국가를 제시한 플라톤의 『국가』와 르네상스 시대 인문주의자들에 의해 그려진 그리스도교 군주들을 말하고 있다.

로운 사람, 신의 없는 사람이거나 믿을 만한 사람, 나약하고 겁 많은 사람이거나 강인하고 용기 있는 사람, 친절한 사람이거나 거만한 사람, 음탕한 사람이거나 정결한 사람, 진실한 사람이거나 교활한 사람, 까다로운 사람이거나 편안한 사람, 진지한 사람이거나 경솔한 사람, 신앙심이 있는 사람이거나 믿음이 없는 사람 등과 같은 평가를 받게 되는 것입니다.

군주가 앞에서 언급한 것들 중에서 훌륭하다 여겨지는 성품들을 모두 갖추고 있다면 가장 바람직한 일이라고 인정할 것입니다. 그러나 인간이 지니고 있는 조건으로 인해 이러한 성품을 모두 갖추는 것이란 가능하지도 않고 완벽하게 가늠해볼 수도 없기 때문에, 군주는 자신의 지위를 잃게 할 나쁜 평판을 피할 수 있도록 신중해야만 할 것입니다. 또한 가능하다면 지위를 잃게 할 정도는 아니라 하더라도 악덕은 피하도록 해야만 합니다.

그러나 만약 그렇게 할 수가 없다면, 그러한 악덕에 대해 과도하게 걱정할 필요는 없습니다. 그리고 더 나아가 그러한 악덕 없이 자신의 지위를 유지할 수 없다면 그로 인해 발생하는 나쁜 평판에 대해 걱정할 필요도 없습니다.

이러한 일들의 모든 면모를 신중히 따져볼 때, 미덕으로 보이는 어떤 일을 실행하면 파멸을 초래하게 되지만, 악덕으로 보이는 일을 실행하면 그 결과로 자신의 안전과 번영을 가져오는 경우가 있기 때문입니다.

제16장

관대함과 인색함

관대하다는 평판의 정치적 허와 실

앞에서 언급한 성품들 중에서 첫번째 것에 대해 살펴보자면, 우선 관대하다는 평판을 듣는 것은 바람직한 일이지만, 그럼에도 불구하고 관대한 처신을 통해 명성이 생기지 않는다면 그것은 오히려 군주를 해치게 될 것입니다. 만약 그 미덕을 있는 그대로 실천한다면 사람들은 그것을 알아주지 않을 것이며, 도리어 인색하다는 비난을 피할 수 없을 것이기 때문입니다.

관대하다는 명성을 얻고 싶은 군주라면 사치스럽게 과시하는 방법의 활용을 게을리해서는 안되고, 그로 인해 자신이 지니고 있는 모든 자원을 다 소모해버리게 될 것입니다. 따라서 관대하다는 명성을 유지하고 싶어하는 군주는 결국 과도한 세금과 자금 축적을 위한 모든 수단을 다 동원하여 백성들에게 부담을 주게 될 것입니다. 또한 이러한 일들로 인해 군주는 백성들에게 미움을 받게 되며 갈수록 궁핍해지기 때문에 아무도 그를 존경하지 않게 됩니다.

따라서 자신의 관대함으로 인해 피해를 입는 사람은 많고, 이익을 얻는 사람은 거의 없기 때문에 군주는 사소한 어려움에도 흔들리게 되며 처음 맞닥뜨린 위험만으로도 권좌를 잃게 될 것입니다. 또한 이 점을 깨달은 군주가 처신을 바꾸려 하면, 즉시 인색하다는 비난을 받게 될 것입니다.

적을 방어할 수 있다면 인색하다는 평판을 두려워하지 마라

자신에게 해를 끼치지 않으면서 관대함이라는 미덕을 정직하게 실천하는 것은 불가능하므로, 현명한 군주라면 인색하다는 평판을 두려워해서는 안됩니다.

자신의 인색함을 공격해오는 어떤 적을 방어할 수 있고, 또 전투 수행을 위해 백성들에게 과도한 부담을 안기지 않아도 될 만큼 재정이 충분하다는 것이 알려지게 되면 관대한 처신을 했던 것보다 더 관대하다는 명망을 얻을 것이기 때문입니다. 그로 인해 군주는 재산을 보존하게 된 수많은 사람들로부터 관대하다는 평판을 듣게 되는 것이고, 아무것도 베풀어주지 않았던 소수의 사람들로부터 인색하다는 평을 듣게 되는 것입니다.

우리 시대에는 인색하다는 평을 들었던 사람들만이 위대한 업적을 남겼습니다. 그렇지 않은 경우에는 모두 실패했습니다.

교황 율리우스 2세는 교황의 자리에 오르기 위해 관대하다는 평판을 활용했습니다. 그러나 교황이 된 후에는 프랑스 왕과의 전쟁을 준비하기 위해 더 이상 그러한 평판을 유지하려 하지 않았습니다. 지금의 프랑스 왕[*]은 오랫동안 검소한 생활을 통해 추가되는 전쟁경비를 충당할 수 있었으므로 백성들에게 전쟁을 위한 특별세를 부과하지 않고 많은 전쟁들을 수행했습니다. 만약 지금의 에스파냐 왕[**]이 관대하다는 평을 받고 있었다면 그토록 많은 전투를 수행하지도 못했을 것이며 그만한 성공들도 거두지 못했을 것입니다.

관대함을 드러내는 현명한 방법

그러므로 백성들의 재산을 빼앗지 않고도 자신을 지킬 수 있도록, 가난해지거나 멸시당하지 않을 수 있도록, 어쩔 수 없이 강탈하지 않을 수 있도록, 인색하다는 평판을 듣는 것에 대해 신경을 쓰지 않아야만 합니다. 인색함이란 통치를 위해 허용된 악덕들 중의 한 가지이기 때문입니다.

---

* 루이 12세Louis XII(1462~1515)

** 페르난도 2세Fernando II(1452~1516)

만약 카이사르가 관대함을 통해 절대 권력을 얻었으며, 그 외의 많은 사람들 역시 관대했거나 관대하다는 평판을 받았기 때문에 높은 지위에 올랐다고 반박하는 사람이 있다면, 이미 군주가 된 경우와 군주가 되는 과정에 있는 경우에 따라 다르다고 대답할 것입니다.

군주가 된 경우에 관대한 것은 해로우며, 군주가 되는 과정에 있는 경우엔 관대하다는 평을 받는 것이 매우 필요합니다.

카이사르는 로마에서 군주의 자리를 차지하려던 사람들 중의 한 명이었습니다. 그러나 만약 군주가 된 이후에도 살아 있으면서 씀씀이를 절제하지 않았다면 권력을 잃고 말았을 것입니다.

그리고 만약 관대하다는 평을 받았던 군주들이 자신의 군대를 거느리면서 위대한 업적을 남긴 경우가 많았다고 다시 반박하는 사람이 있다면, 군주가 자신과 백성들의 재산을 쓰는 경우와 타인의 재산을 쓰는 경우가 다르다고 대답할 것입니다.

자신과 백성들의 재산을 쓰는 경우라면 검소해야 하며, 타인의 재산을 쓰는 경우라면 자신의 관대함을 드러내는 데에 주저함이 없어야 합니다. 군주는 전리품과 약탈품 그리고 포로의 배상금 등 타인의 재물을 통해 자신의 군대를 이끌어가고 유지하므로, 넉넉한 씀씀이가 필요합니다. 그렇지 않을 경우, 병사들이 따르지 않을 것이기 때문입니다.

키루스, 카이사르 그리고 알렉산드로스의 경우에서 볼 수 있듯이 자신이나 백성들의 재물이 아니라면 마음껏 베풀어도 됩니다. 타인의 재산을 낭비한다고 해도 군주의 평판이 떨어지는 것이 아니라 오히려 더욱 높아질 것이기 때문입니다. 자신의 재산을 낭비하는 경우만이 군주에게 해악을 끼치는 것입니다.

인색하다는 평판을 얻는 것이 더욱 현명하다

관대함만큼 순식간에 재산을 소모시키는 것은 없습니다. 관대함을 실천하는 동안에 그것을 실행할 권력마저도 잃게 될 것입니다. 그것을 실천하게 되면 군주는 가난해지거나 경멸당하게 될 것이며, 혹은 가난을 피하기 위해 탐욕을 부리게 되거나 미움을 받게 될 것입니다.

군주는 다른 그 무엇보다 경멸이나 미움을 받게 되는 것을 경계해야 하는데, 관대함은 군주를 이 두 가지 길로 이끌어갈 것입니다. 그러므로 미움이 섞인 비난을 불러일으키는 탐욕스럽다는 평판보다, 비난은 받겠지만 미움이 섞이지 않은 인색하다는 평판을 얻는 것이 더욱 현명한 처신이라 할 것입니다.

제17장

잔혹함과 인자함,
사랑받는 것과 두려움의 대상이 되는 것 중
어느 것이 더 나은가

자비로 인한 혼란보다 잔혹함으로 인한 질서가 낫다

앞에서 언급되었던 그 외의 성품들에 대해 논의하자면, 군주들은 누구나 무자비하다는 것보다 인자하다는 평판을 받도록 해야만 합니다. 그럼에도 불구하고 이러한 인자함을 잘못 활용하지 않도록 조심해야 하는 것입니다.

체사레 보르자는 무자비하다고 인식되었지만, 그의 혹독함에 의해 로마냐의 질서는 회복되고 통일됐으며 또한 평화롭고 충성스러운 지역으로 복원되었습니다.

이러한 면을 꼼꼼히 살펴본다면, 가혹하다는 평판을 피하기 위해 피스토이아[*]의 붕괴를 방치해둔 피렌체 인들보다 그가 훨씬 더 자비롭다는 것을 알 수 있을 것입니다.

그러므로 군주는 자신의 백성들을 한데 모으고 충성을 바치도록 만들 수만 있다면 잔혹하다는 비난에 대해 걱정할 필요는 전혀 없습니다. 도에 넘친 인자함을 베풀어 혼란한 상태가 지속되어 백성들로 하여금 약탈과 파괴를 경험하도록 만드는 군주보다 아주 가끔 가혹한 행위를 하는 군주가 더 자비로운 것이기 때문입니다. 도에 넘친 인자함은 모든 사람들에게 해를 끼치지만, 군주가 집행한 가혹한 조치들은 특정한 개인들에게만 해를 끼칠 것이기 때문입니다.

신생 군주국은 위험으로 가득 차 있으므로 다른 어떤 군주보다 신생국의 군주가 잔인하다는 평판을 듣는 것은 불가피합니다. 그러므로 베르길리우스[61]는 디도의 입을 빌어 자신의 통치가 가혹했던 것에 대해 변명했습니다.

"내가 처한 어려운 환경과 이제 막 통치를 시작했던 상황이 나로 하여금 그렇게 행동하도록 만들었으며, 내 영토의 모든 곳을 삼엄하게 경비하도록 만들었도다."[**]

---

[*] 피렌체 인근에 있는 도시. 1501~1502년 이 도시에서 두 개의 파벌(Cancellieri, Panciatichi) 간에 격렬한 분쟁이 일어났을 때, 마키아벨리는 그곳에 여러 번 파견되어 혼란을 수습하려고 시도했다.

[**] 베르길리우스의 서사시 「아이네이스Aeneid」에서.

사랑받는 것보다 두려움의 대상이 되어야 한다

그럼에도 불구하고 군주는 믿음을 갖고 실천하는 것에 주의를 기울여야 하며 두려움을 드러내서는 안됩니다. 군주는 신중함과 자비가 적절히 안배된 태도로 처신해야만 합니다. 그렇게 하면 지나친 자신감으로 경솔해지지 않을 것이며 지나친 의심으로 주위 사람들이 견디기 힘들게 만들지 않을 것입니다.

바로 여기에서 한 가지 의문이 제기됩니다. '사랑받는 것과 두려움의 대상이 되는 것 중 어느 것이 더 좋은가?' 하는 것입니다.

군주라면 사랑도 받고 두려움의 대상도 되는 것이 바람직하다고 생각하지만, 두 가지를 한꺼번에 얻는 것은 불가능하기 때문에 하나를 선택해야 한다면, 사랑을 받는 것보다 두려움의 대상이 되는 것이 더 안전하다고 생각합니다.

일반적으로 인간에겐 다음과 같은 특성이 있다고 여겨지기 때문입니다. 즉, 은혜를 모르며 변덕스럽고 위선적이며 비겁하고 탐욕스럽기 때문에 군주가 자신들에게 은혜를 베푸는 동안만큼은 온갖 충성을 다 바칩니다. 앞서 언급했듯이 위험이 닥치지 않았을 때라면 그들은 군주를 위해 피 흘리고 재산과 생명을 내놓으며 자식마저도 바칠 것입니다.

그러나 군주에게 위험이 닥치면 그들은 정반대로 행동합니다. 그러므로 전적으로 그들의 약속을 권력의 기반으로 삼고 다른 방비책 마련에 게으른 군주는 몰락하고 말 것입니다.

위대하고 고결한 정신에 의한 것이 아니라 대가를 지불하고 얻게 된 우호관계는 진정으로 확보된 것이 아니며 오히려 필요한 때가 되면 의존할 수 없게 되는 것입니다.

두려움의 대상이 되어야 하는 이유

인간은 사랑하는 자를 해칠 때보다 두려워하는 자를 해칠 때 더 주저합니다. 사랑이란 일련의 의무감에 의해 유지되는 것인데 인간은 비열해서 자신들의 이익을 위해서라면 어떤 경우라도 그것을 저버리기 때문입니다. 그러나 두려움은 처벌에 대한 공포에 의해 유지되므로 거스를 수 없습니다.

그렇지만 군주는 비록 사랑받지는 못한다 해도 미움을 받지 않으면서 두려워하도록 만들어야 합니다. 미움을 받지 않는다면 두려움의 대상으로 오랫동안 남아 있을 수 있기 때문입니다.

군주가 백성과 신하들의 재산과 부녀자들에게 손을 대지 않는다면 언제라도 그런 상태를 유지할 수 있습니다. 만약 누군가를 처형해야 한다면 적절한 명분과 명백한 이유가 있을 때에만 그렇게 해야합니다.

무엇보다 타인의 재산을 탐내서는 안됩니다. 인간은 아버지의 죽음보다 물려받은 재산이 없어진 것을 좀처럼 잊지 못하기 때문입니다. 게다가 남의 재산을 빼앗을 명분은 무궁무진합니다. 한 번 도적질을 시작한 사람은 언제라도 타인의 재산을 빼앗기 위한 핑계를 찾아낼 수 있습니다. 그 반면에 목숨을 **빼앗아야** 할 이유는 찾기도 어려우며 금세 사라져버립니다.

잔혹하다는 평판을 두려워하지 않아야 한다

그러나 자신의 군대와 함께 있거나 많은 병력들을 지휘하고 있을 때라면 잔혹하다는 평판을 절대 두려워해서는 안됩니다. 잔혹하다는 평판이 없다면 군주는 군대를 통합할 수도 없으며 전투에 대한 준비도 할 수 없을 것이기 때문입니다.

한니발[62]의 뛰어난 공적들 중 가장 칭찬받는 것이 있습니다. 비록 여러 나라에서 선발된 엄청난 대군을 거느리고 외국 땅에서 전투를 치렀지만 전황이 유리할 때나 불리할 때나 변함없이 군 내부에서는 물론 장군들 사이에서도 사소한 분란조차 일어나지 않았다는 점입니다. 이것은 여타의 훌륭한 능력들과 더불어 부하들로 하여금 항상 존경하고 또 두려워하도록 만든 그의 무자비한 잔혹함에 의해서만 가능했던 것입니다. 만약 잔혹함이 없었다면 그가 지닌 다른 능력들만으로는 그러한 성과를 거두지 못했을 것입니다.

이러한 면모를 간과한 근시안적인 역사 저술가들은 그의 공적들에 대해 찬사를 늘어놓으면서도 한편으론 그러한 공적들의 주요한 원인을 비난하고 있는 것입니다.

인자했던 스키피오가 주는 교훈

한니발이 잔혹함 이외의 다른 능력들만으로는 훌륭한 공적들을 이루지 못했을 것이라는 건 스키피오의 예를 통해 입증될 수 있습니다. 스키피오는 당대에는 물론 역사에 기록된 모든 인물들 중에서도 매우 출중하다는 평을 받았지만 그가 이끌던 군대는 에스파냐에서 반란을 일으켰습니다. 스피키오가 자신의 병사들에게 군사적 규율을 유지하는 데 필요 이상의 자유를 지나칠 정도로 허용했던 것이 가장 큰 원인이었습니다.

이로 인해 그는 원로원에서 파비우스 막시무스로부터 로마군을 타락시킨 장본인이라는 비난을 받았습니다. 그리고 자신이 임명한 지방장관에 의해 로크리 지방이 황폐화되었을 때, 그는 그곳 백성들의 원성을 들어주지 않았으며 게다가 그 지방장관의 오만 방자함에도 불구하고 처벌하지 않았습니다.

이러한 모든 일은 스키피오가 너무 관대했기 때문이었습니다. 원로원에서 그를 변호하려 했던 한 인물은, 남의 비행을 처벌하는 것보다 자신이 그러한 비행을 저지르지 않는 것을 잘하는 사람들도 있다고 말했습니다. 그러한 성품을 고집하면서 계속 군대를 지휘했다면 스키피오의 명성과 영광은 결국 사라지고 말았을 것입니다. 그러나 원로원의 통제를 받으며 자신에게 해가 되는 이러한 성품이 드러나지 않게 되어 영광을 얻을 수 있었던 것입니다.[63]

군주는 자신의 뜻대로 행동해야 한다

그러므로 사랑받는 것과 두려움의 대상이 되는 문제로 되돌아가자면, 백성들은 자신의 선택에 따라 사랑하고 군주의 선택에 따라 두려움을 품게 되므로, 현명한 군주라면 자신의 뜻에 따라 기반을 닦아야 하며 타인의 뜻에 따라서는 안된다고 결론 짓겠습니다. 다만 앞에서 언급했던 것처럼 미움받는 일만큼은 피하도록 노력해야 합니다.

제18장

군주는 어떻게 약속을 지켜야 하는가

위대한 군주와 신의

군주가 자신의 약속을 지키며 남을 속이지 않고 정직하게 사는 것이야말로 찬양받을 일임은 모든 사람들이 다 알고 있습니다. 그럼에도 불구하고 경험으로 보아 우리 시대에 위대한 업적을 이룩한 군주들은 약속을 그다지 중시하지 않았으며 기만을 통해 사람들의 혼을 빼놓는 데 능숙한 인물들이었음을 알 수 있습니다. 그들은 결국 신의를 지키는 사람들을 제압했습니다.

짐승과 인간의 성품을 갖춰야만 한다

그러므로 싸움을 하는 데에는 두 가지 수단이 있음을 알고 있어야만 합니다. 그중 한 가지는 법률에 따르는 것이며 다른 한 가지는 힘에 의존하는 것입니다.

첫번째 방법은 인간에게 어울리는 것이며 두번째 방법은 짐승에게 어울리는 것입니다. 그러나 첫번째 방법만으로는 다양한 상황을 감당하기에 충분하지 않기 때문에 두번째 방법에 의존할 줄도 알아야 합니다. 그러므로 군주는 짐승과 인간의 성품을 현명하게 사용하는 방법을 알고 있어야만 합니다.

고대의 저술가들은 이러한 정략을 군주들에게 비유적으로 가르쳤습니다. 그들은 아킬레우스를 비롯한 고대의 많은 군주들이 반인반수半人半獸인 케이론[64]에게 맡겨져 양육되고 교육받았음을 밝히고 있습니다. 반인반수를 스승으로 모셨다는 것은 군주가 이러한 두 가지 성품을 갖춰야만 하며 어느 한 가지를 갖추지 못하게 되면 그 지위를 보존할 수 없다는 것을 의미합니다.

군주는 여우와 사자의 성품을 활용해야 한다

그러므로 군주는 짐승의 성품을 잘 활용할 수 있어야 하며 짐승들 중에서도 여우와 사자의 성품을 선택해야 합니다. 사자는 함정을 피할 수 없으며 여우는 늑대를 피할 수 없기 때문입니다. 함정을 알아차리기 위해서는 여우가 될 필요가 있으며 늑대를 깜짝 놀라게 하려면 사자가 될 필요가 있는 것입니다. 단순히 사자의 역할만 하려는 군주는 모든 일의 본질을 제대로 이해하지 못합니다.

그러므로 현명한 통치자라면 약속을 지키는 것이 자신에게 불리해지거나 약속하도록 만들었던 이유가 사라지게 되면 약속을 지킬 수도 없을 뿐더러 지켜서도 안됩니다. 만약 모든 인간이 선하다면 이 교훈은 적절하지 않을 것입니다. 그러나 인간들은 사악하여 군주에게 했던 약속들을 지키지 않을 것이기 때문에 군주 역시 그들에게 했던 약속들을 지킬 필요가 없는 것입니다.

또한 군주는 약속을 지키지 못하는 것에 대한 정당한 이유들을 언제나 만들어낼 수 있습니다. 얼마나 많은 협정과 약속들이 신의없는 군주들로 인해 파기되고 무효화되었는지에 대한 최근의 예들은 수없이 많이 제시할 수 있으며, 그들 중 여우의 기질을 가장 잘 활용한 군주들이 가장 확실한 성공을 거두었습니다.

그러나 여우의 기질을 교묘하게 감추는 방법을 알고 있어야 하며 가장 위선적이어야 하며 거짓말을 능숙하게 할 필요가 있습니다. 인간은 매우 단순하여 눈앞의 필요에 따라 쉽게 조종할 수 있기 때문에 그들을 속이고자 하는 자는 언제라도 속을 수 있는 사람을 찾아낼 수 있습니다.

최근의 사례들 중 하나를 말씀드리겠습니다. 교황 알렉산데르 6세는 사람을 속이는 일만을 생각했으며 또 줄곧 속여오면서 사람들이 항상 속는다는 것을 발견했습니다. 그처럼 확고하게 맹세하고 수

많은 약속들로 확인해주고도 자신의 약속을 지키지 않았던 사람은 없을 것입니다. 그럼에도 불구하고 그의 속임수가 언제나 완벽하게 성공했던 것은 인간의 단순한 성품에 대해 제대로 알고 있었기 때문이었습니다.

필요에 의해 바꿔야 하는 군주의 성품

따라서 군주는 앞에서 언급한 모든 성품들을 다 갖출 필요는 없겠지만 마치 다 갖추고 있는 것처럼 보이는 것은 꼭 필요합니다. 더 나아가 그러한 성품을 모두 갖추고 끊임없이 실천하는 것은 군주에게 해롭지만, 갖추고 있는 것처럼 보이는 것은 이롭다고 할 수 있습니다.

예를 들어, 자비롭고 신의가 있으며 인간적이고 정직하며 근엄하게 보이는 것이 좋으며 또한 실제로 그런 성품을 갖추고 있는 것이 좋습니다. 그러나 그러한 성품을 보이지 말아야 할 필요가 있을 때는 어떻게 해야 정반대의 행동을 취할 수 있는지 알고 있어야 하며, 실제로 그렇게 할 수 있어야 합니다.

그리고 군주는, 특히 신생 군주라면 사람들이 좋다고 생각하는 방법들은 고려하지 말아야 한다는 점을 분명히 알고 있어야 합니다. 자신의 지위를 유지하기 위해 군주는 어쩔 수 없이 약속을 어겨야 하며, 자비심도 베풀지 말아야 하며 종교도 무시해야만 하는 일이 빈번히 발생하기 때문입니다.

그러므로 군주는 운명의 방향과 자신에게 닥쳐오는 상황의 변화에 맞추어 자신의 태도를 바꿀 수 있는 준비를 하고 있어야 합니다. 앞에서 언급했듯이 가능하다면 올바른 태도를 지니고 있어야 하지만 필요성이 생기면 사악한 태도를 보일 수 있어야만 합니다.

대다수의 사람들은 겉모양으로만 판단한다

그러므로 군주는 자신의 입을 통해 나오는 모든 언사들이 앞서 언급한 다섯 가지 성품들로 가득 차 있도록 주의를 기울여야 합니다. 군주를 바라보고 이야기를 듣는 사람들에게 지극히 자비롭고 신의 있으며 정직하고 인간적이며 신앙심 깊은 사람으로 보여야만 합니다. 또한 이러한 성품들 중에서도 특히 신앙심이 깊은 것으로 보이는 것이 가장 필요합니다.

사람들은 일반적으로 손으로 만져보고 판단하기보다는 눈으로 보고 판단하려 합니다. 사람들은 군주를 바라볼 수 있을 뿐이지 만져볼 수 없기 때문입니다. 대다수의 사람들은 군주를 보이는 대로 볼 수 있을 뿐이며, 직접 만져보고 확인할 수 있는 사람은 극히 소수입니다. 그리고 그러한 소수의 사람들 또한 자신들을 보호하기 위해 군주를 모시는 대다수의 견해에 감히 반대할 수 없습니다. 사람들은 공정한 중개인이 없을 경우, 인간의 모든 행동 특히 군주의 행동에 대해서는 결과에만 주목합니다.

그래서 군주는 전쟁을 수행하고 국가를 보존할 수 있게 되는 것이며, 그가 활용한 수단은 언제나 명예롭다 여겨질 것이며 모든 사람들로부터 찬양받을 것입니다. 세속적인 사람들은 언제나 일의 겉모습과 결과에 현혹되기 때문입니다. 그리고 이 세상에는 세속적인 사람들이 대부분이며 그러한 다수가 군주에 의지하고 있을 때 소수는 선택의 여지가 없는 것입니다.

이름을 밝히지는 않겠지만 우리 시대의 군주 한 사람은 언제나 평화와 신뢰를 주장하고 있지만 실제로 그는 그 두 가지 가치를 전적으로 반대하고 있는 사람입니다. 만약 그가 그것을 실천에 옮겼다면 명망이나 국가를 여러 번 잃어버렸을 것입니다.

제19장

경멸과 미움을 어떻게 피하는가

미움과 경멸을 피하는 방법

앞에서 언급한 성품들 중에서 가장 중요한 것에 대해서는 이미 논의했기 때문에 그 외의 성품들에 대해서는 일반적인 내용으로 간략히 다루고자 합니다. 앞서 이야기했듯이 군주는 미움받거나 경멸당할 만한 일들은 그 어떤 것이든 피할 수 있도록 노력해야 한다는 것입니다. 이런 것들을 피했다면 군주로서의 의무를 다한 것이며 그 외의 어떤 비난이 있다 해도 위험에 빠지는 일은 없을 것입니다.

이미 언급했듯이 군주를 미워하게 만드는 것은 무엇보다 탐욕스러워지거나 백성들의 재산과 부녀자를 강탈하는 일입니다. 군주는 이

두 가지를 특별히 자제해야 합니다. 대부분의 경우 백성들은 재산과 명예를 빼앗기지 않는 한 모두들 행복하게 살아갑니다. 그러므로 군주는 소수의 사람들이 품고 있는 야심만 잘 다루면 되고, 그러한 사람들은 다양한 방법으로 큰 어려움 없이 억제시킬 수 있습니다.

군주가 경멸받게 되는 것은 변덕스럽고 경솔하며 여성적이고 소심하며 우유부단하다고 여겨지기 때문이며, 군주는 마치 암초를 피하듯 이러한 성품들을 경계해야만 합니다. 군주는 당당함과 용맹함, 진지함과 강건함을 과시해야 하며 백성들의 사적인 분쟁에 대해 자신이 내린 결정을 뒤집는 일이 없도록 해야만 합니다. 또한 이러한 평판을 스스로 유지하여 군주를 속이거나 술책을 꾸밀 생각도 품지 못하도록 해야 합니다.

존경을 받기 위해 경계해야 할 것

그러한 명망을 심는 데 성공한 군주는 탁월한 명성을 누릴 것이며, 그러한 군주에게 음모를 꾸미거나 공격하는 것은 어려운 일이므로 숭고한 성품을 지닌 군주로 인정받고 백성들의 존경을 받을 것입니다.

이러한 것을 이루기 위해 군주는 두 가지를 경계해야 합니다. 그중 한 가지는 대내적으로 백성과 관계된 것이며, 다른 한 가지는 대외적인 것으로 외세에 관련된 것입니다. 외세와 관련된 것은 훌륭한 군대와 믿을 만한 동맹국을 통해 자신을 방어하는 것인데 훌륭한 군대가 있다면 언제나 믿을 만한 동맹국을 가질 수 있습니다. 대외적인 문제가 안정되고 어떤 음모에 의해 혼란을 겪고 있지만 않다면, 대내적인 문제는 언제나 안정될 수 있습니다. 비록 대외적인 상황이 변하더라도 군주가 적절히 대비책을 마련해두고, 앞서 언급했던 것처럼 스스로를 잘 관리한다면 스파르타의 나비스가 그랬듯이 어떤 공격이라도 이겨낼 수 있을 것입니다.

음모를 저지하기 위한 가장 강한 대비책

그러나 백성들의 경우, 대외적인 환경의 변화가 없을 때 비밀스럽게 음모를 꾸밀 수 있다는 것을 경계해야 합니다. 군주는 백성들로부터 미움과 경멸을 받지 않도록 하는 것으로 자신의 지위를 확고히 할 수 있습니다. 그리고 앞에서 길게 언급했던 것처럼 군주의 통치를 신민들이 만족하도록 만드는 것이 필요합니다.

음모에 대해 군주가 갖출 수 있는 가장 강력한 대비책은 백성들로부터 미움을 받지 않는 것입니다. 음모를 꾸미는 자들은 언제나 군주를 암살하는 것으로 백성들을 만족시킬 수 있다고 믿기 때문입니다. 그러나 음모를 꾸미는 자들에게는 무수한 어려움이 있기 때문에 백성들이 분노할 것이라는 생각을 갖게 되면 실천할 용기를 가질 수 없을 것입니다.

경험에 비추어볼 때 역사상 수많은 음모가 있었지만 성공한 경우는 거의 없습니다. 음모를 꾸미는 자는 독자적으로 행동할 수 없으며 불만을 품고 있을 것이라 여겨지는 자들 외에는 동조자들을 구할 수도 없습니다. 그러나 어떤 불평분자에게 자신의 속마음을 털어놓는 순간, 그에게 불만을 해소할 수 있는 수단을 제공하게 되는 것입니다. 이제 그 불평분자는 음모를 폭로하는 것만으로도 자신이 원하는 모든 것을 얻을 수 있기 때문입니다. 폭로하면 확실한 이득을 얻을 수 있는데도, 또 성공 여부가 불확실하며 많은 위험이 도사리고 있다는 것을 알고 있으면서도, 신의를 지키는 자라면 그는 보기드문 진정한 동지이거나 철두철미한 군주의 적입니다.

문제를 간단히 설명하자면, 음모를 꾸미는 자에게는 오직 두려움과 의심 그리고 공포스러운 처벌에 대한 전망만 있지만, 군주에게는 지위에 걸맞는 위엄과 법률, 동맹국들의 보호 그리고 자신을 지켜줄 국가가 있습니다. 게다가 이런 모든 것에 백성들의 호의가 더해진다면 군주에게 음모를 꾸밀 정도로 경솔한 사람은 없을 것입니다. 일반적으로 음모를 꾸미는 자는 음모를 실행하기 전에 두려움에 싸이게 되는데, 이러한 경우 자신의 범죄를 실행한 후에도 백성들을 적으로 상대해야 하며 그로 인해 도망칠 수도 없게 되기 때문입니다.

벤티볼리오 가문의 사례

이러한 예들은 무수히 나열할 수 있을 것입니다. 그러나 우리들 선대에 발생했던 사건 하나만으로도 충분할 것입니다. 지금 안니발레 영주의 할아버지이며 볼로냐의 군주였던 안니발레 벤티볼리오는 음모를 꾸몄던 칸네스키 가문에 의해 암살되었습니다. 그의 후계자로는 당시에 갓난아기였던 메저 조반니밖에 없었습니다. 그 암살 사건이 일어난 직후 백성들은 봉기했으며 칸네스키 가문의 사람들을 모두 살해했습니다.

당시에 벤티볼리오 가문은 백성들로부터 두터운 신망을 얻고 있었기 때문이었습니다. 백성들의 신망은 정말 대단한 것이어서, 안니발레가 죽고 난 후 그 가문에는 볼로냐를 다스릴 만한 사람이 아무도 없었습니다. 볼로냐의 시민들은 당시까지는 대장장이의 아들로 알려진 벤티볼리오 가문의 핏줄이 피렌체에 살아 있다는 풍문을 듣게 되자 피렌체로 그를 찾아가 그에게 도시의 통치를 맡겼습니다. 볼로냐는 현재의 메저 조반니가 통치하기 전까지 그가 다스렸습니다.

그러므로 군주는 백성들이 호감을 품고 있는 동안에는 음모들에 대해 걱정할 필요가 없지만, 백성들이 적대감을 품고 미워하는 대상으로 삼는다면 모든 곳에서 모든 사람들을 두려워해야만 합니다.[65]

귀족과 백성들 모두를 만족시킨 프랑스의 사례

잘 정비된 국가와 현명한 군주들은 모든 노력을 기울여 귀족들을 거스르지 않고 백성들이 만족할 수 있도록 세심하게 관리해왔습니다. 이것이야말로 군주가 지녀야 할 가장 중요한 관심사 중의 하나이기 때문입니다.

우리 시대의 여러 왕국들 중 잘 정비되어 있으며 통치가 잘 되고 있는 나라는 프랑스입니다. 프랑스에는 왕권의 자유와 안정성의 기초가 되는 좋은 제도들이 수없이 많습니다.

이러한 제도들 중에서도 가장 훌륭한 것은 고등법원과 그곳의 권위입니다. 프랑스 왕국을 건설한 사람은 귀족들이 품고 있는 야심과 대담함에 대해 잘 알고 있었으며, 그들을 통제하기 위해 입에 재갈을 물릴 필요가 있음을 인식하고 있었습니다. 반면에 백성들이 두려움 때문에 귀족들을 미워하고 있다는 것을 알고 있었기 때문에 그들을 보호하기 원했지만, 왕이 이러한 역할에 관심이 있다는 것이 드러나는 것은 꺼렸습니다. 백성들을 더 좋아한다는 이유로 귀족들에게 미움을 받거나 귀족들을 더 좋아한다는 이유로 백성들에게 미움받기를 원치 않았기 때문이었습니다.

그러므로 왕에 대한 직접적인 비난을 불러일으키지 않을 중립적인 기관을 내세워 귀족들을 견제하고 백성들을 보호했던 것입니다. 군주제와 왕국을 강화하는 데 이보다 더 신중한 조치나 이보다 더 적절한 제도는 없었습니다.

이러한 예로부터 중요한 결론을 한 가지 더 이끌어낼 수 있습니다. 즉, 군주는 비난받을 만한 일들은 남에게 미루고 자비를 보일 수 있는 일은 자신이 직접 해야 한다는 것입니다. 더 나아가 군주는 귀족들을 자기 편으로 끌어안아야 하지만 그로 인해 백성들로부터 미움을 받아서는 안됩니다.

로마 황제들의 사례

로마 황제들의 생애와 죽음을 살펴본 사람들은 지금까지 제시한 견해와 전혀 다른 경우들이 있었다며 반박할 수 있을 것입니다. 줄곧 고귀하게 처신하고 위대한 성품을 보여주었던 몇몇 황제들이 군인들이나 대신들의 음모로 권력을 잃거나 살해되었기 때문입니다.

그러므로 이러한 반론들에 답하기 위해 몇몇 황제들의 성품을 살펴보고, 그들이 실패하게 된 원인이 제 주장과 모순되지 않는다는 것을 증명해 보이겠습니다. 동시에 그 시대의 행적을 연구하는 사람에게 가장 중요한 고려 사항이 어떤 것인지를 제시하도록 하겠습니다.

그렇게 하기 위해서는 철학자 마르쿠스 아우렐리우스 황제로부터 막시미누스 황제의 시대에 권좌에 올랐던 황제들을 검토하는 것만으로도 충분할 것입니다. 그들은 마르쿠스와 그의 아들인 콤모두스, 페르티낙스, 율리아누스, 세베루스와 그의 아들 안토니우스 카라칼라, 마크리누스, 엘라가발루스, 알렉산데르 그리고 막시미누스입니다.[66]

군주가 백성들보다 군인에 집착하는 까닭

제일 먼저 주목해야 할 것은, 여타 군주국에서는 귀족들의 야심과 백성들의 무례함을 통제하는 것만으로 충분했지만, 로마의 황제들은 세번째의 어려운 문제에 직면해 있었다는 점입니다.

그것은 바로 군인들의 잔혹함과 탐욕을 통제하는 것이었습니다.

그것은 무척이나 해결하기 어려운 문제로, 많은 황제들이 그로 인해 몰락했습니다. 군인들과 백성들을 동시에 만족시키는 것은 매우 어려운 일이었기 때문입니다. 백성들은 평화를 좋아하기 때문에 온건한 군주를 선호하지만, 군인들은 고집 세고 잔인하며 탐욕스러운 호전적인 군주를 원합니다. 군주가 그렇게 백성들을 다루게 되면 군인들은 급료를 더욱 많이 받을 수 있으며, 탐욕스럽고 잔혹한 자신들의 성품을 만족시킬 배출구가 될 것이기 때문입니다.

그래서 타고난 자질이나 단련을 통해 군인들과 백성들을 동시에 통제할 위엄을 갖추지 못한 황제들은 항상 몰락했던 것입니다. 대부분의 황제들, 특히 신생 군주가 된 황제들은 대립하고 있는 두 세력을 만족시키기 어렵다는 것을 알게 되면 군인들을 만족시키려 했으며, 백성들의 피해에 대해서는 그다지 신경을 쓰지 않았습니다.

그러한 과정은 어쩔 수 없는 것이었습니다. 군주는 어느 한 세력으로부터 미움받는 것은 피하기 어려우므로, 일단 모든 세력들로부터 미움받는 상황은 피하게 됩니다. 만약 이러한 상황을 만들지 못할 경우, 온 힘을 다해 가장 강력한 집단으로부터 미움받는 일은 피하고자 하는 것입니다.

그러므로 특별한 지지가 절실히 필요한 미숙한 황제들은 백성들보다는 군인들에게 집착하게 되는 것입니다. 군인들을 제압할 권위를 얼마나 유지할 수 있느냐에 따라 이러한 정책의 실효성이 결정되었던 것입니다.

정의를 사랑하고 인자했던 황제들의 사례

마르쿠스와 페르티낙스 그리고 알렉산데르는 모두 온후한 삶을 살면서 정의를 사랑하고 잔혹함을 미워했으며 인자했지만, 마르쿠스 외에는 모두 비극적인 최후를 맞이했습니다. 마르쿠스만이 명예롭게 살다 죽은 것은 황제의 지위를 세습받은 그에게는 군인들이나 백성들에게 진 빚이 없었기 때문이었습니다. 게다가 그는 많은 미덕의 소유자로 존경을 받았으며 재위 기간 동안 군인과 백성들을 잘 통치하여 미움받거나 경멸당하지 않았습니다.

반면에 페르티낙스는 콤모두스 시대에 방탕하게 사는 데 익숙해진 군인들의 뜻에 반해 황제가 되었습니다. 군인들은 페르티낙스가 부과한 새로운 규율에 따른 올곧은 삶을 견딜 수 없었습니다. 그로 인해 페르티낙스는 미움을 받았으며, 또한 많은 나이 때문에 경멸까지 받아 결국 제위에 오른 지 얼마 되지 않아 피살되었습니다.

여기에서 주목해야 할 것은 악행은 물론 선행으로도 미움을 초래할 수 있다는 점입니다. 앞서 언급했듯이 군주가 권력을 유지하고 싶다면 선하게 행동하지 말아야 할 때가 자주 있습니다. 군주가 권력을 유지하기 위해 도움이 필요하다고 인정되는 어떤 집단, 즉 백성들이나 군인들이 부패되어 있다면 그들을 만족시키기 위해 그들이 좋아하는 방식을 따라줘야 하기 때문입니다. 그런 상황에서의 선행은 군주에게 해로운 것입니다.

알렉산데르의 경우를 보겠습니다. 그는 무척이나 선량한 인물이어서 칭송이 높았습니다. 그는 14년의 통치기간 동안 재판 없이는 단 한 명도 처형하지 않았습니다. 그럼에도 불구하고 그는 나약하며 자기 어머니의 통제를 받는 인물로 알려졌기 때문에 경멸당했으며 결국 군대가 모반을 일으켜 피살되었습니다.

그와는 대조적이었던 콤모두스, 세베루스, 안토니우스 카라칼라, 그리고 막시미누스의 성품에 대해 살펴보겠습니다. 그들은 모두 지극히 잔인했으며 또 탐욕스러웠습니다. 군인들을 만족시키기 위해 백성들에게 온갖 피해를 입히는 데 주저하지 않았던 그들은 세베루스를 제외하고는 모두 비참한 최후를 맞이했습니다.

사나운 사자이면서 교활한 여우였던 세베루스

세베루스의 경우, 비록 백성들을 억압했지만 용맹했기 때문에 군대를 우호적인 세력으로 유지했으며 줄곧 성공적인 통치를 할 수 있었습니다. 그는 용맹함 때문에 군인들과 백성들로부터 탁월한 인물로 존경받았습니다. 백성들은 그에게 공포심과 경외심을 품었으며 군인들은 그를 존경하며 만족스럽게 여겼습니다.

신생 군주로서 그의 행적은 매우 탁월했습니다. 앞에서 군주에게 꼭 필요하다고 언급했던 여우와 사자의 기질을 얼마나 탁월하게 실천했는지 살펴보겠습니다.

율리아누스의 무능함을 알아차린 세베루스는 슬라보니아에서 친위부대에 의해 살해당한 페르티낙스의 복수를 위해 로마로 진군하는 것이 옳다고 자신이 지휘하고 있던 군대를 설득했습니다. 이러한 구실 아래 그는 황제가 되고 싶은 진의를 숨긴 채 군대를 이끌고 로마로 진군했으며 그의 진군이 알려지기도 전에 이탈리아에 도착했습니다. 공포에 휩싸인 원로원은 로마에 도착한 그를 황제로 선출하고 율리아누스를 처형했습니다.

그 후 세베루스가 제국 전체를 지배하기 위해서는 두 가지 어려움을 극복해야 했습니다. 그중 한 가지는 아시아 지역 군대의 지도자인 니게르가 스스로 황제임을 선언한 일이었으며, 다른 한 가지는 서방의 알비누스 역시 황제가 될 기회를 엿보고 있다는 것이었습니다. 동시에 이들 두 사람의 적이 되는 것이 위험하다고 판단한 세베루스는 니게르를 공격하고 알비누스는 속이기로 결정했습니다.

그는 알비누스에게 보낸 서한을 통해, 원로원이 그를 황제로 추대했으며 그 지위를 함께 공유하자고 했습니다. 그리고 알비누스에게 카이사르(부황제副皇帝)의 칭호를 수여하고 원로원의 결정에 의해 공동 황제로 삼는다고 했습니다. 알비누스는 이러한 일들을 진실로 믿었습니다.

그러는 동안 세베루스는 니게르를 진압하고 처형한 후 제국 동부 지역의 어려움을 해결했습니다. 로마에 돌아온 후 그는 원로원을 향해 알비누스가 은혜에 대해 전혀 감사하지도 않으며 음모를 꾸며 자신을 살해하려 했다며 탄핵하고, 그의 배은망덕을 벌주기 위해 어쩔 수 없이 출병해야 한다고 주장했습니다. 그 후 세베루스는 프랑스에 있던 알비누스를 공격하여 그의 지위와 생명을 박탈했습니다.

그러므로 세베루스의 행적을 면밀히 살펴본 사람이라면 그가 매우 사나운 사자이면서 동시에 교활한 여우였음을 알아차릴 수 있을 것입니다. 그는 모든 사람들에게 두려움의 대상이면서 존경의 대상이었으며, 자신의 군대로부터 미움을 받지 않았습니다. 신생 군주로서 그토록 거대한 제국을 지배할 수 있었다는 것도 그다지 놀라운 일이 아닙니다. 그가 지닌 탁월한 명성이 그가 저지른 약탈로 인해 품게 되었을 백성들의 미움을 막아주었기 때문입니다.

측근에게 살해된 카라칼라

그의 아들인 안토니우스 카라칼라 역시 뛰어난 능력을 지닌 인물이어서 백성들의 칭송과 군인들의 호감을 얻었습니다. 그는 천부적인 군인으로서 그 어떤 곤경도 헤쳐나갈 수 있었으며 사치스러운 음식과 나약한 삶을 경멸했습니다. 이러한 성품 때문에 그는 모든 군인들에게 사랑을 받았습니다.

그럼에도 불구하고 그는 보기 드물 정도로 포학하고 잔인해서 수없이 많은 사람들을 살해했고 결국 수많은 로마 주민들과 알렉산드리아의 모든 사람들이 죽음을 당하게 되었습니다. 그로 인해 모든 사람들로부터 경멸받는 인물이 되었습니다. 측근들조차 그를 두려워하게 되었고, 어느 날 자기 군대의 백인대장百人隊長에 의해 살해되고 말았습니다.

여기에서 알 수 있듯이 확신에 찬 개인에 의해 자행된 이러한 암살은 군주들 역시 피할 수 없다는 점을 주목해야 합니다. 누구든 자신의 죽음을 두려워하지 않는 자는 군주를 죽일 수 있기 때문입니다. 그러나 그러한 인물은 매우 드물기 때문에 군주는 그것을 너무 두려워할 필요는 없습니다.

다만 군주는 안토니우스의 경우에서 알 수 있듯이 자신에게 충성하는 측근이나 각료들에게 심각한 모욕을 주지 않도록 조심해야 합니다. 안토니우스가 바로 그러한 짓을 한 것입니다. 그는 수치스러운 방법으로 그 백인대장의 형제를 살해했으며, 그를 줄곧 위협했으면서도 계속 경호원으로 삼았던 것입니다. 그것은 매우 분별없는 결정이었으며, 그 결과가 보여주는 것처럼 자신의 파멸을 초래했던 것입니다.

미움받고 경멸당한 황제 콤모두스

이제 콤모두스 황제에 대해 살펴보겠습니다. 그는 마르쿠스의 아들로서 황제의 자리를 세습받았기 때문에 권력을 매우 수월하게 유지할 수 있었습니다. 자신의 아버지가 이루어놓은 업적을 따르는 것만으로도 백성들과 군인들을 만족시키는 데 충분했을 것입니다.

그러나 천성적으로 잔인하고 흉폭했던 그는 자신의 탐욕을 만족시키기 위해 백성들을 수탈하고 군인들의 비위를 맞춰주어 기강이 무너지게 만들었습니다.

또한 황제로서의 위엄을 지키지 않고 직접 검투장에 내려가 검투사들과 대결하는 등, 황제의 품위를 깎아내리는 일들을 많이 저질러 군인들로부터 경멸을 받게 되었습니다. 백성들의 미움을 받고 군인의 경멸을 받았던 그는 음모에 의해 살해되었던 것입니다.

미천한 태생과 잔인함 때문에 살해된 막시미누스

이제 마지막으로 막시미누스의 성품에 대해 살펴보겠습니다. 그는 지극히 호전적인 인물이었습니다. 앞에서 언급한 것처럼 군인들은 알렉산데르의 나약함을 무척 싫어했기 때문에 그가 죽자 막시미누스를 황제로 추대했습니다.

그러나 그는 두 가지 일로 인해 미움과 경멸의 대상이 되어 황제의 지위를 그리 오래 유지하지 못했습니다. 그중 한 가지는 그가 매우 미천한 신분으로 본래 트라키아 지방의 목동이었다는 점이었으며(이 사실은 모든 사람들에게 알려졌으며 그로 인해 권위를 인정받지 못했다), 다른 한 가지는 통치 초기에 로마로 가서 황제의 자리에 오르는 것을 미뤘다는 점입니다. 또한 그는 자신의 지방장관들을 통해 로마와 제국의 여러 곳에서 잔인한 악행들을 저질러 무척 잔혹하다는 평판을 얻었습니다.

그 결과 모두들 그의 미천한 태생을 혐오했으며 그의 잔인함에 대한 두려움 때문에 증오심을 품게 되었습니다. 그로 인해 아프리카에서의 반란에 이어 로마의 원로원과 백성들이 봉기했으며 결국 이탈리아 전역에서 그에게 저항하는 반란이 일어났습니다. 게다가 그 자신의 군대마저 반란을 일으켰습니다.

아퀼레이라를 포위하고 공격 중이던 그의 군대는 그곳을 함락시키는 데 많은 어려움을 겪고 있었습니다. 게다가 황제의 잔혹함에 분노하여 별달리 무서운 것이 없었던 그들은 황제에게 반기를 든 사람들이 많다는 사실을 알게 되자 그를 살해해버렸던 것입니다.

엘라가발루스나 마크리누스 그리고 율리아누스는 철저하게 경멸받았으며 그로 인해 황제의 자리에 오르자마자 살해됐으므로 이들에 대해서는 거론하지 않을 것이며 이 논의의 결론을 내리고자 합니다.

군인들의 중요성이 낮아진 이유

우리 시대의 군주들은 군인들을 만족시키기 위해 터무니없는 방법을 동원해야 할 필요가 훨씬 적어졌다고 생각합니다. 비록 어느 정도까지는 군인들을 배려해주어야 하지만, 그러한 문제는 쉽게 해결할 수 있습니다.

오늘날의 군주들 중에는 아무도 로마 제국의 군대처럼 어느 한 지역에 오랫동안 주둔하면서 통치하는 군대를 운영하지 않기 때문입니다. 로마 제국에서는 군인들의 영향력이 더 컸기 때문에 백성들보다는 군인들을 더 만족시킬 필요가 있었습니다.

이제 투르크와 술탄 왕국을 제외한 현재의 모든 군주들은 백성들의 영향력이 더 커졌으므로 오히려 군인들보다 백성들을 만족시켜야 합니다. 투르크를 예외로 한 것은, 주변에 1만 2천의 보병과 1만 5천의 기병을 통해 왕국의 안전과 권력을 유지하고 있기 때문입니다.

그러므로 다른 그 어떤 세력보다 군대를 자신의 우호세력으로 견지해야만 합니다. 이와 마찬가지로 이집트의 술탄 왕국도 군인들이 완벽하게 장악하고 있으므로 그 역시 백성들에 상관없이 군인들을 우호세력으로 유지해야만 합니다.

예외적인 술탄의 지배체제

또한 술탄의 국가는 그 어떤 군주국들과 전혀 다르다는 것을 주목해야 합니다. 술탄의 국가는 교황 제도와 비슷하여 세습 군주국이나 신생 군주국으로 부를 수도 없습니다. 세습받은 전임 군주의 아들들이 군주의 자리를 승계하는 대신, 선거권을 가진 자들에 의해 군주로 선출되기 때문입니다.

이러한 제도는 오래전부터 시행되어오던 것이고 신생 군주국들이 부닥치게 되는 어려움을 겪지 않기 때문에 신생 군주국이라 부를 수도 없습니다. 비록 군주는 새로운 인물이지만 국가의 제도는 오래되었으며, 선출된 군주를 마치 세습 군주인 것처럼 받아들이기 때문입니다.

새로운 시대에는 새로운 모범을 따르라

이제 우리들의 본론으로 되돌아가고자 합니다. 지금까지 다룬 문제들을 잘 살펴보면 한결같이 미움이나 경멸이, 앞에서 검토된 황제들의 몰락 원인이 되었다는 것을 알 수 있습니다. 또한 다음과 같은 사실도 알 수 있을 것입니다. 즉, 그들 중 일부는 어느 한 가지 방식으로 행동했으며 일부는 그와 전혀 다른 방식으로 처신했는데, 각각의 그룹에서 한 황제만이 성공적인 결말을 맞았을 뿐 나머지 황제들은 모두 비참한 최후를 맞이했다는 것입니다.

페르티낙스와 알렉산데르는 신생 군주였으므로, 세습 군주인 마르쿠스를 모방하려 한 것이 역효과를 내 위험에 빠지게 되었던 것입니다. 이와 마찬가지로 카라칼라, 콤모두스, 막시미누스의 경우에는 세베루스를 모방하려 했지만 그가 이룩한 업적을 따라 할 만한 능력이 없었기 때문에 비참한 꼴을 당하고 말았습니다.

그러므로 신생 군주는 마르쿠스의 행적을 모방할 필요가 없으며 세베루스의 행적을 모방할 필요도 없습니다. 그 대신 권력 장악을 위해 필요한 조처를 취할 때는 세베루스를 모방하고, 일단 권력을 장악한 후 안정적인 국가를 유지해야 할 때는 마르쿠스를 모방하는 것이 적절하고 영광스러운 일일 것입니다.

제20장

요새 구축과 같은 군주의 정책이 유용한가, 해로운가

각기 다른 군주의 정책을 평가하는 법

국가를 안정적으로 유지하기 위해 신하들이 무장을 하지 못하도록 하는 군주들도 있으며, 정복한 도시들을 나누어 통치하는 군주들도 있습니다. 또한 자신들에게 적개심을 품도록 조장하는 군주들도 있으며, 통치 초기에 믿을 수 없었던 자들의 지지를 받는 군주들도 있습니다. 요새를 구축하는 군주들도 있으며 요새를 파괴하는 군주들도 있습니다.

이러한 결정들을 내려야 했던 당시에 각 국가가 처해 있던 특수한 상황을 일일이 검토하지 않은 채, 그 결정에 대해 확정적인 판단을 내릴 수는 없습니다. 그럼에도 불구하고 중심적인 주제에서 벗어나지 않는 한도 내에서 가장 일반적인 논의를 하도록 하겠습니다.

신생 군주의 군사력

신생 군주가 자신의 신하들이 무장을 하지 못하도록 조치했던 경우는 한 번도 없었습니다. 오히려 신하들이 무장을 하지 않고 있을 경우 그들에게 무기를 주어 무장하도록 했습니다.

신하들을 무장시키게 되면 그 무력은 군주의 것이 되기 때문입니다. 믿을 수 없었던 신하들은 충성을 바치게 되고, 본래 충성스러웠던 자들은 계속 충성을 바칠 것이며, 그들은 군주의 신하이기보다는 확고한 지지자로 변모하게 될 것입니다.

신하들을 모두 무장시킬 수 없기 때문에 무장시킨 자들에게 혜택을 베풀게 되면 나머지 신하들은 편하게 다룰 수 있게 됩니다. 이러한 차별대우에 대해 무장을 한 자들은 군주에게 충성하게 될 것이며, 무장을 하지 못한 자들은 보다 위험한 임무를 수행하는 자들이 그 대가를 받는 것이라 여겨 군주의 조치를 용납하게 될 것입니다.

그러나 군주가 신하들의 무장을 해제시키게 되면 그들을 공격하는 것이 됩니다. 그러한 조치는 자신의 비겁함이나 의심 때문에 신하들을 믿지 않고 있다는 것을 드러내는 것이 되고, 그 때문에 신하들로부터 미움을 받게 되는 것입니다.

군주는 무장을 하지 않을 수 없기 때문에 앞에서 그 특성에 대해 논의했던 용병을 고용해야만 하게 될 것입니다. 아무리 용병이 훌륭하다 해도 강력한 적들이나 불신에 찬 신하들로부터 군주를 지켜줄 만큼 강할 수는 없습니다. 그러므로 이미 언급했듯이 신생 군주국의 새 군주는 언제나 군대를 무장시켰으며, 역사적으로 그러한 예들은 무수히 많습니다.

복합 군주국의 유용한 군사정책

그러나 군주가 기존의 국가에 새로운 국가를 일원으로 합병시켰다면, 그 과정에서 지지자로서 도움을 준 자들 외에는 모두 무장을 해제시키는 것이 필요합니다. 그리고 그들 또한 기회를 보아 적절한 시기에 그 세력을 약화시켜 힘을 쓰지 못하도록 해야 합니다. 그리고 군주가 지배하는 전체 국가의 군사력은 군주의 주변에서 본래 지배하고 있던 국가의 군대에 집중되도록 관리해야만 합니다.

우리 선조들 그리고 현명하다고 평가받았던 사람들은, 피스토이아는 파벌로 나누어 다스리고 피사는 요새를 지어 다스려야 한다고 말해왔습니다.[67] 이러한 생각에 따라 그들은 속국에 분쟁을 조장하여 보다 더 쉽게 통치할 수 있었습니다. 그 생각은 이탈리아가 어느 정도 세력의 균형을 이루고 있던 시대에는 효과적이었습니다.

그러나 오늘날에는 그러한 생각이 어떤 법칙으로서 제시될 수는 없다고 생각합니다. 그러한 분열정책이 효과적이라고 생각하지 않기 때문입니다. 오히려 파벌로 나뉜 도시들은 적군이 침략해오면 필연적으로 빼앗길 수밖에 없기 때문입니다. 세력이 미약한 파벌은 언제나 외부의 세력과 동맹을 맺으려 하고 그 외의 파벌들은 저항할 힘이 없기 때문입니다.

앞에서 설명한 이유들 때문에 베네치아는 자신들의 속국에 겔프와 기벨린*이라는 두 개의 파벌이 생겨나도록 했습니다. 베네치아는 두 파벌 사이에 유혈 사태가 일어나는 것은 용납하지 않았지만 줄곧 그들 사이에 불화를 조장하여 파벌 다툼에 몰두한 그들이 단합하여 반기를 들 수 없도록 했습니다. 이미 알고 있듯이 정책의 결과는 베네치아의 이익으로 돌아오지 않았습니다. 베네치아가 바일라에서 패배한 것을 목격한 도시의 일부 파벌들은 즉각적으로 반란을 일으켜 베네치아의 모든 영토를 점령했던 것입니다.

더 나아가 강력한 군주국이라면 이러한 분열정책을 결코 용납하지 않기 때문에 이러한 통치방식은 군주의 나약함을 의미하는 것일 뿐입니다. 그러한 분열정책은 평화로운 시기에는 신하들을 보다 더 쉽게 통제할 수 있게 해주지만, 전쟁이 일어나면 결함을 드러낼 수밖에 없기 때문입니다.

---

* 중세 시대 이탈리아에는 황제파와 교황파 간의 분열이 있었다. 겔프Guelf 파는 교황을 지지했으며, 기벨린Ghibelline 파는 황제를 지지했다.

시련이 위대한 군주를 만든다

자신 앞에 닥쳐온 시련과 장애물들을 극복해냈을 때 위대한 군주가 된다는 것은 의문의 여지가 없는 일입니다. 그렇기 때문에 운명의 여신은 세습 군주에 비해 명망이 절실히 필요한 신생 군주를 위대하게 만들기 위해 적의 세력을 키우고 군주를 상대로 음모를 꾸미게 합니다.

그 결과 신생 군주는 적을 제압할 기회를 갖게 되어 적들이 놓아준 사다리를 타고 더욱 높은 곳으로 오르게 되는 것입니다. 그래서 현명한 군주라면 기회가 있을 때마다 교묘한 솜씨로 적대적인 세력의 형성을 조장하며 그 세력들의 진압을 통해 자신의 명망을 더욱 높이는 것이라고 생각하는 사람들이 많습니다.

비우호적인 인물의 지지를 이끌어내라

군주는, 그중에서도 특히 신생 군주는 통치 초기에 믿었던 사람들보다 믿지 않았던 사람들이 충성심이 더 강하고 또 많은 도움을 준다는 것을 알아차리게 됩니다. 시에나의 군주였던 판돌포 페트루치[**]는 신뢰하지 않았던 인물들의 도움으로 나라를 잘 다스릴 수 있었습니다.

[**] 판돌포 페트루치Pandolf Petrucci는 15세기 말부터 1512년 죽을 때까지 시에나를 통치했다. 마키아벨리는 외교사절로 그의 궁전을 여러 번 방문했다.

그러나 개별적인 경우마다 달라질 것이므로 이러한 것을 일반화할 수는 없으며, 다만 이렇게 말할 수는 있습니다. 즉, 집권 초기에는 군주에게 적대적이었지만, 자신들의 힘만으로 세력을 유지할 수 없어 도움이 필요한 자들의 지지는 언제든 쉽게 이끌어낼 수 있다는 것입니다.

그들은 군주가 자신들에 대해 품고 있는 부정적인 인식을 지우기 위해서는 행동을 통해 보여주어야 한다는 것을 알고 있기 때문에 군주에게 한층 더 충직하게 복종하게 됩니다. 그러므로 안정적인 지위를 확보하고 있어서 군주의 일에 무심한 측근들보다 그러한 자들로부터 항상 더욱 많은 도움을 이끌어낼 수 있는 것입니다.

옛 정권에 만족했던 자들이 새 정권에도 만족한다

또한 이 문제와 관련해 중요한 한 가지 문제를 꼭 짚고 넘어가야만 합니다. 현지에 있는 인물들의 도움을 받아 어떤 지역을 차지하게 된 신생 군주라면, 그들이 어떤 이유로 자신을 도와주게 되었는지를 면밀하게 알아두어야 한다는 것입니다.

만약 순수하게 군주를 좋아해서가 아니라 단순히 이전의 국가에 불만이 있어 도와준 것이라면, 그들을 우호세력으로 유지하는 것이 무척 힘들고 수많은 어려움을 겪어야 합니다. 신생 군주 역시 그들을 만족시키는 것은 불가능하기 때문입니다.

과거와 최근의 사건들에서 찾아낸 사례들을 검토해보면, 이전의 정권에 만족했기 때문에 신생 군주의 적이 된 사람들을, 이전 정권에 불만이 있었기 때문에 신생 군주에게 도움을 주었던 사람들보다 훨씬 더 쉽게 우호세력으로 만들 수 있다는 것을 알 수 있습니다.

이롭기도 하고 해롭기도 한 요새 구축

군주들은 자신의 권력을 한층 더 안정시킬 목적으로 흔히 요새를 구축해왔습니다. 요새는 음모를 꾸미는 자들을 구속하는 용도로 사용될 수도 있으며 갑작스러운 반란이 일어났을 때는 안전한 피신처의 역할도 할 수 있습니다. 요새 구축은 아주 오래전부터 이루어져온 것이기 때문에 아주 좋은 수단이라는 것을 인정할 수 있습니다.

그럼에도 불구하고 우리 시대의 니콜로 비텔리*는 국가를 유지하기 위해 치타 디 카스텔로에 있는 두 개의 요새를 파괴해버렸습니다. 또한 우르비노의 공작 귀도 우발도**는 체사레 보르자에게 빼앗겼던 영지를 되찾았을 때[68] 그 지역에 있던 요새들을 모두 파괴해버렸습니다. 요새들이 없다면 나라를 다시 빼앗기지 않을 것이라고 생각했던 것입니다.

벤티볼리오 가문 역시 볼로냐를 되찾게 되었을 때 비슷한 결정을

---

* 니콜로 비텔리Niccolo Vitelli는 1474년 교황 식스투스 4세에 의해 치타 디 카스텔로에서 쫓겨났으나 피렌체의 원조를 받아 1482년 다시 복귀했으며 교황이 세운 두 개의 요새를 파괴해버렸다.

** 우르비노의 공작 귀도 우발도Guido Ubaldo(1472~1508)는 1502년 체사레 보르자에 의해 우르비노에서 쫓겨났으나 다음해에 다시 복귀했다.

내렸습니다. 그러므로 요새는 경우에 따라 이롭기도 하고 해롭기도 한 것입니다. 어느 면에서는 요새가 유용하기도 하지만 어떤 경우에는 해를 입히기도 하는 것입니다.

이 문제는 다음과 같이 추론해볼 수 있습니다. 군주가 외부의 세력보다 백성을 더 두려워하는 경우라면 요새를 구축해야만 합니다. 그러나 백성보다 외부의 세력를 더 두려워하는 경우라면 요새를 구축해서는 안됩니다. 프란체스코 스포르차가 건설한 밀라노의 성벽은 그 나라에서 발생한 다른 어떤 혼란보다 스포르차 가문에게 더 많은 어려움을 겪게 했으며 또 앞으로도 그럴 것입니다.

군주에게 가장 훌륭한 요새는 백성이다

이러한 이유로 군주에게 가장 훌륭한 요새는 백성들에게 미움을 받지 않는 것입니다. 요새가 있다 해도 백성들이 미워하게 되면 군주를 지켜주지 못할 것이기 때문입니다. 백성들이 한번 무기를 들고 봉기하게 되면 그들을 지원할 외세는 반드시 나타날 것이기 때문입니다.

근래의 예들에서 볼 수 있듯이 포를리 백작부인 외에는 요새의 도움을 받았던 군주는 아무도 없었습니다. 남편인 지롤라모 백작이 암살된 후 포를리 백작부인[69]은 성안으로 들어가 백성들의 공격을 피할 수 있었으며 밀라노로부터 원군이 올 때까지 버틸 수 있었으므로 다시 지위를 회복할 수 있었습니다.

그 당시의 정세로는 백성들을 도울 수 있는 외부세력이 전혀 없었습니다. 그러나 훗날 체사레 보르자가 침공해오고 적개심에 찬 백성들이 그 침략군에 합세하자 그 요새들은 그녀에게 아무런 쓸모도 없었습니다. 그러므로 당시이거나 그 전이거나 모두 요새를 짓는 것보다 백성들에게 미움받지 않는 것이 그녀에게는 보다 더 안전한 선택이었던 것입니다.

그러므로 이런 모든 일들을 고려해볼 때, 요새를 구축하는 군주만큼이나 요새를 구축하지 않는 군주에게도 찬사를 보내야 할 것입니다. 그러나 요새를 믿고 백성들의 미움을 그다지 중요하지 않게 생각하는 군주들은 비난을 받아 마땅합니다.

제21장

명성을 얻기 위해
군주는 어떻게 해야 하는가

전쟁과 종교를 통해 위대한 업적을 세운 군주 페르난도

훌륭한 모범이 될 만한 업적을 세우는 것보다 군주를 위대하게 평가받도록 하는 것은 없습니다. 우리 시대에는 지금 에스파냐의 왕인 아라곤 가의 페르난도가 그러한 예가 될 수 있습니다.

그는 별볼일 없는 군주에서 출발하여 명성과 영광을 품에 안은 그리스도교 세계의 가장 유명한 왕이 되었으므로 거의 신생 군주라 불러도 무난할 것입니다. 그가 이룬 업적들을 살펴보면 모든 것들이 매우 위대하며, 몇몇 업적은 상상할 수 없을 정도입니다. 그는 통치 초기에 그라나다를 공격했으며, 그 전쟁을 통해 국가의 기반을 만들었습니다.

그는 우선 내정이 안정되고 반대를 두려워하지 않아도 될 시기에 전쟁을 시작했습니다. 그는 카스티야의 제후들이 전쟁에만 온 신경을 집중하게 하여 국내에서 변혁도 꾀할 수 없도록 만들었습니다. 그러한 방법을 통해 제후들이 알아차리지 못하는 사이에 명성을 쌓으며 그들에 대한 지배력을 확고히 했습니다.

교회와 백성들이 제공하는 돈으로 군대를 유지할 수 있었으며 그 길고 긴 전쟁을 통해 훗날 그에게 명예를 가져다준 자신만의 군대를 양성할 수 있었습니다.

더 나아가 보다 더 큰 전쟁을 수행하려는 자신의 목표를 위해 언제나 종교를 이용했으며, 성스러운 잔혹함을 명분 삼아 왕국 내의 무어 인들을 쫓아냈습니다.

이보다 더 감탄할 만하면서도 유례를 찾아볼 수 없는 경우는 없을 것입니다. 이와 똑같이 종교를 명분으로 삼아 아프리카를 공격했으며 이탈리아를 침략했고 마침내 프랑스마저 공략했습니다.

이런 식으로 그의 업적과 계획들은 모두 위대하게 되었으며, 그의 백성들은 긴장 속에 경이로워했으며 언제나 그 결과에 매료되었습니다. 그의 군사작전은 끊임없이 계속되었으므로 차분히 그에 대한 음모를 꾸밀 수 있는 사람은 아무도 없었습니다.[70]

비범한 재능으로 업적을 세운 베르나보

또한 군주가 국내의 문제를 다룸에 있어서도, 밀라노의 군주인 베르나보* 공작이 그랬던 것처럼, 비범한 재능을 펼쳐보이는 것도 무척 큰 도움이 됩니다. 그는 백성들 중의 누군가가 어떤 특별한 일을 했을 경우, 그것이 좋은 일이건 나쁜 일이건 그 사람을 꼭 찾아내 상을 내리거나 벌을 주어 사람들 사이에 화제가 되도록 만들었습니다. 군주는 다른 무엇보다 자신의 모든 행동을 통해 비범한 능력을 지닌 위대한 인물이라는 인상을 주도록 노력해야만 합니다.

중립보다 확실한 동맹이 낫다

군주는 또한 자신이 진정한 동맹인지 아니면 철두철미한 적인지를 밝힐 때 존경을 받습니다. 다시 말해 자신이 좋아하고 싫어하는 편을 주저없이 밝혀야 합니다. 이러한 정책은 중립을 지키는 것보다 항상 더 유용합니다.

만약 인접해 있는 두 강대국이 전쟁을 하게 됐을 경우, 어느 한 쪽이 이기게 되면 군주에게 위협이 될 수도 있고 그렇지 않을 수도 있습니다. 이러한 두 가지 상황 모두 군주의 입장을 명확히 밝히고 당당히 전쟁에 참여하는 것이 언제나 더 유리합니다. 만약 명확한

---

* 베르나보Bernabo Visconti는 1354~1385년 밀라노를 통치했다. 아주 잔혹한 형벌제도로 악명이 높다.

자신의 입장을 밝히지 않았을 경우, 승리한 자의 기쁨과 만족감을 충족시키기 위한 먹이가 될 것이기 때문입니다.

또한 명분이 없으므로 도와주기 위해 달려올 세력도 전혀 없을 것입니다. 승리를 거둔 자들은 누구나 자신이 곤경에 빠졌을 때 도와주지도 않을 어정쩡한 동맹은 원치 않기 때문입니다. 그리고 패자는 자신을 지원해주는 위험을 기꺼이 감수하지 않았기 때문에 아무런 도움도 제공하지 않을 것입니다.

아이톨리아의 요청에 따라 로마 인들을 몰아내기 위해 안티오코스가 그리스를 침범한 적이 있었습니다. 안티오코스는 사절을 보내 로마에 우호적인 아카이아에게 중립을 지켜줄 것을 권유했습니다. 로마는 그와 달리 자신들의 편에 서서 무기를 들고 싸울 것을 권유했습니다. 중립을 지켜달라는 안티오코스 사절의 권유에 대해 아카이아는 토론을 벌였습니다. 로마의 사절은 이 문제에 대해 이렇게 대답했습니다.

"전쟁에 개입하지 말아달라는 그들의 제안은 철저히 당신들의 이익에 반하는 일이 될 것이다. 전쟁에 참여하지 않는다면 당신들은 일고의 가치도 없이 승자의 제물이 되고 말 것이다."

확실한 동맹이 유리한 이유

우호세력이 아닌 경우에는 언제나 중립을 지켜달라고 요구하겠지만 우호세력은 무기를 들고 함께 싸울 것을 요구합니다. 우유부단한 군주들은 언제나 당장의 위험을 피하기 위해 중립으로 남으려 하지만 거의 대부분 파멸하고 맙니다.

만약 확실하게 지원했던 군주가 승리를 거두었을 경우, 비록 그가 강력한 세력을 갖추게 되어 그의 처분만을 기다리게 되겠지만 그가 신세를 졌기 때문에 우호관계를 맺게 되는 것입니다. 인간이란 결코 그런 상황에서 상대를 핍박할 정도로 파렴치하지는 않습니다.

또한 특히 정의와 관련되었을 때, 승자가 방자하게 행동해도 무방할 만큼 완벽한 승리는 없습니다. 그러나 도움을 주었던 군주가 패했다 해도, 힘이 남아 있는 한 당신을 도와줄 것입니다. 그리하여 다시 재기할 수 있는 운명을 함께 개척해갈 동맹이 되는 것입니다.

서로 전쟁 중인 두 나라의 세력이 미약하여 누가 이기든지 위협이 되지 않을 것 같은 상황에서도 그 전쟁에 가담하는 것이 더욱 현명한 판단입니다. 다른 군주의 도움으로 또 다른 군주를 몰락시키는 것이 되기 때문입니다. 만약 그 군주가 현명한 인물이라면 자신의 적을 살려둘 것입니다. 다른 군주의 도움 없이는 이길 수 없었으므로 승자가 된 그는 이제 그 군주의 처분에 맡겨지는 것입니다.

모든 정책에는 변수가 따른다

그러나 앞에서 이미 언급했듯이, 피치못할 상황이 아니라면 다른 국가를 공격하기 위해 자신보다 강력한 군주와 동맹을 맺어서는 안 된다는 것을 명심해야만 합니다. 만약 승리를 거두게 되면 그의 수

중에 들어갈 것이기 때문입니다.

　군주란 모든 노력을 다해 다른 군주의 처분에 자신이 맡겨지는 일은 피해야만 합니다. 베네치아 인들은 밀라노 공작을 공격하기 위해 스스로 프랑스와 동맹을 맺었습니다.[71] 그들은 이 동맹을 피할 수도 있었지만 결국 그로 인해 몰락하게 되었던 것입니다.

　그러나 교황과 에스파냐 왕이 롬바르디아를 공격해왔을 때의 피렌체처럼 동맹을 맺을 수밖에 없는 상황이라면 앞서 말한 이유로 군주는 동맹을 맺어야만 합니다.[72]

　어떤 국가든 언제나 완벽하게 안전한 정책을 펼칠 수 있을 것이라고 믿어서는 안됩니다. 오히려 모든 정책은 모호함을 수반한다고 생각해야만 합니다. 어떤 한 가지 어려움을 겪지 않고서는 다른 어려움을 피할 수 없기 때문입니다. 따라서 신중하게 어려움의 정체를 파악하여 피해가 최소화될 수 있는 어려움을 선택해야 합니다.

능력 있는 자들은 보호하고 우대하라

　군주는 또한 능력이 있는 자들을 보호하고 후원하며 모든 기술 분야에서 뛰어난 능력을 보이는 자를 우대한다는 것을 널리 과시해야만 합니다.

　더 나아가 백성과 신하들이 상업과 농업 및 그 외의 분야에서 평화롭게 안정적으로 종사할 수 있도록 해야 합니다. 그들이 빼앗길 것을 두려워해 재산 늘리는 것을 주저하거나, 세금이 두려워 상업에 종사하지 않으려는 일이 없도록 해야 합니다. 오히려 어떤 방법으로든 그의 도시와 국가를 명예롭게 하려는 자들에게는 보상을 해주어야만 합니다.

군주의 위엄을 지키면서 백성들을 즐겁게 하라

이러한 것들 외에도 일 년 중 적절한 시기에 축제나 볼거리를 만들어 백성들을 즐겁게 해주어야 합니다. 각각의 도시는 길드나 씨족 단위로 나뉘어 있기 때문에 군주는 그러한 집단들을 존중해야 하며, 가끔씩 그들과 어울리면서 자비로움과 너그러움을 보여주어야 합니다. 하지만 어떤 경우라도 결코 군주로서의 위엄이 훼손되어서는 안 되므로 그것을 확고히 지키기 위해 언제나 조심해야 합니다.

제22장

군주의 측근들

군주의 지혜는 측근을 보면 알 수 있다

조언을 해줄 측근의 선택은 군주에게 무척 중요한 일입니다. 그들이 훌륭한 재능을 갖추었는지 혹은 그 반대인지는 군주의 지혜에 따라 결정됩니다. 통치자가 어느 정도의 지혜를 갖추었는지 알고 싶다면 우선 그 주변에 있는 인물들을 살펴보면 됩니다.

그들이 유능하고 충성스럽다면 군주 역시 지혜롭다고 판단하면 됩니다. 군주가 그들의 재능을 파악하고 충성을 바치도록 만드는 능력이 있기 때문입니다. 만약 그 반대의 경우라면 군주를 좋게 평가할 수 없습니다. 그 군주가 저지른 가장 큰 실수는 그러한 측근들을 선택한 것이기 때문입니다.

시에나의 군주 판돌포 페트루치의 측근인 베나프로의 메저 안토니오*를 알고 있는 사람이라면, 그를 측근으로 삼고 있다는 이유만으로 판돌포를 매우 훌륭한 인물이라고 판단할 것입니다.

인간은 지적 능력에 따라 세 가지 부류가 있습니다. 첫번째는 세상의 이치를 스스로 이해하는 자이며, 두번째는 남들이 이해한 것을 듣고 판단하는 자이고, 세번째는 스스로 이해하지도 못하고 남의 이야기를 듣고서도 이해하지 못하는 자입니다. 첫번째 부류는 매우 우수하고 두번째는 우수하며 세번째는 쓸모없는 경우라 할 수 있습니다.

그러므로 비록 판돌포의 지적 능력이 첫번째 부류에 속하지 못한다고는 해도, 분명 두번째 부류에는 속한다 할 수 있습니다. 만약 군주가 스스로 독창적인 생각을 할 수 없다 해도 다른 사람의 말과 행동을 통해 옳고 그름을 가려낼 수 있다면, 측근의 현명한 행동과 나쁜 행동을 판단하여 현명한 행동에는 상을 내리고 나쁜 행동은 교정시킬 수 있기 때문입니다. 측근의 입장에서는 군주를 속일 수 없다는 것을 알기 때문에 정직함을 유지할 것입니다.

---

* 메저 안토니오Messer Antonio da Venafro. 1459년 베나프로에서 태어난 안토니오 조르다니Antonio Giordani는 페트루치가 가장 신뢰하는 신하 중 한명이었다.

충성스런 측근을 판단하는 방법과 신뢰 유지법

군주가 측근에 대해 판단할 수 있도록 해주는 가장 확실한 방법이 한 가지 있습니다. 만약 측근이 군주보다는 자신에 대해 더 많이 생각하고 모든 행동에서 자신의 이익을 추구한다면, 그는 결코 좋은 측근이 될 수 없으며 군주는 그를 절대로 신뢰할 수 없습니다.

군주를 대신하여 국가를 다스리는 사람은 절대 자신을 돌보아서는 안되며 언제나 군주에 대해서만 생각해야 하기 때문입니다. 또한 그는 자신이 모시고 있는 군주와 관련이 없는 일에는 절대로 관심을 가져서는 안되기 때문입니다.

반면에 군주는 측근의 충성심을 유지시키기 위해 그를 잘 관찰하여 우대하고 부유하게 만들며 친숙하게 대함으로써 명예와 책임을 나누도록 해야 합니다. 그렇게 하면 그 측근은 군주 없이는 자신이 존재할 수 없다는 것을 알게 되고, 풍부한 재산이 있으므로 더 많은 재산을 탐하지 않게 되며, 자신에게 부여된 많은 임무들로 인해 변화를 두려워하게 되는 것입니다.

그러므로 측근과 군주가 그러한 태도로 관계를 유지한다면 서로 신뢰할 수 있을 것입니다. 만약 그런 관계를 유지하지 못한다면 그 두 사람 모두 해로운 결과를 맞게 될 것입니다.

제23장

아첨꾼을 피하는 방법

현명한 사람이 진실을 말하게 해야 한다

군주가 현명하지 못하거나 훌륭한 판단력을 갖추지 못했을 경우에 발생하는 중요한 문제와, 쉽사리 피해갈 수 없는 실수에 대한 논의 또한 해야 합니다. 바로 조정에 널리 퍼져 있는 아첨꾼들 문제입니다.

인간들은 자신과 관련된 문제에 있어 자만심이 강하고 스스로를 속이기 때문에 자기 기만이라는 질병으로부터 자신을 지켜내지 못합니다. 또한 아첨꾼들로부터 자신을 보호하려 하면 멸시를 받게 되는 위험한 상황에 빠지게 되곤 합니다.

그러므로 아첨에 빠져들지 않도록 하는 방법은, 자신이 진실한 이야기를 듣더라도 결코 화내지 않는다는 것을 사람들이 알게 하는 것 외에는 없습니다. 하지만 개별적으로 모든 사람들이 군주에게 진실을 말할 수 있다면 군주에 대한 존경심은 사라지고 말 것입니다.

그러므로 현명한 군주라면 제3의 방법을 택해야만 합니다. 국가에서 현명한 사람들을 선별하여 그들에게만 진실을 자유롭게 이야기할 수 있도록 하는 것입니다. 그러나 오직 군주가 요청할 경우에만 진실을 이야기해야 하며 그렇지 않은 경우에는 절대 말하지 못하도록 해야 합니다.

그러나 군주는 모든 일에 있어 그들의 의견을 들어야만 하며 그후에 자신만의 방식으로 심사숙고해야 합니다. 그리고 조언자들의 충고가 솔직하면 할수록 더욱 인정받는다고 믿을 수 있도록 행동해야만 합니다.

군주는 그들 외의 사람들로부터는 이야기를 들어서는 안되고, 한번 결정된 정책은 철저히 따라야 하며 자신의 결정에 확신을 보여야 합니다. 이와 같이 행동하지 않는다면 군주는 아첨의 희생양이 되거나 여러 의견들에 따라 자주 결정을 바꾸게 될 것입니다. 또한 그러한 처신으로 인해 존경받지 못할 것입니다.

혼자 생각하고 결정하는 막시밀리안의 사례

이 문제와 관련하여 최근의 예를 들어보겠습니다. 지금의 황제 막시밀리안[73]의 조언자인 루카 신부[*]는 황제께서는 지금까지 남의 의견을 듣고자 한 적도 전혀 없으며 자신의 방식대로 행동한 적도 없다고 말한 적이 있었습니다. 이러한 일은 앞서 논의했던 정책과는 상반되는 것으로서, 황제의 비밀을 좋아하는 성품 때문에 발생한 것입니다.

황제는 자신의 계획들을 아무에게도 알리지 않으며 타인의 조언을 받아들이지 않습니다. 그러나 황제의 계획들은 서서히 알려지고 실행됨에 따라 주변의 인물들로부터 비판을 받기 시작합니다. 그러면 귀가 엷은 황제는 자신의 계획을 거두어들입니다. 그 결과 황제가 어느 날 계획한 것들은 그 다음날 취소되고 맙니다. 결국 황제가 이루기를 원하는 것과 그 의도를 아무도 모르기 때문에 황제의 결정을 아무도 신뢰할 수 없는 것입니다.

조언은 자신이 원할 때 들어야 한다

그러므로 군주는 언제나 조언을 구해야 하지만 남이 아닌 자신이 원할 때 조언을 들어야 합니다. 요구하지도 않았는데 건네는 조언은 절대 받아들여서는 안됩니다. 그러나 군주는 끊임없이 조언을 구하는 사람이 되어야만 합니다. 그리고 자신의 요청에 의해 전달되는 조언들에 대해서는 참을성 있는 청취자가 되어야 합니다. 더 나아가

---

* 막시밀리안 황제 1세(1459~1519)의 참모였던 루카 레이날디Luca Rainaldi를 말한다.

어떤 이유에서건 자신에게 진실을 이야기하지 않는다는 것을 알게 되면 노여움을 표시해야 합니다.

훌륭한 조언은 현명한 군주로부터 비롯된다

어떤 군주가 현명하다는 평을 듣는 이유가 본인의 자질 때문이 아니라 주변에 거느리고 있는 조언자들이 훌륭하기 때문이라고 믿는 사람들이 많지만, 그것은 분명 잘못 알고 있는 것입니다. 현명하지 못한 군주가 훌륭한 조언을 받아들일 수 없다는 것은 너무나도 자명한 일이기 때문입니다. 군주가 우연히 어느 한 인물에게 전적으로 의존했는데 그 인물이 모든 일을 군주를 대신해 잘 처리하고 또한 무척 신중한 경우를 제외하고는 그럴 수 없습니다.

그리고 그런 경우, 군주는 훌륭한 조언을 들을 수 있겠지만 그 인물이 오래지 않아 군주에게서 국가를 빼앗을 것이기 때문에 그러한 관계는 오래 지속될 수 없습니다.

현명하지 못한 군주가 한 사람 이상의 조언을 듣게 되면 서로 다른 조언을 들을 수밖에 없을 것이며, 그러한 의견들이 일치되도록 조정할 수도 없을 것입니다. 조언자들은 한결같이 각자의 이익을 앞세울 것이기 때문에 군주는 그들의 생각을 수정할 방법도 모를 것이고 이해시킬 수도 없을 것입니다.

인간이란 어떤 필요에 의해 선한 행동을 해야만 하는 경우가 아니라면 언제나 악행을 저지르기 때문에 자신의 이익을 따지지 않는 조언자를 구할 수 없습니다. 그러므로 훌륭한 조언이란 누가 제시하든 간에 군주의 현명함에서 비롯되는 것이지, 훌륭한 조언에 의해 군주의 현명함이 생기는 것은 아니라고 할 수 있습니다.

제24장

이탈리아의 군주들은
왜 나라를 잃게 되었을까

신생 군주가 누리는 이중의 영광

지금까지 논의한 것들을 성실하게 실천한다면 신생 군주는 그 지위를 제대로 확립하게 될 것이며, 오랫동안 권좌에 있었던 군주는 즉시 그 권력을 확고하게 정립할 수 있을 것입니다.

신생 군주의 행동은 세습 군주보다 훨씬 더 많은 관심과 주목을 받습니다. 만약 그의 업적이 훌륭하다고 인정되면 세습 군주보다 더욱 많은 인재들을 끌어모을 수 있으며 그들을 보다 더 강하게 결속시킬 수 있습니다.

인간은 과거보다는 현재의 문제에 훨씬 더 많은 관심을 갖게 되며, 현재가 만족스럽다는 것을 알게 되면 현재를 즐기며 다른 것을 추구하지 않습니다. 그 밖의 다른 문제에서 과오를 범하지 않는 한 신생 군주를 지키기 위해 모든 노력을 기울일 것입니다.

그러므로 신생 군주는 이중의 영광을 누리게 될 것입니다. 새로운 군주국을 창건했으며 훌륭한 법률과 강력한 군대, 믿을 만한 동맹과 모범적인 행동을 통해 국가를 정비하고 부강하게 만들었기 때문입니다. 그러나 국가를 물려받았으나 지혜가 부족하여 나라를 잃는 세습 군주는 이중의 수모를 겪을 것입니다.

국가를 잃은 군주들의 공통적 결함

나폴리의 왕, 밀라노의 공작 등과 같이 최근에 국가를 잃게 된 이탈리아의 군주들을 살펴보면, 이미 앞서 길게 논의했던 것처럼 우선 군사와 관련된 문제에 있어 공통적인 결함을 발견할 수 있습니다. 그 외에는 백성들이 군주에게 적대적이거나, 백성들은 호의적이었지만 귀족들을 통제할 수 없었던 경우도 발견할 수 있습니다. 이러한 결함들이 없었다면 전쟁에 나설 군대를 유지할 정도의 힘만 있어도 군주는 국가를 잃지 않을 것입니다.

마케도니아의 필리포스 왕 — 알렉산더 대왕의 아버지가 아니라 티투스 퀸투스에게 패한 인물 — 이 차지하고 있던 영토는 자신을 공격한 로마와 그리스에 비해 비교할 수 없을 정도였습니다. 그럼에도 불구하고 훌륭한 군인이었던 그는 백성들을 끌어모으고 귀족들을 확실히 다루는 방법을 알고 있었기 때문에 몇 년에 걸쳐 전쟁을 지속할 수 있었습니다. 결국 자신이 다스리던 몇몇 도시를 내주기는 했지만 자신의 왕국은 지켜낼 수 있었던 것입니다.[74]

자신의 힘과 재능으로 얻은 것만이 확실하다

오랫동안 국가를 다스리다가 잃어버린 우리 시대의 군주들은 자신의 운을 탓해서는 안되며 오히려 자신의 나태함을 탓해야 합니다. 평화롭던 시절에 사태가 변할 수도 있다는 것을 전혀 생각해보지 않았기 때문입니다. 이것은 날씨가 좋을 때는 폭풍이 올 수도 있다는 것을 생각하지 않는 인간의 공통적인 약점입니다. 마침내 곤경에 처하게 되면 그들은 자신들을 지켜낼 생각은 하지도 않고 오직 도망갈 궁리만 했습니다. 그러면서도 승리자들의 오만방자함에 분노한 백성들이 결국 자신들을 다시 권좌로 불러줄 것이라고 기대했습니다.

이러한 방식은 다른 대안이 없다면 시도할 수도 있겠지만, 그 외의 다른 대안들을 고려하지 않은 채 이것에만 의존하는 것은 옳지 않습니다. 누군가 자신을 일으켜 세워줄 것을 기대하면서 넘어져서는 안됩니다. 그러한 일이 일어나지 않을 수도 있으며, 누군가가 일으켜 세워준다 해도 안전해졌다고 할 수 없기 때문입니다.

스스로의 힘으로 일어서지 못한다면 그러한 구조는 아무런 소용도 없습니다. 자신의 재능을 통해 스스로의 힘으로 구현되는 방식만이 효과적이고 확실하며 오래 지속됩니다.

제25장

인간사에 미치는 운명의 힘과
운명에 대처하는 방법

운명의 반은 인간이 좌우한다

많은 사람들이 이 세상에서 벌어지는 일들이 운명과 신에 의해 좌우된다는 식으로 믿어왔고, 아직도 그렇게 믿고 있다는 것을 모르지는 않습니다. 인간의 지혜로는 운명과 신을 어찌해볼 수 없으며 아무런 대책도 없기 때문에 운명이나 신과 관련된 문제는 노력을 기울일 필요도 없고 그저 운명에 맡기는 것이 좋다고 판단할 수도 있습니다.

지금까지 일어났던 그리고 매일 일어나고 있는, 인간의 판단을 넘어선 엄청난 변화들 때문에 사람들은 이러한 견해를 더욱더 확고히 믿고 있습니다. 가끔씩 이러한 일들에 대해 생각해볼 때 그들의 의견에 어느 정도까지는 공감하게 됩니다.

그러나 운명이 인간의 행동 중 반을 관장한다는 것이 진실이기는 하지만 자유 의지가 영원히 사라지지 않도록 하기 위해서라도, 적어도 나머지 반만큼은 우리 인간들에게 맡겨져 있다고 생각합니다.

운명의 힘을 통제하는 방법

운명의 여신은 격렬하게 넘실대는 강물에 비유할 수 있습니다. 그 거친 물결이 넘치게 되면 평원을 뒤덮고 나무와 건물들을 파괴해버리며, 땅을 휩쓸고 가 다른 곳에 옮겨 놓기도 합니다. 모든 것은 그 물결 앞에 도망가버리고, 그 난폭함에 굴복해버리며 그 어떤 방법으로도 맞설 수가 없습니다.

그러나 비록 강물이 그러한 본성을 지녔다 해도, 날씨가 평온해졌을 때 사람들이 제방과 둑을 쌓아 예방조치를 취함으로써, 강물이 다시 불어 넘치더라도 수로를 따라 흐르게 하거나 그 세력을 약화시키고 위험하지 않도록 만들 수는 있습니다.

운명의 경우도 이와 마찬가지입니다. 운명은 맞서 견뎌내기 위한 준비가 되어 있지 않은 곳에서 그 위력을 드러내며, 운명을 막기 위한 제방이나 둑이 만들어져 있지 않은 곳으로 힘을 집중시킵니다.

이러한 격변의 무대이자 변화가 진행 중인 이탈리아를 살펴보면 단 하나의 방어시설도 없다는 것을 알 수 있습니다. 만약 이탈리아가 독일이나 에스파냐 그리고 프랑스처럼 적절한 수단으로 방어벽을 만들었다면 범람으로 인한 대변혁을 겪지 않았거나 범람 자체가 전혀 일어나지 않았을 것입니다. 운명에 맞서는 일반적인 방법에 대해서는 이 정도의 논의로 충분할 것입니다.

전적으로 운명에 의지하는 군주의 한계

그러나 이 문제를 좀 더 특별한 경우에 한정해 살펴보면, 재능이나 성품이 전혀 변하지 않았음에도 오늘은 줄곧 번성하다가 내일은 몰락해버리는 군주를 볼 수 있습니다. 이러한 일은 무엇보다 앞에서 충분히 논의했던 원인들에 의해 발생한다고 믿고 있습니다. 말하자면 전적으로 운명에 의지하던 군주는 그 운명이 변화하면 몰락해버린다는 것입니다.

시대정신에 부합해야 성공한다

또한 자신의 행동 방식을 시대의 흐름에 맞춘 사람은 성공할 것이며, 마찬가지로 자신의 행동 방식을 시대와 조화롭게 이끌지 못한 사람은 실패하고 말 것입니다. 모든 사람들이 궁극적으로 추구하는 목표라 할 영광과 재산을 얻기 위해 모두 다른 방식으로 접근하기 때문입니다. 조심스럽게 접근하는 사람이 있는 반면 황급하게 접근하는 사람이 있고, 힘으로 얻으려는 사람도 있지만 교묘하게 얻는 사람도 있으며, 참을성 있게 기다리는 사람이 있는 반면 그 정반대인 사람도 있습니다. 각각의 개인들은 이처럼 다양한 방법을 통해 자신의 목표를 이룰 수 있습니다.

신중하게 접근하는 두 사람 중에서도 어떤 사람은 자신의 목표를 달성하지만 다른 사람은 실패하는 경우도 있습니다. 또한 마찬가지로 한 사람은 신중하게, 다른 한 사람은 성급하게 처신했지만 전혀 다른 방법을 택한 두 사람 모두 성공하는 경우도 있습니다. 이러한 모든 결과들은 그들이 시대의 정신에 부합하게 행동했는가에 따라 달라진다고 할 수 있습니다.

지금까지 열거한 결과들에 비추어봤을 때, 전혀 다른 방법으로 행동한 두 사람이 똑같은 성과를 얻을 수 있음을 알 수 있습니다. 그리고 똑같은 방식으로 행동한 두 사람 중 한 사람은 자신의 목적을 달성하지만 다른 한 사람은 목적을 달성하지 못할 수도 있다는 것을 알 수 있습니다.

신분의 변화 또한 이것으로부터 생깁니다. 만약 어떤 사람이 신중하고 참을성 있게 행동했는데 시대와 상황이 그가 택한 방법에 어울리는 방향으로 변화한다면 그는 목표를 이룰 것입니다. 그러나 시대와 상황이 변했는데 그가 자신의 행동 방식을 변화시키지 않았다면 실패하게 될 것입니다.

그러나 이러한 변화에 기민하게 대응할 수 있을 만큼 용의주도한 사람은 그다지 많지 않습니다. 타고난 천성과 기질로부터 벗어날 수 없거나, 항상 성공을 거두어왔던 일정한 방법을 바꾸려 하지 않을 것이기 때문입니다.

그러므로 신중한 사람의 경우 급하게 행동해야 할 상황이 되면, 어떻게 해야 할지를 모르기 때문에 실패하게 됩니다. 그러나 만약 시대의 흐름에 맞게 자신의 행동을 변화시킬 수 있다면 그의 운명은 변하지 않을 것입니다.

시대와 상황에 맞게 행동했던 교황 율리우스 2세

교황 율리우스 2세는 모든 일들을 항상 과감하게 처리했으며 행동 방식이 시대와 상황에 너무나 잘 맞아떨어졌기 때문에 언제나 성공적인 결과를 얻을 수 있었습니다. 조반니 벤티볼리오가 살아 있었을 당시, 그가 볼로냐를 상대로 펼쳤던 첫번째 원정에 대해 살펴보겠습니다.

베네치아 인들은 그 계획을 못마땅해했으며 에스파냐의 왕도 마찬가지였습니다. 또한 그 계획은 프랑스와도 논의 중에 있었습니다. 그럼에도 불구하고 교황은 특유의 결단력과 과감성으로 그 원정을 홀로 밀어붙였습니다. 그의 진격은 에스파냐와 베네치아 인들로 하여금 망설이게 하고 수동적인 태도를 취하게 했습니다. 베네치아 인들은 두려움 때문에, 에스파냐 인들은 나폴리 왕국 전체를 다시 탈환하고 싶은 욕망 때문에 그렇게 했던 것입니다.

그의 진격은 프랑스 왕을 즉시 참전하도록 만들었습니다. 프랑스 왕은 베네치아를 공략하기 위해 교황과의 동맹을 원하고 있었는데,

교황이 이미 진격했음을 알고 있으면서도 자신의 군대를 파견하지 않는다면 분명 교황의 기분을 거스르게 될 것이라 판단했기 때문입니다.

율리우스는 이처럼 신속한 진격을 통해 그 어떤 교황도 이루지 못했던 업적을 이루어냈습니다. 만약 그가 다른 교황들처럼 모든 조건들을 다 갖추고 계획이 완벽해질 때까지 로마에서 기다렸다가 출발했다면 결코 성공을 거둘 수 없었을 것입니다. 그렇게 했다면 프랑스 왕은 수천 가지의 변명거리를 만들어냈을 것이며, 다른 나라들은 수천 가지의 우려되는 문제들을 제기했을 것입니다.

그가 이룬 다른 업적들에 대해서는 거론하지 않겠습니다. 그것들은 모두 다 비슷했으며 모두 다 성공적이었습니다. 짧았던 생애[75]로 인해 그는 그 반대의 경우를 겪어보지 못했습니다. 그러나 만약 신중한 행동이 요구되는 상황과 마주치게 되었다면 그는 몰락하고 말았을 것입니다. 그는 결코 자신의 타고난 성품을 벗어나는 행동은 하지 않았을 것이기 때문입니다.

운명에는 대담하게 맞서야 한다

그러므로 운명은 변하지만 사람들은 자신의 방식으로만 행동하려 하기 때문에, 그 두 가지 조건이 조화를 이루게 되면 성공할 것이지만 그렇지 못할 경우에는 실패할 것입니다.

저의 경우, 신중한 행동보다는 과감한 행동이 더 낫다고 확신하고 있습니다. 운명은 여성이어서 그녀를 손아귀에 넣어두고 싶다면 때려눕혀 거칠게 다루는 것이 필요하기 때문입니다. 그리고 그녀는 냉철한 태도로 접근하는 사람보다 과감한 사람에게 더욱 많이 이끌립니다. 또한 운명은 언제나 젊은이들과 더 친하게 사귀는데, 젊은이들은 그다지 신중하지도 않고 매우 공격적이며 보다 더 대담하게 그녀를 다루기 때문입니다.

제26장

야만족으로부터 이탈리아를
해방시키기 위한 간곡한 권유

신생 군주가 출현하기에 적절한 상황

지금까지 논의했던 모든 것들을 신중하게 고려하면서 지금 이탈리아가 신생 군주에게 영광을 가져다줄 상서로운 시기인가에 대해 곰곰이 생각해보고 있습니다. 신중하고 유능한 신생 군주에게는 영광을, 그리고 이탈리아의 백성들에게는 행복을 가져다 줄 새로운 정부를 구성할 기회가 될 만한 요소가 있는지 따져보고 있습니다. 그 결과 환경적으로 신생 군주에게 상서로운 요소가 대단히 많은 것으로 보이며, 지금보다 더 적절한 시기는 한번도 없었다고 생각합니다.

이미 앞에서 언급했던 것처럼 모세의 능력을 알기 위해서는 이스라엘 민족이 이집트에 예속되는 것이 필요했으며, 키루스의 위대한 정신을 드러내기 위해 페르시아 인들은 메디아 인들에게 억압받았어야 했으며, 테세우스의 뛰어난 능력을 발휘하기 위해 아테네 인들은 뿔뿔이 흩어져 있어야 했습니다.

이와 마찬가지로 지금 이탈리아 인들이 지니고 있는 정신의 진가를 드러내기 위해서는 현재와 같은 조건 속에 갇혀 있을 필요가 있습니다. 이스라엘 인들보다 더 예속되어야 하며, 페르시아 인들보다 더 억압받아야 하며, 아테네 인들보다 더 뿔뿔이 흩어져 있어야 합니다. 지도자도 규율도 없이 짓밟히고 약탈당하고 갈기갈기 찢기고 유린당해, 이른바 모든 종류의 파국을 견뎌내고 있어야 합니다.

새로운 군주를 기다리는 이탈리아

근래에 한 줄기 빛이 한 인물*로부터 뻗어나와 신께서 그에게 이탈리아의 구원을 명하신 것이 아닐까 생각하기도 했습니다. 그럼에도 불구하고 오래지 않아 그 인물은 생의 정점에서 운명으로부터 배척당해 좌절하고 말았습니다.

---

* 체사레 보르자를 가리키는 듯하다. 그러나 줄리아노Giuliano de' Medici(1479∼1516)에 대한 언급일 수도 있다. 왜냐하면 마키아벨리가 『군주론』을 쓰기 시작했을 때는 줄리아노에게 바치려고 했기 때문이다. 그러나 줄리아노가 1516년 갑자기 죽어버렸으므로 할 수 없이 메디치의 젊은 군주 로렌초Lorenzo di Piero de' Medici(1492∼1519)에게 바쳐야 했다.

그로 인해 지금 이탈리아는 생기가 없는 상태로, 롬바르디아에서 자행되고 있는 약탈과 나폴리와 토스카나 왕국에서의 착취에 종지부를 찍어줄, 국가의 아픔을 달래주고 오랫동안 곪아온 상처를 치유해줄 인물을 기다리고 있습니다.

지금 이탈리아는 야만과 오만으로부터 구해줄 누군가를 보내달라고 신께 간절히 기도하고 있습니다. 이탈리아는 누군가가 깃발을 들고 앞서주기만 한다면 기꺼이 따를 준비가 되어 있습니다.

신이 선택한 메디치 가문

현재로선 이탈리아가 희망을 걸 수 있는 건 오로지 탁월한 전하의 가문밖에 없습니다. 전하는 행운과 능력을 겸비하고 있으며 신과 교회의 가호 아래 구원의 선봉장이 되실 수 있습니다.

앞에서 언급된 위인들의 행적과 삶을 따르신다면 그 일은 그다지 어렵지 않을 것입니다. 비록 그들이 평범하지 않은 뛰어난 인물들이기는 했지만, 그들 역시 인간이었으며 그들 모두가 지금과 같은 호기를 누리지는 못했습니다. 그들의 과업이 전하께 주어진 것보다 더 정의롭거나, 용이하거나, 신의 가호를 받은 것이 아니기 때문입니다. 이것이야말로 정의로운 과업입니다.

"꼭 필요한 전쟁만이 정의로우며, 무력을 통해 이루는 것 외에는 아무런 희망이 없을 때의 무력은 신성하다."

지금이야말로 가장 좋은 시기이며 앞서 제시해드린 위인들의 모범만 따르신다면 어려움이란 없을 것입니다.

　이러한 것들 외에도 신께서 전하에게 전하는 특별한 전조들이 나타나고 있습니다. 바다가 갈라지고, 구름이 전하의 앞길을 이끌며, 바위에서 물이 솟아나고, 하늘에서 만나가 떨어지는 등, 모든 것들이 전하의 영광을 위해 모여들고 있습니다. 그 나머지 것들은 전하께서 이루셔야 합니다. 인간의 자유 의지를 빼앗기지 않기 위해 그리고 영광의 한 부분은 인간의 몫이므로, 신께서 모든 것을 다 이루어주시지는 않기 때문입니다.

지금은 유능한 지도자가 필요한 때

　앞에서 언급한 이탈리아 사람들이 영광스러운 전하의 가문이 이룰 것으로 예상되는 업적을 성취하지 못했다거나, 이탈리아에서 나타났던 모든 혁명이나 전쟁에서 이탈리아 인의 군사적 능력이 모두 사라진 것처럼 보였던 것은 놀라운 일이 아닙니다. 그러한 결과가 발생했던 것은 이탈리아의 오래된 제도들이 부실했으며 새로운 제도를 만들 수 있는 사람이 아무도 없었기 때문이었습니다.

　신생 군주가 스스로의 힘으로 새로운 법률과 제도를 만들어내는 것처럼 명예로운 일도 없습니다. 이러한 제도들이 짜임새 있게 구축되고 위엄을 갖추게 되면 군주는 존경받게 되고 경탄의 대상이 됩니다. 그리고 지금 이탈리아에는 그러한 형태들을 만들어내기 위한 요소들이 풍부합니다.

이곳 이탈리아에는 탁월한 능력을 지닌 인재들이 많지만 지도자들은 그렇지 못합니다. 결투나 백병전에서 보여주는 이탈리아 사람들의 힘과 기술 그리고 섬세함은 대단합니다. 그러나 군대라는 형태가 되면 적군의 상대가 되지 못합니다. 이런 모든 것은 지도자들의 나약함으로부터 비롯되는 것입니다.

유능한 사람들은 쉽사리 복종하지 않으며, 현재까지 재능과 행운으로 남들을 이끌 수 있는 지도자로 자신을 부각시킬 수 있는 사람은 아무도 없다는 것을 서로 잘 알고 있습니다. 그 결과 지난 20년이라는 아주 오랜 시간 동안 벌어졌던 전쟁에서 이탈리아 병사들만으로 구성된 군대는 언제나 전공이 보잘 것 없었습니다. 이러한 증거로 제일 먼저 타로가 있으며 그리고 알렉산드리아, 카푸아, 제노바, 바일라, 볼로냐 및 메스트리의 전투들이 모두 그러했습니다.

자국의 군대만이 나라를 구원한다

그러므로 영광스러운 전하의 가문이 나라를 구원한 뛰어난 인물들의 업적을 따르고자 한다면 무엇보다 먼저 모든 군사 행동의 탄탄한 기반이 될 자국 군대를 조직해야 합니다. 그보다 더 믿을 만하고, 충성스러우며 훌륭한 군대는 없을 것이기 때문입니다.

그들은 개별적인 병사들로서도 용감하겠지만 자신들이 모시는 군주가 직접 지휘하고, 존중해주고 우대해준다는 것을 알게 되면 훨씬 더 강력한 의지를 갖게 될 것입니다. 그러므로 이러한 군대를 준비하여 이탈리아의 힘만으로 외세로부터 스스로를 지킬 수 있어야 합니다.

비록 스위스와 에스파냐의 보병부대가 가공할 만한 전력을 지니고 있다고 하지만, 둘 다 약점이 있으므로 제3의 부대를 이용해 그들을 대적할 수 있을 뿐만 아니라 격파할 수도 있습니다. 에스파냐 보병부대는 기병대를 막아내지 못하며 스위스 군은 자신들만큼 용감하게 싸우는 보병에게는 두려움을 품고 있기 때문입니다.

그래서 우리가 익히 알고 있는 것처럼, 에스파냐 보병부대는 프랑스 기병을 이겨내지 못했으며 스위스 보병부대는 에스파냐 보병부대에게 패퇴했습니다. 비록 스위스 보병부대의 경우 경험에 의한 완벽한 증거는 없지만 라벤나 전투에서 그러한 면모를 엿볼 수 있었습니다. 에스파냐 보병부대는 스위스 군과 똑같은 전투대형을 갖춘 독일군과 싸웠는데, 기민하게 움직이면서 손에 쥔 작은 방패를 활용해 독일군의 긴 창 밑을 뚫고 들어가 심각한 타격을 입혔습니다. 독일군은 그들을 격퇴할 수 없었으며 만약 기병들이 도와주지 않았다면 모두 몰살당하고 말았을 것입니다.

그러므로 우선 이러한 두 부대의 결점들을 찾아낸다면 기병대를 이겨내고 보병부대를 두려워하지 않을 새로운 형태의 부대를 조직할 수 있을 것입니다. 그렇게 하여 새로운 군대를 육성하고 전투 대형을 변화시킬 수 있을 것입니다. 이러한 것들은 다른 어떤 것보다 새로운 것으로서, 신생 군주에게 명성과 위대함을 가져다 줄 것입니다.

영광스런 가문이 품어야 할 용기와 희망

따라서 이탈리아를 해방시켜줄 사람이 나타난 이러한 기회를 그냥 흘려보낼 수는 없습니다. 이탈리아의 모든 지역에서 외국인들의 등쌀에 고통받고 있는 사람들이 군주에게 얼마나 크나큰 사랑을 보낼 것인지 말로는 표현할 수 없습니다. 강한 복수의 갈망으로, 확고한 충성심으로, 엄청난 열정으로, 많은 눈물로 그렇게 할 것입니다.

어느 누가 문을 닫고 있겠습니까? 어떤 백성이 복종하기를 거부하겠습니까? 무슨 시기심으로 질투를 하겠습니까? 어느 이탈리아 사람이 예의를 갖추지 않겠습니까?

야만족의 지배로 인한 악취가 우리들 모두의 코를 찌릅니다. 그러므로 이제 영광스러운 전하의 가문이 이러한 정당한 임무 수행을 용기와 희망을 품고 떠맡아야만 합니다. 그리하여 그 깃발 아래에서 우리 조국은 품위를 갖추게 될 것이며, 전하의 지도 아래 페트라르카의 시*가 실현될 수 있을 것입니다.

분노보다는 재능으로
무기를 들 것이며, 그리하여 전투는 짧게 끝날 것이다.
이탈리아 사람들의 가슴 속에
고대의 용맹이 아직 살아 있으므로······.

---

* 이탈리아의 시인이며 학자인 페트라르카Francesco Petrarca(1304~1374)의 칸소네, 'Italia mia'에서 인용.

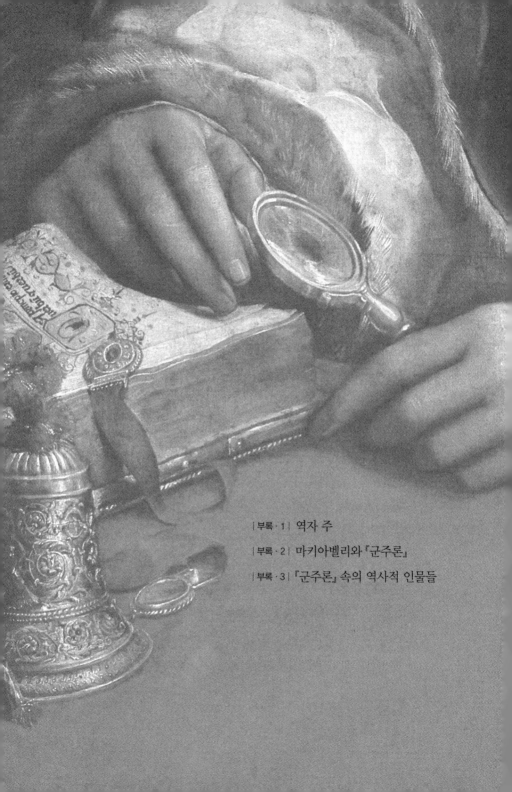

역자 주

헌사

1 군주론과 마키아벨리 1513년경부터 『군주론』을 구상하기 시작한 마키아
벨리는 처음에는 메디치 가의 줄리아노Giuliano de' Medici(1479~1516, 로렌초
일 마그니피코의 셋째 아들)에게 헌사와 함께 이 책을 바치려고 했다. 그러나
줄리아노가 병으로 일찍 죽게 되자, 메디치 가의 젊은 군주 로렌초Lorenzo di
Piero de' Medici(1492~1519, 로렌초 일 마그니피코의 첫째 아들 피에로에게서
난 손자)에게 바쳤다. 당시 피렌체는 1494년 추방되었던 메디치 가문이 교황
율리우스 2세의 후원으로 다시 복귀함으로써, 표면적으로는 공화정이지만 실
질적으로는 메디치 가의 지배를 받고 있었다. 즉 메디치 가 및 피렌체의 황금
시대를 만들어 '로렌초 일 마그니피코Lorenzo il Magnifico(1449~1492, 일명 위

대한 로렌초)의 시대'라 불리던 때로부터 20여 년이 지난 상태였지만, 메디치 가의 추기경 조반니Giovanni de' Medici(1475~1521, 로렌초 일 마그니피코의 둘째 아들)가 교황 레오 10세로 추대되면서 메디치 전성시대를 맞고 있었다.

20여 년간 피렌체 공화국을 위해 봉사했지만 반메디치 인물로 찍힌 마키아벨리는 공직에서 물러나 있었다. 그러나 어떻게 해서든지 다시 정치에 참여하고 싶어했으며 그러한 기대로 자신의 연구논문을 메디치 가의 군주에게 바치게 된 것이다.

제1장

2　군주국의 유형, 밀라노 공국과 나폴리 왕국　밀라노 공국은 본래는 비스콘티 가문에 의해 통치되고 있었다. 그러나 1450년 프란체스코 스포르차 Francesco Sforza(1401~1466)가 밀라노 공작이 되면서 이후 거의 1세기 동안 스포르차 가가 밀라노를 통치하게 된다. 마키아벨리는 프란체스코 스포르차에 의해 통치되는 밀라노 공국을 신생 군주국의 유형으로 제시하고 있다.

프란체스코 스포르차는 15~16세기 이탈리아 정치에서 중요한 역할을 한 용병대장이다. 평민 출신이었으나 밀라노 공작 비스콘티의 딸과 결혼하고 나중에 밀라노 공작이 되었다. 프란체스코 스포르차의 뒤를 이은 둘째 아들 루도비코 스포르차Ludovico Sforza(1452~1508) 역시 한때 이탈리아의 주도권을 쥐게 된다. 까무잡잡한 피부와 검은 머리카락 때문에 흔히 일 모로Il Moro(the Moor, 무어 인)로 불린 루도비코 스포르차는, 1466년 아버지가 죽고 1476년에는 형 갈레아초가 7세밖에 안된 아들 잔 갈레아초에게 공작령을 남긴 채 살해당하자, 음모를 꾸며 측근들을 물리치고 조카의 섭정(1480~1494)이 되었으며 외교술을 발휘하여 밀라노 공작이 되었다.

마키아벨리가 신생 군주국의 반대 유형인 세습 군주국의 예로 제시하고 있는 나폴리 왕국은 1442년 시칠리아를 다스리던 아라곤 왕 알폰소 5세의 지배를 받았으며 이후 그의 아들과 손자인 페르난도 1세와 2세에게 세습되었다. 그러나 15세기 말 이탈리아를 둘러싼 열강의 싸움에 휘말려 1495년 프랑스 왕 샤를 8세의 지배를 잠깐 받았으며 1504년 이후 2세기 동안 에스파냐의 지배를 받았다.

에스파냐 (스페인) 8세기 초에는 이슬람교도들이 다스렸으나 13세기 말 그리스도교 세력인 카스티야 왕국과 아라곤 왕국이 이슬람 교도들이 통치했던 대부분의 지역을 탈환했다. 1479년 아라곤의 페르난도 2세와 카스티야의 이사벨 1세가 결혼함으로써 두 왕국은 하나가 되었고, 15세기 말 아메리카 대륙에 식민지를 거느린 강대국으로 부상했다. 1516년 네덜란드의 통치자였던 합스부르크 왕가의 카를로스 1세가 페르난도에 이어 왕위를 승계했다. 그 후 카를로스 1세는 1519년 신성로마제국의 황제로 선출되어 카를 5세Karl V(1500~1558)라고도 불렸다. 1555~1556년에 카를로스는 에스파냐와 네덜란드의 왕위를 자신의 아들 펠리페 2세에게 넘겨주었다.

제3장

3 이탈리아와 프랑스의 전쟁과 동맹 이탈리아는 15~16세기에 걸쳐 프랑스의 침략에 시달리게 되는데 1483년 프랑스 왕위를 계승한 샤를 8세_{Charles} VIII(1470~1498)와 그의 뒤를 이은 루이 12세_{Louis XII}(1462~1515)에 의해서이다.

프랑스 왕 샤를 8세는 이 이탈리아 원정을 시작한 것으로 유명하다. 1483년 왕위를 계승할 당시에는 나이도 어리고(13살) 건강하지 않았다. 발작적인 경련 증상과 신체적 결함 때문에 몇 해 동안은 누이 앤과 그녀의 남편이 함께 섭정을 했다. 그러나 아버지 루이에 의해 잘 훈련된 정예병들을 이용하여 국내 통일을 완성하고 섭정에서 벗어나자 그는 앙주 왕가로부터 물려받은 나폴리 왕국에 대한 영유권을 주장하며 이탈리아 원정을 강행했다. 이때 밀라노 공작을 노리고 있던 루도비코 스포르차는 샤를의 전쟁을 지원하며 자금까지 제공하겠다고 약속했다.

1494~1495년 샤를은 '하느님의 뜻'이라는 하얀 깃발을 들고 알프스를 넘어 전 이탈리아를 정복하기에 이른다(샤를이 밀라노에 들어가면서 스포르차는 밀라노 공작으로 취임한다). 그러나 교황 알렉산데르 6세를 중심으로 한 신성동맹의 저항에 부딪쳤고 불안을 느낀 스포르차도 이 동맹에 가입했다. 이 동맹은 1495년 7월 타로 강변에서의 충돌을 끝으로 샤를을 프랑스로 돌아가게 했다.

이탈리아는 이때 프랑스군의 야만적이고 무자비한 약탈에 엄청난 피해와 충격을 받았으나, 스포르차만은 밀라노 공국에 대한 자신의 지위를 확고히 할 수 있었다. 당시 밀라노에는 레오나르도 다 빈치를 비롯하여 건축가 브라만테 등 수많은 화가, 시인, 음악가들이 모여들었고 스포르차가 벌이는 대규모 공사로 활기가 넘치는 도시가 되었다. 그것은 스포르차가 예술가와 학자들을 아낌없이 후원했기 때문이며, 그로 인해 밀라노 궁정은 이탈리아와 유럽에서 가장 화려한 곳이 되어갔다. 따라서 시민들은 스포르차가 베푸는 장엄하고 화려한 축제를 즐기는 대신 차츰 무거워지는 세금 부담에 시달려야 했다.

이런 때에 밀라노 공국은 샤를 8세를 이어 프랑스 왕위에 오른 루이 12세에 의해 또 한번 곤욕을 치르게 된다. 루이 12세가 밀라노 공작령에 대한 권리를 주장하며 군대를 이끌고 나타났기 때문이다. 스포르차의 통치에 염증을 느끼기 시작하던 시민들은 루이를 환영했다. 이로써 루이 12세는 1499년 여름 저항다운 저항 한번 받지 않고 밀라노에 입성하여 루도비코 스포르차를 축출했다.

그러나 루이에게서 새로운 통치를 기대했던 시민들은 그의 통치에 다시 실망하게 되었고 그것을 기회로 독일로 도망갔던 스포르차는 스위스 용병을 이끌고 그해 겨울 밀라노를 다시 장악할 수 있었다.(그러나 1500년 2월에 밀라노로 들어갔던 스포르차는 2달 만에 프랑스 왕에게 매수된 스위스 용병의 배반으로 포로가 되었으며 밀라노는 다시 프랑스가 차지하게 되었다.)

4 아이톨리아 동맹 Aetolian League 고대 그리스에 있던 연방국가. BC 340년 경에는 그리스에서 군사적으로 가장 중요한 세력이었다. 마케도니아의 침략을 성공적으로 막아내며 급속히 세력이 커져서 그리스 중부지방에서 영향력

을 굳혔다. 그러나 BC 3세기 말 마케도니아의 필리포스 침략에 맞서 아카이아와 손을 잡았으나 수도를 약탈당하고 펠레폰네소스를 잃게 되자 평화조약을 맺었다(BC 217). 당시 로마는 마케도니아로부터 그리스를 해방시킨다는 명분으로 그리스로 세력을 넓히고 있었다. 이에 아이톨리아는 다시 로마와 손을 잡고 필리포스에 맞서 키노스케팔라이에서 승리를 거두었다(BC 197). 그러나 로마가 테살리아 영토를 내놓지 않자 분개한 아이톨리아 동맹은 지중해 지역의 패권을 두고 로마와 다투고 있던 셀레우코스 왕조의 안티오코스 3세(재위 BC 223~187)에게 도움을 청했다. 그러나 결국 로마에게 패함으로써 원래의 아이톨리아 지방으로 영토가 제한되었고 외교 통제권마저 빼앗겨 로마의 속주로 전락했다.

5 안티오코스 3세 Antiochus III(BC 242~187) 헬레니즘 시대 시리아 왕국의 셀레우코스 왕조의 왕(재위 BC 223~187). 소아시아 지방 및 아르메니아, 파르티아에서 인도에까지 세력이 미쳐 그리스 인들은 그를 알렉산더 대왕에 비유하여 '대왕'이라 칭했다. 지중해 지역의 패권을 두고 로마와 오랫동안 싸우는 동안 한니발만큼 로마 인들을 공포에 떨게 한 인물이다.

필리포스가 제2차 마케도니아 전쟁으로 로마에 패하는 동안 안티오코스가 남부 시리아 지방과 이집트를 정복하고 BC 197년 소아시아의 그리스 도시를 점령하자, 이곳을 다스리던 로마와 부딪치게 되었다. 로마는 여러 번 사절을 파견해서 소아시아 지역의 패권을 포기하라고 했으나 안티오코스는 이를 거절했으며, 제2차 포에니 전쟁에서 로마에 패한 카르타고의 장군 한니발이 안티오코스의 고문이 되면서 로마와의 사이는 더욱 악화되었다. 그러나 BC 191년 그리스의 테르모필레에서 로마군에게 포위되어 그리스에서 후퇴하고 소아시아의 정복지도 포기해야 했다.

6 필리포스 5세 Philippos v(BC 238~179) 마케도니아의 왕(재위 BC 221~ 179). 마케도니아의 영향력을 그리스 전역으로 확대하려 했으나 로마에 의해 견제되었다. BC 221년 왕위에 올랐으며 BC 215년 로마와 전쟁을 벌이고 있는(제2차 포에니 전쟁) 카르타고의 장군 한니발과 동맹을 맺고 일리리아에 있는 로마의 속국들을 공격하며 10여 년 동안 로마와 지루한 전쟁(제1차 마케도니아 전쟁)을 벌였다. 로마는 아이톨리아 동맹의 그리스 도시들과 제휴하여 필리포스의 공격에 대항했으나 필리포스는 효과적으로 자신의 동맹국들을 원조했다. BC 207년 로마가 물러나자 아이톨리아와 단독 협정체결을 강요하고, 로마와는 유리한 조건으로 포이니케 조약을 맺고(BC 205) 전쟁을 끝냈다. 그러나 BC 200~196년 로마와 다시 제2차 마케도니아 전쟁을 하게 되었으며 로마가 결정적인 승리(BC 197, 키노스케팔라이 전투)를 거둠으로써 필리포스의 세력은 마케도니아로 국한되었고 전쟁 배상금을 비롯하여 함대 대부분과 그리스에 대한 통치를 로마에 넘겨주었다. 필리포스 사후 BC 148년 마케도니아는 로마의 속주가 되었다.

7 루이 12세와 베네치아 공화국 이탈리아 정복(1494~1495)을 실패하고 죽은 샤를 8세의 뒤를 이은 프랑스 왕 루이 12세는 샤를이 주장한 나폴리 왕국과 밀라노 공국의 소유권을 주장하며 이탈리아를 다시 침략했다(1499).

  베네치아 공화국은 당시 이탈리아 내에서는 제1공화국이었으나 밀라노와 국경을 접하고 있었으며, 동지중해 무역의 중심지인 피사를 두고 피렌체와 대치상태였다. 이런 연유로 베네치아는 루이 12세와 블루아 조약을 맺고 루이의 이탈리아 침략에 동조해버렸다. 이후 루이 12세는 북이탈리아 롬바르디아를 정복했으며, 5년 전 프랑스군의 처절한 약탈과 만행에 치를 떨었던 이탈리아는 프랑스 군대 앞에서 저항없이 성문을 열어버렸고, 루이는 순식간에 북이탈리아 반도를 점령했다.

그 후 루이는 베네치아와는 적대 세력인 교황 알렉산데르 6세와 동맹을 맺었다. 루이가 교황 알렉산데르 6세와 동맹을 맺은 데에는 나름대로 이유가 있었다. 샤를의 미망인 브르타뉴 공국의 안이 소유한 영토와 지참금을 차지하고 싶었던 루이는 교황에게 전 부인과의 결혼을 무효로 해주고 안과 결혼할 수 있게 허락해달라고 했다. 이에 베네치아에 맞서 이탈리아 중부에 자신의 아들, 체사레 보르자Cesare Borgia(1475/76~1507)를 내세워 자신의 나라를 세우고 싶었던 교황은 루이의 청을 받아들였고, 루이는 체사레 보르자를 발렌티노 공작duc de Valentinois으로 임명했다. 이후 체사레가 로마냐 지방을 정복하고 베네치아와 인접한 북이탈리아 지역을 위협하자 베네치아 공화국은 그제서야 자신들이 실수했다는 것을 알아차리게 된다.

8 교황 알렉산데르 6세 Alexander VI(1431~1503) 본명은 로드리고 보르자 Rodrigo Borgia. 세력 있는 가문인 보르자 가문에서 태어나 추기경 자리에 있으면서 교황청을 상대로 막대한 재산을 끌어모았다. 자신의 재산과 영향력을 이용하여 1492년에 인노겐티우스 8세의 뒤를 이어 로마 교황이 되었다. 나폴리 통치에 대한 프랑스 왕 샤를의 요구를 거부하고, 밀라노와 베네치아, 신성로마제국 황제와 손을 잡고 프랑스 군대를 이탈리아에서 철수하게 했다.

이후 이탈리아에 자신의 왕국을 세우려는 야심을 갖게 되었으며 자신의 아들(교황이었지만 방탕했던 그는 정부가 6명이나 되었으며 자식들도 많았다)

중에서 가장 유능하고 자신만만한 체사레 보르자를 후원하여 로마냐 지방에 자신들의 나라를 세우려 했다. 이때 이탈리아에 침략한 루이 12세는 전 왕 샤를의 미망인 브르타뉴 공국의 안이 소유한 영토와 지참금을 가지고 싶어 교황에게 전 부인과의 결혼을 무효로 해주고 안과 결혼할 수 있게 해 달라고 청한다. 교황은 이를 허락했으며 대신 루이는 그의 아들 체사레 보르자를 발렌티노 공작으로 임명했다.

교황은 체사레를 교회군 총사령관으로 임명하고 강력한 군대와 무자비한 정책으로 이탈리아 북부를 정복하고 로마냐, 움브리아, 에밀리아 등 이탈리아 중부를 위협했다. 이러한 일련의 정복을 위해 교황은 신성로마제국 황제인 막시밀리안 1세, 프랑스 왕 샤를 8세, 루이 12세, 베네치아 등을 상대로 온갖 외교적 수단과 권모술수를 썼다. 따라서 알렉산데르의 행적에 대해서는 추문이 끊이지 않았다.(마키아벨리는 루이 12세가 교황 알렉산데르 6세와 협력함으로써 이탈리아 정복에서 결정적인 실수를 저질렀다고 생각했다.)

9 루이 12세와 나폴리 왕국 프랑스 왕 루이 12세는 이탈리아에서 교황 알렉산데르 6세와 체사레 보르자의 세력이 커지자 그들을 견제하기 위해 과거에 샤를이 주장한 나폴리 왕국에 대한 주도권을 주장했다. 그러나 아라곤(에스파냐)의 페르난도 왕이 강력하게 반발하자 함께 나폴리를 공유하자고 약속했다(1500). 그러나 약속은 지켜지지 않았고 결국 서로 나폴리를 차지하려다 전쟁을 치르게 되었다. 1503년 12월 프랑스 군이 에스파냐 군에 패배함으로써 루이 12세는 나폴리를 잃었다.

10 루이 12세와 캉브레 동맹 나폴리에 대한 주도권을 잃은 루이 12세는, 교황 알렉산데르 6세가 죽고(1503) 새 교황으로 등극하여 교황령 확보에 열을 올리고 있는 율리우스 2세julius II(1443~1513)와 함께 베네치아를 공격하기로 한다. 여기에 막시밀리안 황제 1세, 페르난도 2세도 합세함으로써 반베네치아 동맹인 캉브레 동맹(1508. 12)이 결성되었다. 이들은 전부 베네치아의 영토를 나누어 가지고 싶어했다. 베네치아는 이들과 맞섰으나 1509년 크레모나 근처에서 이 동맹군들에게 패하고 말았다.

11 조르주 당부아즈 Georges d' Amboise(1460~1510) 루앙의 대주교인 조르주 당부아즈는 루이 12세의 최측근으로 추기경의 자리에 올랐다. 마키아벨리는 1500년 피사 문제에 대한 프랑스의 협조를 받아내기 위해 피렌체 공화국의 사절로 프랑스에 갔으며, 프랑스 낭트에서 루이 12세와 교섭을 하는 동안 추기경 당부아즈와 몇 차례 만났다. 역주 8참고.

제4장

12 알렉산더 대왕 Alexander the Great(BC 356~323) 마케도니아의 왕. 알렉산드로스 3세. 필리포스 2세의 아들로 20세의 나이에 왕위(재위 BC 336~323)에 올라 그리스 지역을 비롯하여 페르시아, 인도까지 정복한 최초의 그리스인이다. 정복한 지역마다 자신의 이름을 딴 도시 '알렉산드리아'를 건설함으로써 헬레니즘 세계를 만들어냈다. BC 323년 33살의 나이로 바빌론에서 죽게

되자 그를 따르던 장군(안티고노스, 프톨레마이오스, 리시마코스, 카산드로스, 셀레우코스)들은 제국의 각 지역을 분할하여 지배했다. 그들은 각자 자신이 지배하던 민족과 지역에 섭정을 선포하고 자치를 인정했다. 또한 군대를 주둔시키지 않을 것이라고 함으로써 주민들의 지지를 받았다. 그러나 이들은 알렉산더 대왕이 이룩한 제국 전체를 차지하려는 각자의 욕망으로 서로 전쟁을 벌였으며(입소스 전투, BC 301) 이로 인해 대제국은 마케도니아, 시리아, 이집트 3왕국으로 분열되었다.

13 마키아벨리 시대의 오스만투르크 마키아벨리가 『군주론』을 쓸 당시(1513년경) 오스만투르크 제국의 술탄은 9대째인 셀림 1세Selim I(재위 1512~1520)였다.

14 알렉산드로스와 다리우스 1세 BC 334년 동방 원정에 나선 알렉산드로스(거대한 영토를 정복해 대왕으로 불리기 전 알렉산더의 이름)는 다리우스 1세Darius I(BC 522~486) 치하에서 오리엔트에서 가장 강력한 왕국으로 발전한 페르시아 왕국으로 향했다. 알렉산드로스를 맞은 것은 페르시아 인들이 불사조라고 부르는, 긴창과 화살통을 메고 있는 다리우스 3세Darius III(재위 BC 336~330, 페르시아의 마지막 왕)의 군사들이었다.

BC 333년 실리시아의 이수스 전투에서 처음으로 알렉산드로스와 마주친 다리우스는 무적의 페르시아 정예군들의 호위를 받으며 군사들을 지휘했지만 마케도니아 군의 전술 앞에서 무너질 수밖에 없었다. 다리우스는 전투에서 졌을 뿐만 아니라, 왕권의 상징인 망토와 활 그리고 전차, 가족들까지 버리고 도망쳤다. 그러나 정복자 알렉산드로스는 이들 포로들을 아주 정중하게 대접했으며 이후 수많은 도시들이 알렉산드로스의 군대에 무릎을 꿇었다. 그 후 다리우스는 포로들의 몸값을 내겠다며 협상을 제의했다. 이때 알렉산드로스의 신하인 파르메니오가 "제가 알렉산드로스라면 제안을 받아드리겠습니다." 라고 하자 알렉산드로스는 "내가 파르메니오라면 그렇게 하겠지."라고 응수하며 모든 제의를 거절하고 정면 돌파를 위해 메소포타미아로 진격했다.

군대를 새롭게 편성한 다리우스 군사와 알렉산드로스 군대는 지금의 모술 동쪽에 있는 가우가멜라에서 다시 전투를 벌였으나 이수스 전투에서처럼 다리우스는 크게 패하고 도망쳤다(BC 331). 다리우스는 싸우고 있는 부하들을 버려둔 채 페르시아 제국의 여름 궁전이 있는 엑바타나로 달아났다. 그는 전열을 정비하여 다시 알렉산드로스와 정면대결을 벌이고 싶었으나 또다시 박트리아로 도망갈 수밖에 없었으며, 이곳에서 부하들에게 배신을 당한다. 박트리아의 샤트라프Satrap(총독)였던 베소스의 음모로 폐위당한 후 그는 감옥에 갇히게 되었다. 음모자들은 알렉산드로스가 계속 뒤를 쫓아오면 그에게 다리우스 3세를 넘겨주고, 반대로 알렉산드로스가 되돌아가면 군사를 모아 공동으로 권력을 잡으려고 했다. 결국 알렉산드로스가 가까이 오자 그들은 다리우스를 살해해버렸다.

다리우스는 알렉산드로스와 싸웠으나 결국에는 자신의 왕국에서 그들 스스로 야기한 분규로 죽임을 당했다. 다리우스는 알렉산드로스의 품에서 숨을 거두며 알렉산드로스를 자신의 후계자로 임명했고 알렉산드로스는 다리우스 3세의 장례를 페르시아의 전통에 따라 정중하게 치러주었다. 이로써 페르시아의 귀족들이 알렉산드로스 진영에 가담하면서 위대한 제국 페르시아는 알렉산드로스의 지배 하에 들어가게 되었다.

15 피로스 Pyrrhos(BC 319~272) 그리스의 작은 왕국인 에페이로스 출신으로 병법과 무술에 뛰어난 장군이었다. 12세에 에페이로스의 왕위에 올랐으나 몰로시아 인의 반란으로 퇴위당한 뒤 이집트의 프톨레마이오스에게 몸을 의탁했다. 프톨레마이오스 1세의 도움으로 BC 297년 다시 왕국을 되찾았으며 친척인 네오프톨레모스와 함께 통치했다. 그러나 백성들의 지지를 받아 네오프톨레모스의 세력들을 제거하고 정권을 잡았다. 이후 마케도니아와 로마에 맞선 전투에서 놀라운 승리를 거두었다. 이 전투에서 '피로스의 승리'라는 말이 생겨날 정도로 뛰어난 전략을 보여주어 마케도니아 인들은 과거에 대제국을 건설했던 알렉산드로스의 후예라며 칭송했다. BC 3세기 이탈리아 반도를 정복하면서 세력을 넓히고 있던 로마와의 잇단 전쟁에서 많은 승리를 거두었으나, 결국 많은 병력을 잃었고 스파르타의 펠로폰네소스 반도를 정복하려는 무리한 원정에 실패한 뒤 아르고스에서 전사했다.

제5장

16 아테네와 스파르타 그리스의 도시국가(폴리스)였던 스파르타와 아테네는 전혀 다른 정치형태로 발전했다. 아테네가 민주정치를 확립하는 동안 지배계급과 피지배계급의 구별이 뚜렷했던 스파르타는 두 명의 왕 밑에 원로원과 평민회가 존재하는 귀족정 또는 과두정이었다. 당시 가장 강력했던 두 도시국가 간에 펠로폰네소스(BC 431~404) 전쟁이 일어나면서 그리스의 평화는 깨지기 시작했다. 결국 아테네 해군의 참패로 아테네의 세력이 극히 약해

지고 스파르타가 그리스의 도시국가에 힘을 과시함으로써 대부분의 폴리스에는 스파르타에 의해 과두정이 실시되었다.

이후 30여 년간 스파르타가 그리스를 지배했으나 BC 371년 테베의 에파미논다스가 레욱트라 전투에서 스파르타를 크게 이김으로써 테베가 폴리스를 장악하게 되었다. 그러나 테베의 시대도 길지 않았으며 그리스의 도시국가들은 멸망하기 시작했고, 마침내 그리스 북방 마케도니아의 침입을 받게 된다.

17 피렌체와 피사   13세기 지중해의 활발한 해양 도시국가였던 피사는 1406년 피렌체 인들에게 정복됨으로써 피렌체의 속국이 되었다. 그러나 15세기 피사 인들은 끊임없이 피렌체로부터의 독립을 꿈꾸었다. 1494년 프랑스 왕 샤를이 이탈리아 침공에 실패하고 돌아가면서 반프랑스 동맹국인 로마, 베네치아, 밀라노, 독일, 에스파냐에 의해 피렌체가 고립되는 시기를 이용하여 피사는 피렌체에 반기를 들고 독립했다. 그러나 피사는 동지중해 무역의 출구로서 피렌체 경제에 아주 중요한 곳이었으므로, 피렌체는 군사적, 외교적 수단을 동원해 1509년 다시 정복해버렸다. 당시 피사 문제가 피렌체 인들에게는 얼마나 골칫거리였는지 "피사 인이 문간에 와서 서는 것보다, 차라리 사신死神이 찾아와주는 편이 더 반갑다."라는 속담이 생겼을 정도였다고 한다.

마키아벨리는 외교사절로 파견되어 일할 당시 피사를 에워싼 여러 가지 문제를 해결하기 위해「피사 문제에 관하여」라는 보고서를 작성하여 피렌체 정부에 건의했다. 이 보고서는 피사 문제를 해결하기 위해서는 군사적 해결밖에 없다는 결론을 제시하고 있으며, 병력 투입시의 구체적인 방법과 비용까지 거론하고 있다.

제6장

18 키루스 Cyrus II(BC 590/580~529경) 별칭은 키루스 대왕. BC 550년경
페르시아의 아케메네스 왕조를 건설한 정복자이다. BC 6세기 중엽부터 페르
시아 인들은 키루스 대왕의 지휘 하에 동방 원정에 나섰으며 메디아 왕국(이
란), 소아시아의 리디아 왕국, 에게 해 연안 지방 그리스의 이오니아 도시국
가를 정복하고 바빌로니아까지 향했다. 그곳의 군주 나보니두스에 대해 백성
들의 불만이 커져 있었으며 거대 도시 바빌론의 민족신인 마르두크를 섬기는
제사장들까지 나보니두스에게 등을 돌렸기 때문에 정복은 신속하게 이루어졌
다. 결국 BC 539년 고대 세계의 가장 큰 도시였던 바빌론이 페르시아 인의 지
배하에 들어갔으며 이후 이집트까지 정복함으로써 페르시아는 최대 제국을
건설하게 되었다.

키루스는 바빌로니아에 포로로 잡혀 있던 유대인을 해방시켜 고향에 돌아
가게 해준 것으로 인해 성서에서는 '유대인들의 해방자'로 기억되고 있다. 키
루스 대왕이 메디아를 점령한 후 메디아 귀족들은 너무도 순순히 페르시아 제
국에 통합되었는데, 그것은 페르시아 인들은 자신들이 정복한 민족의 언어와
고유 문화 그리고 그들의 종교를 받드는 것이 지배 지역을 다스리는 데 필수
적이라는 것을 잘 알고 있었기 때문이다. 훗날 페르시아 지역을 정복한 알렉
산드로스도 이러한 부분을 고려한 정복정책을 펼쳤다고 할 수 있다.

(페르시아 인들에게 키루스는 로마의 로물루스와 레무스, 이스라엘의 모세
같은 전설적인 인물이다. 그것은 키루스 대왕의 용병으로 참가했던 그리스

역사가이며 군인이었던 크세노폰Xenophon(BC 430~355경)의 영향이었다. 그는 자신의 경험을 담은 소아시아 원정기를 쓰면서 『키로파이디아Cyropaedia』라는 역사소설에서 키루스를 페르시아 인들의 존경을 받았던 이상적인 군주로 묘사함으로써 '키루스의 전설'의 주인공이 되게 했다. 즉 크세노폰은 키루스를 고대 사람들이 통치자에게서 기대하는 용맹하면서도 인자한 정복자의 특질을 갖춘 상징적인 인물로 소개하여, 그리스 인에게뿐 아니라 알렉산더 대왕에 이어 고대 로마 인에게까지 영향을 미치게 했다. 그러나 크세노폰의 활동 연대기로 봤을 때 그가 묘사한 페르시아 통치자는 키루스 1세를 말하는 것이며, 키루스 대왕이라는 이름의 페르시아 통치자가 키루스 2세까지 포함하여 두 사람일 것으로 역사학자들은 추정하고 있다.)

19 로물루스 Romulus   로마의 건국 신화에 의하면, 로마는 BC 753년에 트로이 전쟁으로 도망쳐 나온 아이네아스의 후손인 로물루스와 레무스 쌍둥이 형제에 의해 세워졌다고 한다. 이들은 태어나자마자 알바 롱가의 왕위 다툼에 의해 버려졌으나 늑대의 젖을 먹고 자라 테베레 강가에 나라를 세웠는데 이것이 로마의 기원이다.

20 테세우스 Theseus   BC 1300년경 아테네의 건국신화에 나오는 인물이다. 아테네의 왕위를 계승한 후 주변의 모든 주민들을 하나의 도시 아래 통합했으며 도시를 더욱 확장시켜 아테네를 융성케 하였다. 테세우스의 모험담은 수없이 많아 역사 속에 실재한 인물처럼 전해지고 있지만 그 내용의 대부분은 그리스 신화에 나오는 헤라클레스 영웅담과 유사하다.

21 지롤라모 사보나롤라 Girolamo Savonarola(1452~1498) 15세기 말 이탈리
아 르네상스 시대의 그리스도교 설교가이며 종교개혁자. 피렌체를 지배하고
있는 메디치 가의 전제 군주들과 부패한 성직자들을 비난하는 극단적인 설교
로 피렌체 시민들의 지지를 받았다. 메디치 가 로렌초의 죽음과 프랑스 왕 샤
를 8세의 침입을 예언한 사보나롤라는 자신의 예언이 곧 신의 말씀이라는 설
교를 통해 시민들이 나아갈 길을 제시했고 시민들은 그를 따랐다. 1494년 메
디치 가가 몰락하자 신정일치를 주장하며 피렌체를 이끌었다. 그러나 그의
예언자적 설교를 믿지 않는 사람들에 의해 '불의 심판'이라는 극단적인 실험
이 행해지고 사보나롤라의 기적을 기대했던 민중들에게 붙잡혀 화형당했다.

22 시라쿠사의 흥망 고대 시칠리아의 중요한 그리스 도시국가였던 시라
쿠사는 펠로폰네소스 전쟁(BC 415~413) 동안 아테네의 공격을 이겨냈으나
지중해를 중심으로 한 해상권을 둘러싸고 카르타고의 공격에 시달려야 했다.
BC 405년 시라쿠사의 참주 디오니소스 1세의 치하에서는 카르타고의 침략을
막아내고 이탈리아 남부까지 세력을 넓혔다. 그러나 카르타고와 끊임없는 전
쟁을 치러야 했던 시칠리아, 시라쿠사, 메사나는 마케도니아와 로마에 맞선
전투에서 놀라운 승리를 거두고 있는 에페이로스의 피로스에게 사절단을 보
내 용병을 요청했다. 피로스는 메사나로 진격하여 카르타고를 무찔렀다. 그
러나 피로스와 그의 용병들이 전쟁 물자를 거두어들이기 위해 시칠리아를 강
압하자 그리스 도시국가들은 불만을 품게 되었다.
　피로스가 로마의 공격에 맞서기 위해 BC 276년 시칠리아에서 떠나게 되자
시라쿠사 인들은 히에론 2세Hieron II(BC ?~216/215)를 군사령관으로 임명했
다. 시라쿠사의 전前 참주였던 아가토클레스가 고용한 마메르티니Mamertini(이

탈리아 캄파니아 출신의 용병부대)가 메사나(메시나)를 점령하고 인근 영토를 약탈하자 BC 265년경 히에론은 메사나를 봉쇄했다. 이에 마메르티니는 카르타고에 도움을 요청했으나 갑자기 카르타고의 지원을 무시하고 로마군을 받아들였으며, 이로 인해 시칠리아를 두고 경쟁관계였던 로마와 카르타고 간에 포에니 전쟁(BC 264~241, 제1차 포에니 전쟁)이 유발되었다. 히에론은 그 무렵 시칠리아에 상륙했던 카르타고와 동맹을 맺었다. 그러나 로마에 패한 히에론은 시라쿠사로 철수할 수밖에 없었으며 이후 히에론은 죽을 때까지 로마에 충성했다. BC 215년 히에론이 죽은 뒤 시라쿠사는 다시 카르타고와 동맹을 맺었으며 BC 211년 로마의 속주가 되었다.

제7장

23 다리우스 1세의 업적 고대 페르시아 아케메네스 왕조의 다리우스 1세 Darius 1(BC 550~486)는 자신이 정복한 땅을 굳게 지키고 영토를 넓히기도 했지만, 그가 페르시아 역사에 가장 크게 이바지한 부분은 행정에 관한 문제였다. 그는 키루스 대왕이 시작한 페르시아 제국의 샤트라프 관할 지역(샤트라프 령) 조직을 완성했다. 샤트라프란 일종의 총독으로, 속국을 관리하는 자이다. 왕은 페르시아의 귀족과 장군들을 속국의 샤트라프로 임명하고 점령지에서 왕권을 수호하게 했으며 동시에 피정복민의 전통과 풍습, 종교, 문화 등을 인정함으로써 다민족으로 이루어진 페르시아 제국이 오랫동안 존속할 수 있게 했다.

24　프란체스코 스포르차 Francesco Sforza(1401~1466)　로마냐 출신의 평범한 농부의 아들로 태어났으나, 22살에 이탈리아 최고의 용병부대를 지휘하는 용병대장이 되었다. 밀라노 공작 비스콘티와 교황, 그리고 베네치아를 위해 보수를 받고 군대를 지휘하며 탁월한 능력을 보여주었다. 그러나 그의 야심은 일개 용병대장이 아니었다. 그는 밀라노 공작 비스콘티의 딸과 결혼하여 그녀의 아버지가 죽을 경우 밀라노 공작의 지위를 물려받고 싶어했다. 그는 3년여 동안 전쟁과 외교적 수완을 발휘하여 1450년 3월 밀라노 공작으로 취임한다.

　체사레 보르자 Cesare Borgia(1475/76~1507)　아버지였던 교황 알렉산데르 6세와 프랑스 왕 루이 12세와의 전략적인 동맹으로 발렌티노 공작으로 임명되었다. 그러나 1503년 교황이 갑자기 죽게 되자 보르자의 정치적 기반도 무너지기 시작했다.

25　오르시니와 콜론나　알렉산데르 6세가 교황으로 선출된 당시 로마의 귀족들은 오르시니와 콜론나라는 두 개의 파벌로 분열되어 서로 반목, 대립하고 있었으며 교황 앞에서 무기를 휴대할 정도로 세력이 커져 있었다. 알렉산데르는 프랑스, 에스파냐와의 동맹을 통해 이들 세력을 무너뜨리고 교황령을 확보했다.(로마의 오르시니 가문은 수십 년 동안 군인과 성직자를 배출해낸 가문으로 로마 북부와 나폴리 왕국에 대규모의 땅을 소유하고 있었다.)

26　교황 알렉산데르 6세의 권력 확장　역주 7, 8참고.

27 체사레 보르자의 원정 1499년에 체사레 보르자는 교황군 총사령관으로서 프랑스 루이 12세의 용병들과 함께 교황 대리인들의 지배하에 있는 로마냐와 레마르케 지방의 도시들을 조직적으로 점령하기 시작했다. 1499년의 원정에서는 이몰라와 포를리를 정복했으며 1500~1501년에는 베네치아가 소유하고 있던 리미니, 페사로, 파엔차를 수중에 넣었고, 마지막으로 1502년에 우르비노, 카메리노, 세니갈리아를 점령했다.

28 체사레 보르자의 세니갈리아 처형 1502년 우르비노, 카메리노까지 체사레 휘하에 들어가게 되자, 이탈리아 소국의 영주(오르시니 가의 영주를 중심으로 페르모, 페루자, 시에나, 볼로냐, 우르비노 공국의 반보르자 파)들은 1502년 10월 오르시니 가문의 소유인 '마조네 성'에서 회합을 갖고 체사레와 프랑스 루이 12세의 군대에 대해 함께 맞설 것을 결의했다. 그리고 그들은 피렌체에도 협조를 구하는 사절을 보냈다. 음모를 알아차린 체사레는 루이 12세에게 원군 요청을 했으나 루이는 태도를 명확히 하지 않았고 체사레는 피렌체로 하여금 자신의 편이라는 것을 명백히 할 것을 요구했다(당시 피렌체는 프랑스와 체사레 사이에서 입장을 정리하지 못한 상태로 마키아벨리를 외교 사절로 체사레에게 파견했다).

체사레는 먼저 자신의 정예 부대인 프랑스 군을 돌려보냄으로써 음모자들과 싸울 생각이 없다는 듯 자신의 생각을 교묘하게 숨겼다. 또한 심복이었던 '레미로 데 오르카'를 처형해버렸다. 레미로는 로마냐 지방을 공략하는 데 공을 세운 사람이었으나, 그의 잔혹한 통치방법에 민심이 돌아서고 있음을 느낀 체사레는 그를 처형함으로써 민심을 얻는 데 성공한다. 또한 변장을 하고 화해를 하기 위해 찾아온 파올로 영주를 따뜻하게 맞이했다. 이후 나머지 반란자들은 아무 의심 없이 세니갈리아로 달려왔으며 이들은 체사레에 의해 모두 살해되었다(1502. 12).

29 알렉산데르 교황의 죽음과 나폴리 문제 체사레의 아버지, 교황 알렉산데르 6세가 1503년 8월 말라리아에 걸려 73세의 나이로 죽게 되자 나폴리의 공유권을 두고 루이 12세와 에스파냐의 페르난도가 전쟁을 하게 되었으며 (1503. 12), 체사레도 말라리아에 걸려 오랫동안 고생한다.

30 체사레 보르자의 죽음 체사레 보르자의 아버지 교황 알렉산데르 6세가 죽은 후 보르자 역시 아버지를 죽음으로 몰고 간 말라리아에 걸려 앓게 되었다. 그러는 동안 보르자 가문의 정적인 줄리아노 델라 로베레Giuliano Della Rovere(1443~1513)가 교황 율리우스 2세로 선출되었다. 율리우스에 의해 로마냐 공작과 교황군 총사령관 자리에서 쫓겨난 체사레는 나폴리로 도망쳤으나 에스파냐 왕에게 체포되었다. 그 후 에스파냐에서의 탈출은 성공했으나 피렌체로는 돌아가지 못한 체사레는 1507년 처남인 나바라 왕의 반역자들과 소규모 전투를 벌이다가 전사한다.

율리우스 2세 Julius II(재위 1503~1513) 교황 알렉산데르 6세의 뒤를 이은 피우스 3세가 교황에 오른 지 얼마 되지 않아 갑자기 죽고 뒤를 이어 교황에 선출된 사람이 보르자 가문의 정적이며 교황 식스투스 4세의 조카인 줄리아노 델라 로베레다.

교황 알렉산데르 6세와는 정치적인 적대관계였던 줄리아노는 알렉산데르의 재위 시기에는 암살 음모를 피해 피렌체를 떠나야 했으며, 프랑스의 샤를

8세와 루이 12세의 이탈리아 침공에 가담했다. 그러나 1503년 알렉산데르가 죽자 로마로 돌아와 온갖 정치력과 경제력을 동원하여 율리우스 2세라는 이름으로 교황에 선출되었다. 교황령 확보를 위해 처음에는 프랑스 루이 12세와 협력했으나 이탈리아 내에서 루이의 세력이 커지자 "이 야만인들이 이탈리아를 빼앗아가도록 하지 않겠다."고 선언하며 전 이탈리아가 동맹할 것을 촉구했다. 결국 여기에 베네치아, 에스파냐, 나폴리까지 합세하게 되었으며 이들의 신성동맹군에 의해 루이 12세는 프랑스로 돌아가게 되었다.

이러한 이유로 율리우스 2세는 이탈리아를 구한 왕이라는 칭송을 받았다. 그러나 성격이 불같이 거칠었으며 교황으로 재위하는 동안의 성직 매매를 둘러싸고 비판이 끊이지 않았다.(다만 그는 정치 외에 학문과 예술의 진흥에도 힘써 로마를 르네상스 문화의 중심지로 만들었다. 특히 미켈란젤로, 라파엘로를 후원하며 자신의 정치적 야망을 예술품으로 남기고자 노력했다. 특히 르네상스 시대의 걸작 미켈란젤로의 '시스티나 예배당의 천장화'는 율리우스의 성화에 견디다 못한 미켈란젤로가 마지못해 그리기 시작했으며, 결국 율리우스의 불같은 추진력과 미켈란젤로의 천재성이 결합되어 탄생한 작품이라 말할 수 있다.)

31 산 피에트로 애드 빈쿨라와 루앙의 추기경 네 명의 추기경은 줄리아노 델라 로레베(교황 율리우스 2세로 추대되기 전 산 피에트로 애드 빈쿨라San Pietro ad Vincula의 추기경이었다), 조반니 콜론나Giovanni Colonna(1508년 사망), 산 조르지오의 추기경 라파엘로 리아리오Raffaello Riario(1521년 사망), 프란체스코 스포르차의 아들 아스카니오 스포르차Ascanio Sforza를 가리킨다. 루앙의 추기경이란 조르주 당부아즈Georges d' Amboise를 가리킨다. 역주 11 참고.

제8장

32 아가토클레스 Agathocles(BC 361~289)　BC 343년경부터 시라쿠사의 군대에 들어가 활약했다. 시라쿠사의 과두정치를 반대하여 두 번이나 추방당하지만 BC 317년 용병(마메르티니, 이탈리아 캄파니아 출신의 용병부대)을 이끌고 시라쿠사에 들어와 자신을 반대하는 자들을 추방하거나 죽이고 스스로 참주가 되었다. 그리스 인이 다스리는 메사나를 비롯하여 시칠리아 도시들을 손에 넣은 다음 카르타고와 전쟁을 벌였다. BC 311년 시라쿠사에서 카르타고 군에게 포위되었지만 카르타고의 포위 공격을 뚫고 나왔을 뿐만 아니라 아프리카에 있는 카르타고의 본토를 공격하여 그들을 압박했다(BC 307). 그러나 BC 306년 카르타고는 아가토클레스와 협상을 맺었다. 이 평화조약으로 시칠리아 섬에 대한 카르타고 세력을 제한했기 때문에 아가토클레스는 시칠리아의 그리스 도시들에 대한 지배권을 계속 강화할 수 있었으며, BC 304년경에 스스로 시칠리아의 왕이라 불렀다.

아가토클레스가 왕이 된 뒤에는 평화가 계속되었기 때문에 시라쿠사를 풍요롭게 할 수 있었으나, 왕위 계승을 둘러싼 음모로 손자에 의해 독살되었다. 그가 죽은 후 시칠리아에서는 카르타고의 세력이 다시 강해졌다.

33 페르모의 올리베로토　올리베로토 유푸레두치Oliverotto Euffreduce 1501년 12월 페르모를 장악했으나(이 시기는 교황 알렉산데르 6세와 그의 아들 체사레 보르자가 중부 이탈리아 지역을 정복하고 있을 때였다) 세니갈리아에서 체

사례에 의해 처형되었다(1503).

제9장

34　**나비스**Nabis(BC ?~192)　그리스 역사가 폴리비오스가 '괴물'이라 묘사한 스파르타의 마지막 통치자(재위 BC 207~192). 무시무시한 고문 기구를 가지고 귀족들의 재산을 몰수한 악명 높은 참주로 알려져 있다. 그러나 전 왕 아기스 4세와 클레오메네스 3세의 개혁을 계승하며 많은 헬로트(노예)를 해방시킨 것 등으로 인민들의 지지를 받았다.

　　그리스 지배권을 두고 마케도니아 왕 필리포스 5세와 로마가 싸우는 와중에 자신의 권력을 유지했으나, 로마와 마케도니아가 포이니케 평화협정(BC 205)을 맺으면서 펠로폰네소스 반도 대부분의 그리스 도시국가들이 아카이아 동맹에 가입하자 이에 대항해 싸웠다. 그러나 필리포스를 물리친 로마의 집정관 플라미니누스Titus Quinctius Flamininus(BC 227경~174)가 마케도니아의 통치에 시달리고 있던 모든 그리스 인들에게 자유를 준다고 선포함으로써 그리스 도시국가 전체가 그를 크게 환영하는 가운데, 나비스에 대해서는 가장 무법한 폭군이라고 비난함으로써 로마의 공격을 받아야 했다. 그리스 역사가 플루타르코스는 영웅전에서 "플라미니누스는 나비스를 생포할 수 있는 좋은 기회였는데도 무슨 이유에서인지 그를 살려두고 또한 그와 휴전함으로써 스파르타가 억압을 받도록 방임했다."고 말했다.

　　이후 로마 군대가 BC 194년 그리스에서 철수하자 나비스는 잃어버린 영토를 되찾으려 했으나 스파르타 북쪽에서 아카이아 동맹의 사령관 필로포이멘 Philopoemen(BC 252경~182)에게 크게 졌다. 이즈음 시리아 왕 안티오코스 3세가 강력한 군대를 이끌고 그리스로 진입하여 여러 도시를 선동하자 로마와 부딪치게 되었다. 로마에 대해 적의를 품고 있던 아이톨리아 인들은 안티오코스를 지지하고 로마를 자극하기 위해 나비스를 살해하고 잠시 스파르타를 점령했다.

35 그라쿠스 형제의 개혁 실패와 로마의 혼란 BC 146년 포에니 전쟁에서 지중해 지역의 패권을 잡은 로마는 BC 30년까지 정치적으로 가장 혼란한 시기를 겪게 되었다. 정복 전쟁 동안 평민들이 상당한 지위를 획득했지만 여전히 귀족들과는 불평등한 관계였으며, 경제적인 풍요와 함께 귀족계급은 부패해가고 있었다. 게다가 끊이지 않는 전쟁과 반란 등으로 로마의 공화정은 사회적, 경제적으로 개혁을 해야 하는 전환기에 들어서게 되었다. 이때 가장 두드러진 개혁이 그라쿠스 형제에 의한 것이었다. BC 133년 호민관으로 선출된 티베리우스 그라쿠스Tiberius Gracchus(BC 169~133)는 평민들의 권익을 보호하기 위해 1인당 토지 소유를 제한하고 나머지 토지는 무산자들에게 재분배하려는 법령을 만들었다. 그러나 이를 반대하는 귀족 출신의 원로원 의원들이 일으킨 폭동으로 암살당했다.

그로부터 9년 후인 BC 123년에 호민관으로 선출된 티베리우스의 동생 가이우스 그라쿠스Gaius Gracchus(BC 160~121) 역시 형의 개혁을 이어받아 토지 분배안을 중심으로 더 넓고 포괄적인 개혁을 실시하려 했으나 결국 내란으로 치닫게 되고, 가이우스 역시 자신을 따르던 동료들과 함께 자살하고 만다. 그라쿠스 형제 개혁의 실패는 로마 공화정의 몰락을 의미한다.

36　조르지오 스칼리 Giorgio Scali　1378년 피렌체에서 일어난 촘피의 난 이후 평민당의 우두머리가 된 부유한 피렌체 인. 그러나 시 행정관의 집을 습격하는 사건을 주도했다는 혐의로 1382년 처형되었다.

제11장

37　알렉산데르 6세와 율리우스 2세의 권력 확장　역주 8, 30 참고.

38　교황 식스투스 4세 Sixtus Ⅳ(1414~1484)　본명은 프란체스코 델라 로베레Francesco Della Rovere. 교황으로서 재위 기간이 10여 년(1471~1484) 정도로 다른 교황에 비해서 짧지만 교황권을 확대시킨 것으로 유명하다.

사보나 인근의 가난한 어촌 출신이었으나 프란체스코 수도회에 가입하여 신앙과 학문, 설교에 뛰어난 재능을 보여 50살에 프란체스코 총회장이 되었으며(1464) 3년 후 추기경이 되었고, 1471년 교황 식스투스 4세로 선출되었다.

이탈리아 내에서 정치적 야심을 키우고 싶었던 그는 자신의 인척들을 추기경, 영주에 임명하거나 재산을 제공하며 자신의 영향력를 확대시켰다. 이로 인해 메디치 가의 로렌초와 긴장 상태가 조성되었으며 교황의 조카 지롤라모 리아리오의 의해 로렌초 암살 음모 사건이 일어나게 되었다.

리아리오는 반메디치 인물들과 메디치 가의 경쟁 상대인 파치 가와 손잡고 로렌초Lorenzo de' Medici(1449~1492)와 그의 동생 줄리아노(1453~1478)를 암살하려 했으나 실패했다(1478. 4). 줄리아노는 살해되었으나 로렌초는 극적으로 살아남았던 것이다. 이 사건에 분노한 피렌체 인들은 교황 식스투스 4세가 이 음모를 방조했다고 비난하며 공모자들에게 심한 보복을 가함으로써 피렌체 공화국과 교황은 충돌하게 되었다.

식스투스 4세는 로렌초를 파문하고 피렌체에 성사聖事금지령을 내렸으며, 이것으로도 만족하지 못한 교황은 피렌체에 전쟁을 선포하고 나폴리의 페르디난드 1세에게 원조를 요청했다. 그러나 피렌체 인들은 굴복하지 않았고 오히려 교황을 파문하는 칙령을 전 유럽에 공표함으로써 메디치 가의 로렌초 지휘하에 있는 피렌체와 교황 간에 2년여 동안 전쟁을 하게 되었다.

전 이탈리아를 혼란스럽게 만든 이 전쟁을 일찍 끝내고 싶었던 로렌초는 1480년 교황 식스투스 4세를 제쳐두고 나폴리의 페르디난도(페란테, 1423∼1494)와 직접 만나 오랜 협상 끝에 평화협정을 끌어냈다. 이로써 다른 동맹국들도 교황을 저버려 교황은 혼자 힘으로 전쟁을 수행할 수 없는 지경에 이르렀다. 결국 교황의 야심은 일단 꺾였으며 1480년 투르크 족의 군대가 이탈리아에 상륙하여 나폴리를 지나 로마로 향하자 교황은 이탈리아의 위태로운 상황을 인정하며 마지못해 로렌초를 사면하고 성사금지령을 해제했다.

이후 투르크 족의 정복자(마호메트)가 갑자기 죽음을 맞게 됨으로써 이탈리아에는 평화가 찾아왔으나 교황은 교황령 확대를 위해 끊임없이 작은 전쟁을 일으켰으며, 로렌초는 외교술과 인내심을 발휘하여 평화를 유지시켰다. 통풍을 앓고 있던 교황은 1484년 세상을 떠났다.

39 교황 레오 10세 Leo X(1475∼1521) 로마 교황 율리우스 2세가 사망하고 메디치 가의 조반니가 교황 레오 10세(재위 1513∼1521)로 추대되었을 때 마

키아벨리는 『군주론』을 쓰고 있었으므로 '지금과 같은'이라고 표현하고 있다. 레오 10세는 교황권을 강력한 정치권력으로 끌어올린 교황이며 메디치 가가 이탈리아 정치에서 다시 한번 주도권을 잡는 데 결정적인 역할을 했다. 또한 로마를 르네상스 문화의 중심지로 만들었다. 그러나 역대 교황들 가운데 가장 사치스러워 교황청의 재산을 고갈시켰으며, 면죄부를 강매하고 종교개혁을 요구하는 마르틴 루터를 파문하여 교회를 분열시키기도 했다.

제12장

40 샤를 8세의 이탈리아 침략 1494년 프랑스 왕 샤를 8세의 군대가 알프스를 넘어 롬바르디아, 베네치아에 이를 때까지 교황청에서는 아무런 조치도 취하지 못하고 있었다. 따라서 그들은 아무런 저항도 받지 않고 피사를 점령했으며 11월 피렌체에 들어설 때는 거의 정복지에 들어서는 영웅들의 행진이었다. 게다가 피렌체의 수도사 사보나롤라는 "당신은 하느님의 사제로, 정의의 사제로, 악에 물들어 있는 피렌체를 구하러 오셨습니다."라는 말로 샤를을 환영했다. 피렌체 시민들은 샤를을 메디치 가의 독재에서 해방시켜주러 온 구세주로 여기며 그들의 저택에 1만 2천여 명의 샤를의 군인들을 숙박하게 할 정도였다. 그러나 이후 프랑스 군의 약탈은 전 이탈리아를 경악케 했으며 용병에 의존했던 많은 군주들은 프랑스 군에게 굴복할 수밖에 없었다.

41 스위스 용병대의 위상 스위스 용병대는 당시 독일과 프랑스, 이탈리아,

에스파냐 사이에서 이루어진 일련의 전쟁에서 결정적인 역할을 주도하기도 했다.

42 제1차 포에니 전쟁 로마 공화국과 카르타고 제국 사이에 벌어진 세 차례 전쟁 가운데 맨 처음의 전쟁인 제1차 포에니 전쟁(BC 264~241)에서 카르타고 군은 패배했다.

43 테베와 필리포스 2세 BC 371년 테베의 정치가이며 뛰어난 군인이었던 에파미논다스Epaminondas(BC 410~362)가 레욱트라 전투에서 막강한 스파르타 군을 이김으로써 테베가 그리스의 폴리스를 장악하게 되었다. 그러나 에파미논다스가 죽은 후 BC 346년 내란이 일어나자 테베는 마케도니아의 필리포스 2세와 동맹을 맺었다. BC 338년 카이로네아 전투에서 이긴 필리포스는 테베에 마케도니아 군대를 주둔시켰다.

44 프란체스코 스포르차와 밀라노 1447년 밀라노 공작 비스콘티가 병에 걸려 거의 죽게 되자 베네치아 군대가 밀라노를 위협했다. 공작은 당시 이탈리아 최고의 용병으로 자신의 딸과 결혼한 프란체스코 스포르차에게 도움을 청했다. 그러나 스포르차가 밀라노로 향하던 중 공작은 이미 죽었으며, 나폴리 왕 아라곤의 알폰소를 후계자로 지명했음을 알게 되었다. 그러자 이탈리아는 혼란에 싸이게 되었다. 비스콘티의 아들이 밀라노 공작의 자리를 요구했으며 독일 황제도 자기 것이라고 주장했다. 또한 베네치아는 롬바르디아에 대한 권리를 주장했다. 위기를 느낀 밀라노는 스스로 공화국을 선포하고 스포르차를 총사령관으로 임명했다. 여기에 오랫동안 베네치아와 대치하고 있

던 피렌체의 코시모 데 메디치Cosimo de' Medici(1389~1464)의 적극적인 후원으로 스포르차는 1448년 카라바지오 전투에서 베네치아를 격파했다. 그 후 밀라노 공화국, 베네치아, 스포르차 사이에 갈등이 끊이지 않았으며, 1449년 밀라노가 스포르차를 따돌리고 베네치아와 평화조약을 맺자 스포르차는 밀라노 시를 봉쇄하고 공급을 차단함으로써 폭동을 불러일으키고 밀라노를 점령했다(1450. 3).

45 조반나 2세 Giovanna II(1371~1435) 나폴리의 여왕이었던 그녀는 집권 기간(1414~1435) 동안 나폴리 영토를 둘러싼 프랑스의 앙주 가문과 에스파냐의 아라곤 가문 사이의 권력 다툼에 시달려야 했다. 프란체스코 스포르차의 아버지 무치오 아텐돌로 스포르차는 용병대장으로 조반나를 위해 봉사했으나 앙주의 루이 3세가 주장한 나폴리의 왕위 계승권을 지지하자, 조반나는 아라곤의 알폰소 5세에게 도움을 청하고 그를 후계자로 임명하기에 이르렀다. 이로써 나폴리의 왕위 계승권을 둘러싼 프랑스와 아라곤의 전쟁으로 나폴리의 군주는 끊임없이 바뀌는 상황이 되었다.

46 파올로 비텔리 Paolo Viteli(? ~ ?) 치타 디 카스텔로의 영주로서 용병대장이다. 피렌체의 지배 하에 있던 피사가 1499년 독립을 하자 피렌체는 1500년 6월 비텔리를 피렌체 공화국의 군 최고사령관으로 임명하고 피사 정복을 시작했다. 8월 피사 시를 포위하고 거의 피사를 점령할 무렵 비텔리는 자신의 부대를 철수시켜버렸다. 용병대장이었던 그는 비록 돈을 받고 피렌체 공화국을 위해 싸웠지만 자신의 병력 손실이 두려운 순간에 이르자 군대를 철수시켜버린 것이다. 결국 피사 정복에 실패한 피렌체 시민들은 파올로 비텔리를 체

포하여 베네치아 공화국과 메디치 가와 내통했다는 혐의로 처형해버렸다.

47 베네치아 공화국을 위해 싸운 용병대장들

카르미뇰라Carmignuola(1380~1432) 카르미뇰라의 백작 프란체스코 부조네 Fracesco Bussone를 지칭한다. 밀라노 공작 비스콘티와 내통했다는 혐의로 베네 치아 공화국에 의해 처형된 베네치아의 군인.

바르톨로메오 데 베르가모 Bartolomeo de Bergamo(1400~1475/76) 베르가모 출 신인 바르톨로메오 콜레오니Bartolomeo Colleoni. 베네치아 공화국을 위해 싸운 용병대장이다. 르네상스 시대의 조각가 안드레아 델 베로키오가 만든 그의 거대한 기마상으로 인해 사람들에게 기억되고 있다.

로베르토 다 산 세베리노 Roberto da San Severino(? ~ ?) 페라라와의 전투(1482 ~1484)에서 베네치아 군대를 지휘했다.

피티글리아노의 백작, 니콜로 오르시니 Niccolo Orsini(1442~1510) 교황 율리우 스 2세와 대적한 바일라 전투에서 패한 베네치아 공화국의 사령관.

48 스위스 용병의 두 사례
마키아벨리가 말하는 스위스 용병의 사례는 두 가지이다. 1500년 밀라노에서 쫓겨난 루도비코 스포르차(일 모로)는 스위스 용병을 이끌고 루이 12세에게 빼앗긴 밀라노를 되찾았다. 그러나 스위스 용 병부대는 중요한 전투에서 프랑스 왕이 돈을 더 많이 준다고 하자 스포르차를 위해 싸우기를 거부했다. 당시 피렌체 공화국은 피사를 점유하기 위해 프랑 스의 협력을 받아야 하는 처지여서 루이 12세가 요구하는 스위스 용병에 대 한 비용을 지불해야 했다.

두번째는 로마 교황 율리우스 2세가 이탈리아에서 프랑스 군을 몰아내자며, 1511년 베네치아, 에스파냐의 페르난도 2세(주 70 참조), 나폴리와 동맹을 맺었다. 그러나 1512년 4월 루이의 군대는 라벤나 전투에서 이 동맹군을 물리쳤다. 하지만 당시 유럽 역사상 유례가 없을 정도로 극심한 전쟁으로 피해가 만만치 않은 상황에서 대규모의 스위스 용병이 교황을 지원하기 위해 파병되자 프랑스 군대는 라벤나와 볼로냐, 밀라노 그리고 롬바르디아 모두에서 철수했다.

제13장

49 교황 율리우스 2세와 신성동맹군 1503년 교황 율리우스 2세[Julius II](재위 1503~1513)는 교황으로 등극하자마자 교황령 확보에 열을 올렸다. 페루지아, 볼로냐를 정복하고 이어서 베네치아를 공격하기 위해 캉브레 동맹을 맺었다. 여기에는 루이 12세와 에스파냐의 페르난도, 신성로마제국 황제 막시밀리안이 참가하여 1509년 베네치아를 물리쳤다. 그러나 그 후 이탈리아 내에서 프랑스군의 세력이 커지자 율리우스는 '야만인들을 쫓아내자!'며 전 이탈리아가 동맹할 것을 촉구했다. 프랑스와 친교를 맺은 피렌체는 중립을 선포할 수밖에 없었고, 대부분의 이탈리아 국가도 아무 반응을 보이지 않았다. 그러자 율리우스는 나폴리를 장악하고 있는 에스파냐의 페르난도와 신성동맹을 맺고 프랑스 인의 도움으로 페라라 공작에게 넘어간 볼로냐로 향했다. 그러나 이 신성동맹군은 1512년 라벤나 전투에서 프랑스군에게 대패함으

로써 볼로냐를 탈환하지 못했으며 양쪽 군사 모두 너무 극심한 전쟁으로 손실이 컸다. 전투가 끝날 시점에서 프랑스 군의 유능한 지휘관인 가스통 드 푸아가 죽었으며 교황을 도우러 온 스위스 용병대가 프랑스의 점령지인 롬바르디아로 행군하자 프랑스의 루이 12세는 돌연 자신의 군대를 철수시켜버렸다.

50 루이 12세와 피렌체 1499년 프랑스의 루이 12세가 밀라노를 점령하자 피렌체는 루이의 성공을 축하하며 동시에 피사를 차지할 수 있도록 프랑스 왕의 도움을 요청했다. 루이는 스위스 용병을 피사와의 전쟁에 쓸 수 있도록 허가하는 대신 용병에 드는 모든 비용을 피렌체가 부담하기로 협정했다. 그러나 루이는 피사와는 관계도 없는 지역을 행군하며 프랑스 군의 위력을 이탈리아에 과시하는 한편, 피사에서는 거의 점령 직전에 철수해버렸다(1500). 결국 피렌체는 막대한 비용을 들이고도 피사 정복에는 실패하게 되었다. 그러나 루이 는 스위스 용병의 귀환 비용을 지불하지 않은 것을 트집 잡아 피렌체를 위협했다. 이 당시 프랑스에 사절로 파견되었던 마키아벨리는 교황과 프랑스 그리고 이탈리아 내의 여러 도시국가 간의 정치 싸움에 휘말리는 피렌체를 목격하게 되었다.

51 투르크 족의 유럽 침략 비잔틴 제국의 황제 칸타쿠제우스Cantacuzeus (1292~1383)는 왕위 다툼을 두고 팔라이올로구스Palaelogus 세력과 싸우기 위해 투르크 족 용병을 고용했다. 그러나 내전 이후 유럽으로 진출한 투르크 족은 팔라이올로구스 가를 위해 싸우면서 유럽을 정복하기 시작했다. 그리스의 테살리아와 펠로폰네소스 반도를 침략했으며 1453년 마침내 콘스탄티노플을 함락시킴으로써 비잔틴 제국은 투르크 족의 지배 하에 들어갔다.

52 마메르티니 캄파니아 출신의 용병부대인 마메르티니는 원래 시라쿠사의 참주였던 아가토클레스Agathocles(BC 361~289)에게 고용되어 있었으나 반란을 일으켜 시칠리아의 북동부에 있는 메사나 요새를 장악하고 시라쿠사 인을 괴롭혔다. 시라쿠사는 히에론 2세(재위 BC 270경~216/215)를 군사령관으로 임명하여 밀라이 근처에서 이들을 물리쳤다. 그러나 카르타고 군이 개입하면서 메사나 장악에는 실패했다.

53 다윗(다비드) 『구약성서』 사무엘 상 17장에 나오는 인물로 적군의 장수 골리앗을 돌팔매로 쓰러뜨린 영웅이다. 르네상스 시대 조각가 도나텔로, 베로키오, 미켈란젤로의 다비드 상은 피렌체 공화국 내에서 중요한 주제였다. 그래서 이들이 만든 조각상은 모두 피렌체 공화국의 정부 청사인 팔라초 델라 시뇨리아 가까이에 세워져 있다. 마키아벨리는 나라를 구한 영웅의 예로 다윗을 언급하고 있는 것이다.

54 루이 12세의 실수 1499년 밀라노를 정복한 프랑스 왕 루이 12세는 스위스 병사와 가스코뉴 병사를 고용하여 이탈리아 정복에 나섰다. 그러나 신성동맹군의 저항과 스위스 용병대의 배반으로 1512년 자신의 군대를 이탈리아에서 완전히 철수시켰으며 국내 정적들로부터는 이 무리한 원정으로 심각한 재난을 발생시켰다는 비난을 면치 못했다.

55 고트 족Goths 게르만 족의 일파. AD 5~6세기경부터 시작하여 로마 제국을 수백년 동안 괴롭혔다. 로마의 역사가 타키투스는 고트 족에 대해 '둥근 방패와 짧은 칼을 가졌으며 왕에 대해서는 철저하게 복종했다'고 기록하고 있

다. 2세기 후반 마르쿠스 아우렐리우스 시대(161~180)는 로마 제국의 북쪽을 침입하기 시작하여 3세기에 끊임없이 로마 제국의 소아시아 지방과 발칸 반도를 침략했고, 아우렐리아누스 황제(270~275)는 도나우 강 건너편의 다키(오늘날의 루마니아) 지방을 고트 족에게 내줄 수밖에 없었다. 379년 동로마 제국을 다스리던 테오도시우스 2세(재위 408~450)는 고트 족과 프랑크 족을 제국의 영토 안에서 살게 했으며 군대의 지휘관들을 주로 이민족으로 구성했다. 고트 족은 다른 게르만 족보다 훨씬 진보된 정치 조직을 발전시켜 왕국을 형성했다. 4세기경에는 로마 제국과 긴밀한 관계를 맺으며 문화적인 교류가 활발했으며, 이러한 상황은 고트 족이 로마 제국으로 이동해 들어간 뒤 중요한 영향을 미치게 되었다.

제14장

56 필로포이멘 Philopoemen**(BC 252경~182)** 마케도니아 군의 중기갑병, 밀집군 전술을 모방하여 아카이아 동맹군을 효율적으로 이끈 유명한 장군. 크레타 섬에서 약 10년 동안 용병대장으로 복무한 뒤 아카이아로 돌아와 연맹의 동맹군을 이끌었다. 스파르타의 나비스와 로마의 장군 플라미니누스를 상대로 싸웠다.

57 아킬레우스 Achileus(영Achilles) 그리스 신화에 나오는 인물. 어머니 테티스가 아들을 불사신으로 만들기 위해 황천의 스틱스 강물에 담갔지만 그녀가

잡고 있었던 발뒤꿈치만은 물에 젖지 않아서 치명적인 급소가 되었다. 치명적인 약점이라는 '아킬레스건腱'은 이 신화에서 유래되었다. '트로이 전쟁(BC 13~12세기경 그리스와 트로이 사이에서 일어났다는 전설적인 전쟁)'을 다룬 호메로스의 서사시 『일리아스』에 그리스 총사령관 아가멤논과 함께 전쟁을 이끈 영웅으로 묘사되었다. 알렉산드로스는 페르시아 원정에 나섰을 때 아킬레우스의 무덤에 찾아가 향유를 뿌리고 꽃을 바치며 자신의 원정을 지켜 달라는 제식을 올렸다고 한다.

58 카이사르 Julius Caesar(BC 100~44) 로마의 장군이며 정치가. 갈리아 지방을 정복했으며(BC 58~50), BC 49~46년에 일어난 로마의 내전에서 로마를 장악하고 종신 딕타토르(독재관)가 됨으로써 로마의 공화정을 독재정으로 바꾸었다. 이후 그의 이름은 '황제'를 상징하게 되었다. 그러나 공화정으로 복귀하려는 원로원 의원들에 의해 암살당했다.

59 스키피오 아프리카누스 Scipio Africanus Major(BC 236~184/183) 로마의 장군. 카르타고의 장군 한니발의 침략으로 로마가 위험에 처했을 때 원로원의 반대에도 불구하고 군대를 이끌고 한니발의 근거지인 아프리카로 진격했다(BC 204). BC 202년 아프리카의 자마에서 한니발의 카르타고 군을 무찔러 제2차 포에니 전쟁을 끝냈으며 '아프리카누스(아프리카를 제압한 자라는 뜻)'라는 칭호를 얻었다(BC 201).

60 키루스 역주 18 참고.

제17장

61 베르길리우스Publius Vergilius Maro(BC 70~19) 로마의 가장 위대한 시인.
서사시 『아이네이스Aeneid』(BC 30년경 집필을 시작했으나 미완성작)로 잘 알
려져 있다. 이것은 로마의 전설적 창시자 아이네아스의 이야기를 통해 신의
인도 하에 세계를 문명화한다는 로마의 사명을 천명한 작품이다.

62 한니발Hannibal(BC 247~183) 카르타고의 정치가이며 장군. BC 219년
로마의 지배 하에 있는 에스파냐의 사군툼을 공격함으로써 로마의 선전포고
를 유발하여 로마와 제2차 포에니 전쟁을 시작하게 되었다. 이후 보병과 기
병, 코끼리 부대를 이끌고 알프스를 넘어 이탈리아로 건너가 로마를 위협했
다. BC 216년 고대 전쟁 역사상 가장 유명한 칸나이 전투에서 지리적 위치를
이용해 자신의 군대는 센 바람을 등지게 배치하고 거센 바람을 일으켜 로마군
으로 향하게 하는 등, 전투마다 뛰어난 전술을 발휘하여 로마군을 철저하게
궤멸시키고 전 이탈리아를 황폐화시켰다.

그러나 로마의 집정관 파비우스 막시무스Fabius Maximus(BC 270경~203)의
지연작전과 젊은 장군 스키피오에 의해 궁지에 몰리게 되었다. 스키피오는
한니발의 거점인 카르타고를 직접 공격하는 과감한 전략으로 한니발을 다시
카르타고로 불러들였으며 결국 BC 202년 북아프리카의 자마 전투에서 스키
피오에게 패배했다.

한니발의 군대는 거의 16년 동안 로마 시를 제외한 전 이탈리아를 약탈했

다. 따라서 로마의 전기 작가들은 한니발을 잔혹한 장군으로 묘사했다. 그러나 비교적 객관적인 그리스 역사가 플루타르코스가 쓴 『플루타르코스 영웅전 : 파비우스 편』을 보면 '한니발은 투스카니 근처의 트레비아 전투에서 자신과 용감하게 싸우다가 죽은 로마의 장군 플라미니우스의 시체를 찾아 의례를 갖추어 장례를 치러 주려 했으나 시체를 찾을 수 없었다.'고 묘사하고 있다. 로마 정복에 있어서는 다소 잔혹했으나 적장에 대해서는 예를 갖출 줄 아는 장군이었으며 뛰어난 용맹성과 절제력으로 여러 인종으로 구성된 혼성부대를 오랫동안 무리 없이 통솔하여 소요 사태나 불협화음이 전혀 없었다.

63 스키피오의 영광과 몰락   제2차 포에니 전쟁에서 로마의 승리를 이끈 사람은 스키피오였다. 한니발의 뛰어난 전략에 전 이탈리아가 치를 떨며 파비우스Fabius Maximus(?~BC 203)의 지연작전으로 버티고 있는 상황에서, 로마의 젊은 장군 스키피오는 과감하게 전쟁의 무대를 카르타고의 본토인 아프리카로 옮겨야 한다고 주장했다.

집정관 파비우스를 비롯하여 원로원들이 반대하는 가운데 스키피오는 일단 시칠리아로 건너가 아프리카 원정을 준비했다. 원정에 대비하여 군대를 훈련시키면서 스키피오는 이탈리아의 발끝에 해당하는 로크리에피제피리를 한니발에게서 빼앗는 대담함을 보였다. 그러나 아프리카로 떠나면서 그 도시를 다스리도록 남겨놓고 온 플라미니우스가 그곳에서 부정을 저질렀으며 이것은 훗날 스키피오의 정적들로 하여금 그를 비난할 구실을 주었다.

아프리카로 건너가 눈부신 승리를 거둔 스키피오를 당시의 사람들은 알렉산더 대왕의 후예로 간주했을 뿐만 아니라 고대의 가장 위대한 군인으로 평가했다. 그가 정복한 에스파냐와 아프리카 부족들은 그를 거의 왕처럼 환영했으며 휘하의 군인들도 그에게 완전히 헌신했다. 또한 스키피오는 로마 귀족들 중에서도 가장 두드러지게 그리스 문화를 옹호하는 사람이었다. 그는 그리스 문화를 보호하는 것이야말로 로마가 세계에서 해야 할 사명이라고 주장하게 되었다.

결국 이러한 사상과 관대한 외교정책에 반발한 정적들에 의해 스키피오는 몰락하게 되었다. 그러나 르네상스 초기의 사람들은 스키피오에 의한 그리스 문화의 부흥에 커다란 관심을 보였으며 이것은 르네상스 부흥의 초석이 되었다.

제18장

64 케이론 그리스 신화에 나오는 반인반마半人半馬, 켄타우로스이다. 허리를 중심으로 위로는 사람의 모습을 하고, 아래로는 말의 모습을 하고 있다. 현자賢者라고 일컬어져 그리스 신화의 여러 영웅들을 배출해냈다고 한다. 이아손, 헤라클레스, 그리고 의술의 신인 아스클레오피스, 트로이 전쟁의 영웅 아킬레우스가 그의 제자들이다.

제19장

65 벤티볼리오 가 Bentivoglio family   15세기 후반 볼로냐를 다스린 유명한 이탈리아 가문이다. 1401년 벤티볼리오 조반니 1세가 영주임을 처음으로 선언했으며, 1438년 추방되었던 안톤 갈레아초의 아들 안니발레Annibale Bentivoglio가 돌아와 1443~1445년에 실질적인 영주가 되면서 비로소 볼로냐를 지배할 수 있었다.

그러나 안니발레가 암살당하자(1445) 벤티볼리오 가문 사람들은 피렌체에서 자라나 잘 알려져 있지 않았던 산테(1424~1463)를 후계자로 뽑았다. 산테는 교황의 통제로부터 볼로냐가 독립할 수 있도록 공헌을 했으며 밀라노의 스포르차 가문과도 친교를 맺었다.

산테의 뒤를 이어 안니발레의 아들 조반니 2세Giovanni Bentivoglio가 1462년부터 1506년까지 볼로냐를 다스렸다. 그러나 수많은 음모의 표적이 되었던 탓에 의심이 많아진 조반니는 전제정치를 했고, 그 때문에 교황 율리우스 2세가 볼로냐로 향했을 때 시민들은 교황을 환영했다.

결국 벤티볼리오 가문은 1506년 볼로냐에서 쫓겨났고 마침내 페라라로 옮겨갔다. 1508년 조반니가 죽은 후 그의 아들 메저 안니발레the Messer Annibale(1469~1540)가 그 뒤를 이었으며, 1511년 볼로냐로 복귀했다.

66 마르쿠스 아우렐리우스 Marcus Aurelius(121~180)   로마의 황제(재위 161~180). 가문 전체가 로마의 유력한 집안이었으며 고모가 황제에 즉위하기

로 되어 있는 사람과 결혼함으로써 제위 상속자가 되었다. 그러나 그가 어떻게 황제에 즉위했는지는 베일에 싸여 있다. 고모부였던 안토니우스 피우스 Antoninus Pius 황제(재위 138~161)가 사망하자 이미 합법적인 권력을 소유하고 있던 마르쿠스는 자연스럽게 황제 자리에 올랐다. 재위 기간 동안 국내적으로 안정된 정치기반을 만들었으며 정복 활동도 활발하여 로마 제국의 황금시대를 만들어낸 인물로 평가된다. 또한 스토아 철학이 담긴 『명상록』의 저자로 잘 알려져 있다. 그러나 로마의 평화 시대를 이룩한 5현제 시대의 마지막 황제로서, 그가 죽은 후 로마는 다시 군인들에 의해 황제가 추대되는 혼란한 시기를 겪게 된다.

콤모두스Commodus(161~192)　로마의 황제(재위 177~192). 아버지인 마르쿠스 아우렐리우스 황제 시대에 177년부터 제위 계승자의 자격으로 공동 황제가 되었으며 아버지가 죽은 180년 이후 단독으로 통치했다. 누이에 의한 암살 음모에 충격을 받고 원로원들을 처형하는 등 잔인한 통치를 펼쳤다. 자신이 헤라클레스 신이라는 망상에 빠져 원형경기장으로 들어가 검투사처럼 싸우는 등 정신이상적인 행동으로 로마 시민들을 분노케했다. 그의 잔혹한 실정에서 비롯된 내분으로 인해 5현제 시대에 이룩한 로마 제국의 평화와 번영은 끝이 났다.

페르티낙스Publius Helvius Pertinax(126~193)　193년 1월부터 3월까지 로마의 황제로 재위. 해방 노예의 아들이었으나 콤모두스 황제의 치세가 끝날 무렵 로마의 집정관이 되었고 콤모두스가 암살당하자(192) 원로원에 의해 황제로 추대되었다. 그러나 3개월도 채우지 못하고 군인들에 의해 암살당했다.

세베루스Septimius Severus(146~211) 로마 황제(재위 193~211). 193년 3월 황실 근위대가 콤모두스의 후계자 페르티낙스를 살해하고 마르쿠스 디디우스 율리아누스를 황제로 추대하자, 4월 13일 자신의 군대에 의해 황제로 추대되었으며 페르티낙스의 복수를 선언하고 로마로 진군했다. 이에 로마의 원로원들은 율리아누스를 처형했다. 경쟁자였던 데키무스 클로디우스 알비누스와 페스켄니우스 니게르를 물리치고 로마를 장악했다. 시리아 태생의 부인 율리아 돔나에게서 난 아들 카라칼라를 공동 황제 겸 후계자로 지명했다. 원로원에 의해 권력을 인정받기보다는 군사력에 의거한 것이기 때문에 세베루스는 군대에 주도적인 역할을 부여했다. 로마 외부의 이탈리아 법정은 황실 근위대장의 통제를 받기도 했다. 그의 자손들은 마르쿠스 마크리누스(재위 217~218) 때를 제외하고는 235년까지 계속 황제를 계승했다.

카라칼라Caracalla(188~217) 로마의 황제. 198년부터 211년에는 아버지인 셉티미우스 세베루스와 공동으로 통치하다가, 211년부터 217년 암살당하기까지는 단독으로 통치했다. 재위 기간 동안 로마 제국의 몰락에 일조했으며 종종 로마사에서 가장 잔인한 폭군 가운데 한 사람으로 꼽힌다.

마크리누스Marcus Opellius Macrinus(164~218) 로마의 황제(재위 217~218). 원로원 출신이 아닌 최초의 황제이다. 카라칼라 황제의 근위대장이었다. 카라칼라의 살해를 지시한 것으로 보이나 확실하지는 않다. 황제 사망 후 3일 뒤 휘하의 군인들에 의해 황제로 추대되었으나 시리아 주둔 군대의 지지를 잃었다. 시리아 군대가 카라칼라의 5촌 조카 엘라가발루스에게 충성을 맹세하자 남은 군대를 이끌고 이탈리아로 도망쳤으나 안티오크 근처의 전투에서 잡혀 처형당했다.

엘라가발루스Elagabalus(204~222) 헬리오가발루스Heliogabalus라고도 한다.
로마 황제(재위 218~222). 어머니와 할머니에 의해 사촌이었던 카라칼라의
서자인 것처럼 꾸며져 14살에 원로원에 의해 황제로 인정되었다. 어머니 율
리아가 태양신 바알을 섬기던 '엘라 가발'이라는 제사장 가문 출신이어서 '헬
리오가발루스'란 이름으로 불렸으며, 로마 인들에게 바알 신을 믿으라고 광적
으로 강요하여 미움을 샀다. 사촌인 알렉산데르를 입양하고 상속자로 임명했
으나(221) 마음이 변해 알렉산데르의 제위 계승권을 파기하려 하자 근위대가
폭동을 일으켜 엘라가발루스와 그의 어머니를 죽이고 알렉산데르를 황제로
받들었다.

알렉산데르Severus Alexander(208~235) 로마 황제(재위 222~235). 외할머
니 율리아 마이사가 황제 셉티미우스 세베루스(재위 193~211)의 처제였다.
재위하는 동안 실권은 외할머니(?~226)와 어머니가 쥐고 있었다. 나약한 지
배 체제로 군인들이 득세하여 많은 지역이 무법 상태에 빠졌으며, 황실 근위
대가 황제와 그의 어머니가 있는 자리에서 국가 최고 장관이자 지휘관이었던
도미티우스 울피아누스를 살해하기도 했다(228). 235년 초 군인들에 의해 어
머니와 함께 살해되었고 막시미누스가 황제로 추대되었다.

막시미누스Maximinus(?~238) 로마의 황제(재위 235~238). 장교가 아닌
사병 출신으로 최초로 황제가 되었다. 트라키아 출신의 양치기였으나 군대에
들어가 황제 세베루스에 의해 발탁되었으며 알렉산데르 황제 때 라인 강 주둔

군단에서 군 지휘를 맡았다. 알렉산데르가 암살되자 자신의 군대에 의해 황제로 선포되었다. 그러나 로마로 가지 않고 재위 기간 내내 라인 강 근처에서 정복 전쟁을 일삼았으며, 그로 인해 그가 즉위한 이후 50년 동안 로마는 내란에 휘말렸다. 아프리카에서 반란이 일어나자 군대를 이끌고 가 진압했다. 그러나 로마의 원로원에 의해 폐위되자 북이탈리아로 넘어가 저항하다가 부하들에 의해 살해되었다.

<h2 style="text-align:center">제20장</h2>

67 피스토이아와 피사 이탈리아 중북부 토스카나 지방 피스토이아는 1329년 피렌체의 지배를 받았다. 또한 피사는 1406년 피렌체에 점령되었으나 1494년 프랑스 군이 이탈리아를 침공했을 때 잠시 독립했다가, 1509년 다시 피렌체의 지배 하에 들어갔다.

68 우르비노의 우발도 1502년 6월 체사레 보르자의 군대가 로마를 출발하여 우르비노로 향한다는 소식을 들은 우르비노의 공작 귀도 우발도는 자신의 영지에서 도망쳐버렸다. 따라서 체사레는 전혀 저항을 받지 않고 우르비노를 정복했다. 우발도는 체사레에 의한 세니갈리아 참변(1503) 후 베네치아로 도망갔다가 체사레의 아버지 교황 알렉산데르 6세가 죽은(1503. 6) 후 다시 우르비노를 되찾았다.

69 포를리 백작부인 카테리나 스포르차를 말한다. 밀라노 공작 프란체스코 스포르차의 서출이었던 그녀는 교황 식스투스 4세의 조카 지롤라모 리아리오와 결혼했다. 그러나 파치 음모 사건의 주모자였던 리아리오는 로렌초의 끈질긴 추적에 의해 암살당하게 되고, 1499년 포를리와 이몰라의 가신들이 그녀의 아들을 인질로 잡고 반란을 일으키자 성채 안으로 피신하고 밀라노 공작(루도비코 스포르차)의 원군을 기다렸다. 결국 원군으로 달려온 루도비코와 협정을 맺고 자신의 권력을 되찾았다. 그러나 포를리는 체사레 보르자에 의해 함락되었다(1500).

제21장

70 페르난도 2세 Fernando II(1452~1516) 별칭은 가톨릭 왕 페르난도 Fernando el Catolico. 카스티야 왕(재위 1474~1516). 아라곤의 왕 후안 2세가 죽자 왕위를 이어받았으며 1469년에 결혼한 카스티야의 이사벨 공주와 1479년부터 공동 군주로서 카스티야의 왕(페르난도 5세)을 겸했다(그는 또한 이탈리아 남부를 다스린 에스파냐의 통치자로서, 나폴리에서는 페르디난도 3세, 시칠리아에서는 페르디난도 2세로 불렸다). 이사벨 공주와 결혼은 정략 결혼이었으나 이사벨 역시 카스티야의 왕위 계승권을 얻기 위해 아라곤의 도움이 필요했다. 아라곤과 카스티야의 연합은 통일 에스파냐(근대 스페인 왕국)의 기초가 되었다. 페르난도는 가톨릭 이외의 다른 종교를 금지하여 종교재판소를 설치(1478)했으며 유대인을 추방하는(1492) 등의 종교정책으로 교회의 지

지를 받았다. 두 나라의 군대를 병합하여 그라나다를 공략하고(1492) 콜럼버스의 대서양 횡단 항해를 위한 재정지원을 하는 등의 팽창주의로 이탈리아, 시칠리아, 프랑스와 긴장 관계가 유지되었으며 지중해와 아프리카 지역에까지 에스파냐의 세력을 넓혔다. 교회가 분열한 직후인 1512년 교회 분열에 개입한 나바라 왕국을 점령하여 카스티야에 합병시켰다. 로마의 교황 알렉산데르 6세는 프랑스와의 전쟁시 페르난도가 이탈리아를 원조하자 1496년 그에게 '가톨릭 왕'이라는 명예 칭호를 주었다. 1516년 손자(훗날 신성로마제국 황제 카를 5세)에게 왕위를 계승하고 세상을 떠났다.

71 베네치아와 밀라노 역주 7 참고.

72 피렌체의 외교 정책 이탈리아 북부 롬바르디아에서 루이 12세의 세력이 커지자 교황 율리우스 2세는 대對프랑스 동맹을 촉구했다. 그러나 친프랑스 정책을 취하던 피렌체는 중립을 선언할 수밖에 없었다. 율리우스는 '나쁜 본보기'라며 분개했지만 이탈리아 내의 다른 국가들도 피렌체를 따랐다. 이에 교황은 나폴리를 장악하고 있던 에스파냐와 신성동맹을 맺고 프랑스에 대항했다(1512).

제23장

73 **막시밀리안 1세**Maximilian I**(1459~1519)** 독일의 왕(재위 1486~1519).
신성로마제국 황제(재위 1493~1519)를 지냈으며 합스부르크 왕가를 16세기
유럽에서 지배적인 세력으로 만들었다. 자신과 아들 펠리페의 정략적인 결혼
을 통해 중부 유럽과 이베리아 반도까지를 포함하는 복잡한 동맹 체제로 강력
한 세력을 만들어냈다. 이탈리아를 침략한 프랑스와의 전쟁으로 별다른 소득
없이 국력을 낭비하기도 했다. 자신의 아들 펠리페 1세와 에스파냐 왕 페르난
도의 상속녀 후아나와의 사이에서 태어난 손자가 신성로마제국 황제 카를 5
세로 거대한 합스부르크 제국을 계승했다.

제24장

74 **필리포스 5세의 통치술** 역주 6 참고.

제25장

75 **율리우스 2세의 짧은 생애** 율리우스 2세가 교황으로 재위한 기간은
1503년에서 1513년까지 10여 년 정도에 지나지 않았다. 역주 30 참고.

| 부록 · 2 |

마키아벨리와『군주론』

1. 교황청에 의해 금서 조치가 된 책,『군주론』

『군주론』은 르네상스 시대 이탈리아의 피렌체 인 마키아벨리가 1513년경에 완성했다. 그러나 필사본 형태로 주변 사람들에게만 읽혀지다가 책으로 출간 된 것은 마키아벨리가 죽은 지 5년 후인 1532년이었다. 이후 지금까지 전세 계 수많은 사람들의 고전이 된 이 책은 의외로 단숨에 읽어낼 수 있는 아주 짧은 분량이다. 또한 주제를 이끌어가는 명쾌한 문체와 생기 넘치는 수사법 에 대한 문학적인 평가는 이견이 없는 듯하다. 이탈리아의 뛰어난 문인이었 던 알베르토 모라비아는『군주론』에 대해 이렇게 말했다.

"이 글을 읽고 받은 첫번째 인상은, 글 쓰는 사람으로서의 마키아벨리의 문장력이다. 그 힘은 운동선수의 근육 하나하나가 피부 아래 있으면서도 떠오르는 듯하며(중략)……합리적이면서 동시에 기발하고, 논리적이면서도 정열이 넘치고, 엄밀한 동시에 감흥이 향하는 대로 내맡기는 식이다."

　그러나 이 책에 담긴 대담한 주제는 당대는 물론이고 오늘날에 이르기까지 다양한 해석과 논란을 만들어냈다. 그것은 당대의 냉혹한 군주였던 '체사레 보르자'를 모범적인 군주의 예로 설명하며, '정치란 도덕과 분리되어야 한다'고 주장하고 있었기 때문이다. 이로 인해 르네상스 시대의 정신적인 지배 계층인 교황과 성직자들의 권위를 위협하는 혁명적인 사상이라는 비난을 면치 못했고 1559년에는 교황청에 의해 금서 조치를 당하기까지 했다. 이후 비판적 논의들은 마키아벨리가 의도했던 본래의 목적과는 상관없이, 차갑고 잔인한 정치권력을 위해 수단과 방법을 가리지 말라는 정치철학과 동의어인 '마키아벨리즘'이라는 용어를 탄생시켰다.

　그러나 20세기 사상가 버트란트 러셀은 『군주론』에 대한 새로운 시각을 제시한다.

　"…… 마키아벨리의 『군주론』에는 어떻게 하면 덕을 갖춘 통치자가 될 수 있는가에 대한 조언은 전혀 없다. 오히려 정치권력을 획득하기 위해서는 악랄한 술책도 유효하다고 말하고 있다. 이러한 이유로 마키아벨리즘이라는 말이 상당히 타락하고 사악한 의미를 지니게 된 것이다. 그러나 마키아벨리를 변호하여 말한다면, 그가 악랄한 술책을 인간의 본성으로서 옹호한 것이 아니라는 것을 상기해야 한다. 마키아벨리는 자신의 탐구 분야를, 핵물리학자가 연구 영역을 대하는 것과 똑같은 태도로 '선악'을 넘어서고 있다. 그의 논의는 누군가가 만일 권력을 획득하고 싶으면 '냉철'해야 한다는 것이다. 그러한 행위가 선이건 악이건 그것은 전혀 다른 문제이며, 이 문제에 대해 마키아벨리는 관심을 갖지 않았다. 그가 이 문제에 대해 관심을 기울이지 않았다는 이유로 그를 비난할 수는 있겠지만 당시 권력자들의 정치적 술책에 대해 논했다고 그를 비난하는 것은 적절하지 못한 일이다."

－「서양의 지혜」

이처럼 『군주론』은 당대의 악의적인 비판에서부터, 현대의 명쾌한 해설까지 다양한 편차를 보여주면서 오늘날까지 무시할 수 없는 영향력을 발휘하고 있다. 따라서 21세기를 사는 우리가 르네상스 시대에 탄생한 이 역작을 보다 면밀하게 이해하기 위해서는 마키아벨리의 생애와 『군주론』이 쓰여진 시대적 배경에 근접함으로써 '마키아벨리즘'의 근원을 이해할 수 있으리라 생각된다.

2. 15세기 피렌체와 마키아벨리

로렌초 데 메디치의 황금시대와 마키아벨리

니콜로 마키아벨리Niccolo Machiavelli(1469~1527)는 1469년 이탈리아의 피렌체에서 태어났다. 마키아벨리가 태어났을 당시의 피렌체는 르네상스 시대의 예술과 문화의 후원자이며 실제 피렌체 공화국의 지배자였던 메디치 가에서 가장 뛰어난 인물인 로렌초 데 메디치가 지배하던 시기(1469~1492)였다.

당시의 이탈리아는 크게는 밀라노 공국, 베네치아 공화국, 로마 교황청, 나폴리 왕국, 그리고 피렌체 공화국 다섯 개의 도시국가를 중심으로 30여 개의 작은 소국들이 통합과 분열을 반복하던 시기였다. 15세기 피렌체의 정치체제는 당시의 역사가 프란체스코 구이차르디니의 표현에 의하면 "입헌공화정 안에서 이루어진 자비로운 독재가의 통치체제"였다. 다시 말하면, 표면적으로는 '입헌공화국'이었으나, 실질적으로는 막대한 부와 정치력을 가진 메디치 가문에 의해 '전제정치'가 행해지고 있었으며, 피렌체 시민들은 '민주정'이라고 느끼며 살던 시대였다는 것이다. 그것은 막대한 부를 기반으로 한 메디치 가문의 특별한 통치체제 때문이었으며, 피렌체는 당시 르네상스 시대의 찬란한 문예부흥의 산실 역할을 주도적으로 하고 있었으므로 '꽃의 도시'라고 불렸다.

마키아벨리는 이 '꽃의 도시' 피렌체의 산타크로체 광장에서 메디치 가문에 의해 베풀어지는 화려한 축제를 즐기며 어린 시절을 보냈다. 이 기간 동안 피렌체에는 다양하고 화려한 행사가 끊임없이 열렸으며 물질적 풍요가 넘쳐났다. 그러나 마키아벨리의 집안은 그렇게 부유하지는 않았다. 아버지는 공증인으로 법률고문 일을 하며 약간의 돈을 벌었으나 실제로는 피렌체 근교에 있는 농장의 수입으로 생활하는 정도였다. 가난해서였는지 마키아벨리가 대학을 졸업했다는 기록은 없다. 따라서 독학을 했거나 아니면 장서를 많이 보유하고 있던 아버지에게서 교육을 받았을 것으로 추측된다.

메디치의 섭정 아래 평화로운 시대를 즐기던 피렌체 공화국은 1478년 파치 가의 음모로 한차례 풍랑을 겪게 되는데, 그것은 로렌초의 동생 줄리아노 암살 사건이었다. 피렌체의 은행가 가문이었던 파치 가문이 피렌체의 사실상의 군주로 군림하는 메디치 가문에 불만을 품고 교황 식스투스 4세와 결탁하여 로렌초와 그의 동생 줄리아노 암살 계획을 세운 것이다. 4월 26일 부활절 미사에서 결행된 이 암살 사건으로 동생 줄리아노는 죽었으나 로렌초는 살아 남았다. 피렌체 시민들에 의해 음모에 가담했던(교황과 연루된) 자들이 전부 처형됨으로써 로렌초는 교황 식스투스 4세의 견제를 받게 되었다. 그러나 주변 도시국가와의 관계에서 균형적인 외교술을 발휘함으로써 피렌체 시민들에게 가장 강력하고 이상적인 군주라는 인상을 심어주었다. 그러나 1492년 마키아벨리가 23살 때, 이 위대한 로렌초가 43살의 젊은 나이로 세상을 뜨게 되면서 평화와 풍요를 누리던 피렌체 공화국은 새로운 시대를 맞게 되었다.

수도사 사보나롤라에 의해 혼란에 빠진 피렌체 공화국

1492년 메디치 가의 위대한 로렌초가 죽은 뒤 피렌체는 극단적인 사회개혁을 추진하려는 도미니크회 수도사 사보나롤라에 의해 극도로 혼란한 혁명의 시기를 맞게 되었다. 사보나롤라는 선동적인 설교를 통해 메디치 가문과 교황, 기독교의 부패상을 격렬한 어조로 비난하며 메디치 가문을 피렌체에서 추방하고, 그리스도를 왕으로 받드는 신정정치, 즉 정치와 종교의 일치를 주장했다.

당시의 교황들은 정치와 종교를 장악했던 중세시대의 권위를 상실하고 무력과 정치적 동맹으로 겨우 명맥을 유지하고 있었다. 따라서 초기 기독교의 신성한 종교관을 예언자적인 태도로 외쳐대는 이 수도사의 설교는 피렌체 시민들을 사로잡았다.

그러나 영혼을 파괴한다는 이유로 일체의 사치품과 축제, 쾌락을 거부하는 금욕적인 신앙만을 강조하는 극단적인 그의 설교는 이를 지지하는 피렌체 시민들과 그렇지 않은 사람들로 분열시켰고, 이로 인해 피렌체는 6년여 동안 공포의 도시가 되었다. 그 혼란은 1498년, 가짜 예언에 속았다고 생각한 민중들의 분노에 의해 사보나롤라가 '불의 심판'으로 화형당하면서 끝났다. 그러나 동시에 꽃의 도시, 피렌체의 영광도 차츰 몰락의 길을 걷기 시작했다.

사보나롤라가 처형되던 해(1498)에 29살의 마키아벨리는 처음으로 피렌체 공화국의 공직에 임명되었다. 피렌체의 최고 통치기관인 시뇨리아에서 외교와 국방을 책임지는 최고행정관의 비서 업무를 담당하며 주로 외교사절의 임무를 수행했다. 이때 마키아벨리는 피렌체 공화국 정부의 사절이라는 직책으로 당대의 인사들, 왕과 공작, 군주들을 만났다. 프랑스의 루이 12세, 체사레 보르자, 교황 율리우스 2세, 클레멘스 7세 등과의 접촉에서 훗날『군주론』을 쓰게 되는 결정적인 계기를 마련하게 되었다.

프랑스의 이탈리아 침략과 외교사절 마키아벨리

1492년 피렌체의 로렌초가 사망하자 이탈리아 내의 여러 도시국가들의 세력 균형이 분열되기 시작했다. 베네치아 공화국과 밀라노가 동맹을 공고히 했으며, 프랑스 왕 샤를 8세는 프랑스 왕국을 통일하고 최대의 군사력으로 이탈리아를 위협했다.

1494년 8월, 프랑스 샤를 8세가 이탈리아 남부, 나폴리 왕국의 계승권을 주장하자 교황청의 새 교황 알렉산데르 6세는 샤를의 주장을 무시했다. 이에 샤를은 군대를 이끌고 이탈리아를 침공했다.

피렌체 공화국은 사보나롤라를 보내 프랑스 왕 샤를 8세의 침입을 동조하게 되지만 교황의 주도 하에 반프랑스 동맹이 결성되고, 독일의 신성로마제국 황제 막시밀리안, 에스파냐, 베네치아 공화국, 밀라노 공국까지 가세하면서 샤를은 다시 프랑스로 돌아가게 되었다. 그러나 친프랑스 정책을 유지하던 피렌체는 이탈리아 내에서 고립상태에 빠지게 되었다. 특히 베네치아 공화국과는 동지중해 무역의 중심지인 피사의 독점권을 두고 대치하게 되었다. 15세기 후반부터 경제력이 크게 후퇴한 피렌체로서는 피사를 차지하기 위해 프랑스와는 우호관계를 유지해야 했다.

1498년 프랑스 왕 샤를 8세를 계승한 루이 12세 역시 나폴리의 왕, 밀라노 공국의 주권을 주장하며 이탈리아를 침략함으로써 이탈리아 반도 전체가 전쟁에 휩쓸리는 상황이었다. 이때 마키아벨리는 외교사절로 프랑스에 파견되었다. 피사를 차지하기 위해 프랑스의 도움을 요청하는 일이었다.

마키아벨리는 5개월 정도 프랑스에 머물면서 루이 12세의 협력, 즉 용병계약이면서 동시에 동맹 협약이 순조롭게 체결되도록 하는 일을 주로 맡았다. (용병제도는 14~15세기 이탈리아의 도시국가들이 채택한 군사제도. 전쟁에 필요한 인력을 나라가 돈을 주고 고용하는 제도이다. 무기와 병력을 가진 용병대장과 나라가 계약을 하는 것이다. 용병대장은 이탈리아 내 소국의 영주나 주인이 될 수도 있고 또는 독일, 영국, 프랑스의 왕이 될 수도 있다. 따라서 용병계약이 체결되면 군사적, 정치적으로 동맹관계가 되는 것이다.) 이 과정에서 마키아벨리는 '강력한 군주에 의해 통치되는 국가'에 대한 열망을 품게 되었으며 그것을 위해서는 용병이 아니라 진정한 자신의 군대가 절실하다는 것을 느끼게 되었다.

『군주론』의 모델로 제시한 체사레 보르자와 마키아벨리

마키아벨리가 프랑스로부터 귀환할 무렵 피렌체 공화국은 이탈리아 중부에 자신의 나라를 세우려는 체사레 보르자(발렌티노 공작, 교황 알렉산데르 6세의 서자)의 야심 앞에 절박한 상황에 빠져들고 있었다. 프랑스의 루이 12세가 이탈리아에서 자신의 세력을 공고히 하기 위해 로마의 교황 알렉산데르 6세와 동맹을 맺고, 전 프랑스 왕 샤를 8세의 미망인이며 지참금과 영토를 많이 가지고 있는 안 드 브르타뉴와 결혼할 수 있도록 왕비와의 결혼을 무효로 해줄 것을 요구했다. 교황은 이를 승인하고 그에 대한 보답으로 루이는 교황의 아들 체사레를 발렌티노 공작으로 임명해주었다. 27살의 젊은 군인 체사레는 공작으로 임명되자 강력한 군사력으로 로마냐 지방을 평정하고 프랑스 왕과 교황령의 후원을 받으며 이탈리아의 도시국가들을 위협했다.

체사레의 위협 아래 전 이탈리아가 경계를 하였으나 피옴비노를 비롯하여 피사, 우르비노 공국, 산 마리노 등 피렌체 주변국가들이 차례로 체사레에게 굴복했으며 이에 당황한 피렌체 공화국은 1502년 체사레에게 마키아벨리를 외교사절로 파견했다.

마키아벨리의 임무는 용병계약을 요구하는 체사레와의 협상을 주도하는 일이었다. 협상을 진행하는 동안 마키아벨리는 반란을 일으킨 체사레 휘하의 용병대장들이 1502년 세니갈리아에서 체사레에 의해 완전히 몰살되는 과정을 낱낱이 살펴보면서 체사레를 냉철하게 분석하게 되었다. 잔인하지만 목적을 위해서는 단호한 태도와 대담성을 아끼지 않는 군주의 모습을 높게 평가한 마키아벨리는 10년 후 그가 쓰게 될 『군주론』에서 이탈리아의 강력한 군주의 모델로 체사레 보르자의 정치철학을 예를 들어 제시하게 되었다. 즉 그가 미래의 권력을 위해서 강력한 토대를 구축하는 데 성공했으므로 신생 군주에게 제공할 만한 모범적인 지침으로 그의 활동보다 더 훌륭한 것은 없다는 것이었다. 하지만 마키아벨리가 생각하는 궁극적인 군주의 모델이 보르자는 아니었다.

1503년 교황 알렉산데르 6세가 죽고 뒤이어 교황에 오른 피우스 3세마저

급사하자 마키아벨리는 교황 선거에 대한 정보 수집차 로마로 파견되었다. 그해 8월 체사레 보르자 역시 병에 걸려 심하게 앓는 사이 그의 숙적 줄리아노 델라 로베레 추기경이 율리우스 2세로 추대되면서 체사레의 세력은 붕괴되기 시작했으며, 1507년 전투 중에 31살의 나이로 전사했다. 체사레의 몰락에 대해 마키아벨리는 『군주론』에서 이렇게 말하고 있다.

"비록 그의 계획이 성공하지 못했다 해도, 그것은 그의 실수 때문이 아니라 예외적이며 극단적인 불운의 결과라 할 것입니다."

체사레라는 인물을 통해 강한 군대와 군주에 대한 열망을 품게 된 마키아벨리가 로마에 가 있는 사이 1502년, 피렌체 공화국은 피에로 소데리니를 종신 최고행정관에 선출했으며 소데리니의 신임을 얻은 마키아벨리는 곧 소데리니의 보좌관이 되었다.

체사레가 사라진 16세기 초 이탈리아 반도는 프랑스와 에스파냐의 싸움터가 되고 있었다. 이들과의 전쟁에 대비하기 위해서는 자국의 군대가 필요하다고 생각한 마키아벨리는 이탈리아의 도시국가들이 오랫동안 의존하고 있는 용병제 대신 국민병이 필요하다고 강력하게 주장했다. 돈을 받고 고용된 용병대장들은 자신들과 유대관계가 있는 다른 용병대와는 싸우려 들지 않았으며, 또 때로는 우군과 적군 양쪽에서 돈을 받아 정작 필요한 때에 힘을 발휘하지 않았기 때문이다.

로마냐 지방에서 농민들을 모아 용병을 대신하는 체사레의 군대편제를 보아왔던 마키아벨리는 농민들을 징집하여 독자적인 민병대를 만들겠다는 계획을 세웠다. 용병에만 의존하던 시민들의 생각을 바꾸기는 쉽지 않았지만 마키아벨리는 곧 민병대의 조직에 착수했고 소데리니의 승인을 받아 1505년 법안 채택에 성공했다.

1506년, 이 민병대를 규제하고 감독하는 기구인 '9인 위원회'가 설치되었으며 마키아벨리는 이 위원회의 서기관으로도 임명되었다. 그리고 마침내 시뇨리아 궁에서 피렌체 최초의 국민병들이 시민들의 박수를 받으며 행진을 하게 되었다. 마키아벨리에 의해 만들어진 이 피렌체 민병대는 1509년 6월 피렌체의 오랜 숙원인 피사를 점령함으로써 민중들의 열렬한 지지를 받았다.

이탈리아를 구한 교황 율리우스 2세와 마키아벨리

피렌체가 자신들의 군대로 자주적인 존립을 모색하고 있는 동안 이탈리아를 넘보고 있던 프랑스 왕 루이 12세를 비롯하여, 신성로마제국 황제 막시밀리안 2세, 나폴리의 에스파냐 왕 페르난도와 로마 교황 율리우스 2세까지 가담한 캉브레의 동맹군(1508)과 베네치아가 대치하게 되었다.

교황 알렉산데르 6세의 후계자 피우스 3세가 급사하면서 1503년 교황으로 등극한 율리우스 2세는 명문가 출신이 아닌, 다소 거칠고 신경질적인 사람이었다. 화가 미켈란젤로가 그의 조상을 어떻게 해주면 좋겠느냐 물었을 때 "내 손에는 책 대신 칼을 쥐어달라."고 대답할 정도로 군인이기를 원했던 사람이었다. 따라서 교황으로 등극하자마자 교황령 확보를 위해 전력을 다했다. 군대를 이끌고 페루지아, 볼로냐를 정복했으며 베네치아에 맞서기 위해 캉브레 동맹을 조직한 것이다.

그러나 1510년 오랫동안 이탈리아 지배권을 노리고 있던 율리우스 2세는 동맹군의 승리로 교황령이 확대되기는 했지만 그 반면에 프랑스의 세력이 강

대해지는 것을 참을 수 없었다. 그래서 샤를 8세 때부터 프랑스 군에 협력하던 그는 노선을 바꾸어 이탈리아에서 프랑스를 몰아내자며 이탈리아의 모든 도시국가들이 자신의 생각에 동참하기를 촉구했다. 이에 베네치아, 신성로마제국, 에스파냐가 동조하게 되고 이탈리아는 프랑스를 상대로 다시 전운에 휩싸이게 되었다.

프랑스와 동맹관계를 유지하고 있던 피렌체만 유일하게 중립을 선언한 상태에서 마키아벨리는 다시 프랑스 사절로 파견되었다(1510. 7). 마키아벨리는 피렌체 공화국이 전쟁에 가담하지 않기를 바라며 루이 12세에게 교황 율리우스 2세와의 동맹을 권했다. 그러나 루이는 마키아벨리의 말에 귀기울이지 않았으며 마키아벨리는 전쟁이 예견되는 상태에서 피렌체로 다시 돌아올 수밖에 없었다(1510. 10).

프랑스 군과 동맹군의 전쟁은 1511년의 라벤나 전투에 이르기까지 프랑스 군이 당연히 우세했다. 롬바르디아와 로마냐 등 북이탈리아가 프랑스의 수중에 들어갔으며, 교황이 있는 로마의 함락도 눈앞에 둔 상황이었다. 피렌체인들은 교황의 패배를 축하하기도 했다. 그러나 라벤나 전투는 당시 유럽 역사상 그렇게 많은 사람이 죽은 적이 없을 정도로 극심했기 때문에 양편 모두 피해가 심각했다. 전투가 끝날 무렵 프랑스 군의 유능한 대장이 사망하고, 점령지역에서 스위스 용병군에 의해 반란이 일어나자 전쟁에 지치고 결단력이 부족했던 루이 12세는 돌연 군대를 철수해 프랑스로 돌아가버렸다. 이로써 율리우스 2세를 중심으로 한 신성동맹군은 자연스럽게 프랑스를 이탈리아에서 몰아낼 수 있었다.

피렌체로 복귀한 메디치 가와 마키아벨리의 은둔 생활

프랑스 군이 이탈리아에서 후퇴하는 동안 율리우스 2세의 신성동맹군인 에스파냐 군이 오랫동안 친프랑스 정책을 쓴 피렌체를 징벌하기 위해 피렌체 공화국으로 향했다. 18년 전에 피렌체에서 추방된 메디치 가문의 로렌초 일 마그니피코의 둘째 아들 조반니는 이 에스파냐 군을 이용하여 피렌체로 복귀할 계획을 세웠으며, 교황 율리우스 2세 또한 이들 메디치 가를 후원했다.

1512년 8월 마키아벨리의 민병대는 피렌체의 외곽 프라토에서 이 에스파냐 군을 맞았다. 그러나 프라토는 처절하게 약탈되었고 프라토에서 일어난 참극은 피렌체 시민들을 공포에 떨게 했다. 결국 피렌체는 1512년 최고행정관 소데리니를 축출하고 마침내 메디치 가의 귀환를 허용하게 되었다. 이로써 피렌체는 외양상으로는 공화국이지만 추기경 조반니(로렌초 일 마그니피코의 둘째 아들), 줄리아노(로렌초 일 마그니피코의 셋째 아들), 줄리오(파치의 난에서 살해된 로렌초의 동생 줄리아노의 아들), 로렌초(로렌초 일 마그니피코의 장손)의 통치체제로 들어갔다.

소데리니의 측근이었던 마키아벨리는 메디치 가를 위해 봉사하겠다고 했지만 직위에서 파면되었다. 다음해인 1513년 초에는 반메디치 음모에 가담한 혐의로 체포되어 고문을 받았으며, 결백을 주장했음에도 불구하고 결국 감옥에 수감되었다.

1513년 교황령 확장에 열을 올리던 교황 율리우스 2세가 죽고 메디치 가의 조반니가 교황 레오 10세로 선출되자 피렌체 출신의 교황 탄생에 피렌체 전체가 기쁨에 휩싸였으며, 이로 인한 대사면령大赦免令으로 마키아벨리는 출옥하게 되었다. 감옥에서 나온 마키아벨리는 아버지에게 물려받은 피렌체 근교의 산트 안드리아Sant' Andrea 농장으로 이주하여 독서와 더불어 은둔 생활에 들어갔다.

그러나 은둔 생활을 하는 동안 마키아벨리는 로마 대사로 파견되어 있는 친구 프란체스코 베트리와 많은 편지를 주고받았다. 편지는 주로 이탈리아와 피렌체의 정치, 사회 문제에 대한 자신의 견해와 공화국은 자신과 같은 인물을 데려다 유용하게 써야 한다는 것을 간절히 바라는 내용이었다. 그러나 반메디치 인물이었던 마키아벨리의 복직은 쉽지 않았다. 따라서 마키아벨리는 『군주론』과 『로마사론』을 구상하며 글쓰기에 몰두했다.

1513년 마키아벨리는 『군주론』을 완성하여 교황 레오 10세의 조카인 메디치 가의 젊은 로렌초에게 헌사와 함께 바쳤다. 그러나 다시 정치에 참여할 수 있기를 간절히 바란 그의 노력은 또다시 좌절되었고, 『군주론』은 필사본 형태로 주변의 지식인들에게 읽혀졌다.

교황 레오 10세의 지배 하에 이탈리아는 평화를 되찾았고 교황은 메디치 가문이 이탈리아 중부에 자신들의 통일국가를 세우게 되리라는 원대한 꿈을 꾸었다. 그리고 조카 로렌초를 프랑스 공주와 결혼시켜 그 꿈을 이어받게 하리라 생각했다. 그러나 꿈이 이루어지기도 전에 젊은 로렌초가 세상을 떠났으며(1520) 교황 자신도 1521년 죽음을 맞았다. 그러자 메디치 가의 추기경 줄리오는 재빨리 혼란을 수습하고 피렌체를 장악했다.

그동안 친메디치 인물인 필리포 스트로치와 친교를 나누었던 마키아벨리는 그의 추천으로 추기경 줄리오에게 소개되었으며 마침내 피렌체로 복귀하게 되었다. 줄리오는 마키아벨리를 공화국의 사료편찬관으로 임명하고 『피렌체사』의 집필을 의뢰했다.

1523년 레오 10세의 후계자인 아드리안 6세가 요절하자 추기경 줄리오가 클레멘스 7세라는 이름으로 새 교황에 선출되었고, 마키아벨리는 『피렌체사』

집필을 계속할 수 있었다.

이탈리아의 종언 그리고 마키아벨리의 죽음

레오의 뒤를 이어 클레멘스 7세가 로마의 교황으로 선출되는 동안 전 유럽은 독일의 개신교도인 마르틴 루터의 종교혁명으로 혼란에 빠지게 되었고 이탈리아는 강대국들의 전쟁터로 변하게 되었다.

먼저 신성로마제국 황제 및 에스파냐의 왕에 즉위한(1520) 카를 5세가 이끄는 에스파냐 군과 루이 12세의 뒤를 이은 프랑스 왕 프랑수아 1세가 이탈리아 반도를 무대로 충돌하기 시작했다(파비아 전투). 이 전투에서 프랑스왕이 에스파냐 군의 포로로 잡히자, 클레멘스 7세는 카를에 대항하기 위해 '코냐크 동맹'을 결성했다. 여기에는 전 이탈리아와 교황청, 프랑스, 영국까지 합세했다.

1526년 『피렌체사』 8권을 끝낸 마키아벨리는 교황에게 이 책을 헌정했다. 그리고 카를의 위협 앞에 놓인 피렌체와 이탈리아를 구하기 위해서는 국민군을 조직해야 한다고 설득했다. 이에 교황은 1526년 4월 마키아벨리를 피렌체의 성곽 방비를 목적으로 설립된 '5인 위원회'의 위원장으로 임명했으며, 마키아벨리는 군대를 이끌고 교황의 보좌관이며 코냐크 동맹군 총지휘자인 프란체스코 구이차르디니와 합류했다.

그러나 1527년 초 카를의 에스파냐 군대와 독일 용병들이 코냐크 동맹을 결성한 교황을 처벌하기 위해 로마로 향했다. 오랫동안 봉급을 받지 못한 이 용병군들은 로마를 처절하게 약탈했으며 ('로마의 약탈'이라 불리는 이 사건은 6개월에 걸쳐 자행되었으며 결국 이탈리아의 종말을 가져오게 되었다.) 교황이 감금되는 상황에까지 이르렀다.

그동안 로마의 교황을 구출하려고 나섰던 구이차르디니와 마키아벨리는 로마가 함락되었다는 소식을 들으며 피렌체로 돌아갈 수밖에 없었고 결국 동맹군대를 해산했다. 교황이 구금되었다는 소식을 들은 피렌체 공화국은 메디치 가를 추방해버리고 공화정 체제를 부활시켰다.

드디어 피렌체에 자유가 찾아왔다고 생각한 마키아벨리는 조국에서 다시 일할 수 있으리라 생각하며 피렌체 공화국의 서기관직에 선출되기를 희망했다. 그러나 그의 소망은 메디치 가를 위해 일했다는 이유로 거부되었으며, 그로부터 한 달이 안 되어 병으로 쓰러진 마키아벨리는 다시는 일어나지 못했다. 1527년, 그의 나이 58살이었다.

'로마의 약탈'(1527. 5) 후 교황 클레멘스 7세는 거의 무조건적인 항복으로 카를과 강화조약을 맺었다. 교황은 1530년 카를에게 정식으로 신성로마제국 황제의 왕관을 씌워주었다. 신성로마제국의 황제가 교황에게서 왕관을 받은 것은 이것으로 마지막이었다. 이로써 교황은 카를의 이탈리아 반도 지배를 허용하게 된 것이다.

그해 8월 피렌체 공화국은 카를의 침략을 받았으나 메디치 가의 복귀에 협력하겠다는 카를의 약속 때문에 다행히 약탈은 이루지지 않았다. 그러나 복귀한 메디치 가의 코시모 데 메디치(조반니의 아들)의 지배 아래 전제군주제가 실시되었으며, 코시모는 나중에 토스카나 대공이 되었다. 이로써 마키아벨리가 죽은 지 2년 후 베네치아를 제외한 전 이탈리아는 실질적으로 에스파냐의 지배 하에 들어가게 되었다.

마키아벨리의 저서

1517년 『로마사론』 및 『전술론』 완성.

1518(?) 문학 작품, 『만드라골라』 집필.

1520년 『카스루치오 카스트라카의 생애』 집필.

1521년 『전술론』 출간(마키아벨리가 살아 있는 동안 출간된 유일한 정치사
상 서적).

1526년 『피렌체사』를 클레멘스 7세에게 헌정.

1527년 사망, 피렌체의 산타 크로체 성당에 매장.

1531년 『로마사 논고』 출간.

1532년 『군주론』, 『피렌체사』 출간.

3. 마키아벨리의 편지

1513년 4월 공직에서 쫓겨난 마키아벨리는 피렌체 근교의 포도농장에 은둔하며 『군주론』을 집필했으며 그 사이 로마 교황청의 피렌체 대사로 가 있는 친구, 프란체스코 베트리와 편지를 주고받았다. 이 편지에는 은둔자로서의 마키아벨리의 자잘한 일상과 심정이 고스란히 담겨 있으며 또한 피렌체를 둘러싸고 있는 당대의 정치적 흐름에 대한 마키아벨리의 견해가 고스란히 담겨 있다. 따라서 이 두 사람의 편지는 당대의 국제정세와 마키아벨리의 정치사상을 연구하는 데 귀중한 자료가 되고 있다. 특히 1513년 10~12월에 친구에게 보낸 편지는 마키아벨리가 어떠한 심정으로 『군주론』을 쓰기 시작했으며 궁극적으로 어떤 주제들을 논하려고 했는지를 간결하게 보여주고 있다.

* * *

…… 그 불행한 사건 이후 피렌체에는 채 20일도 못 있었고 그 후 이곳 농장에서 지내고 있습니다. 덫을 놓거나 올가미를 만들어 새를 잡으러 다니며 9월을 보냈습니다. 그렇게 하찮은 일로 시간을 보내는 것은 불안감만 줄 뿐이었습니다. 그래서 이곳에서 내가 어떻게 생활하고 있는지 이야기하고 싶습니다.

아침에 해가 뜨면 일어나 벌목 작업을 하고 있는 작은 숲으로 갑니다. 그곳에서 두 시간 정도 벌목 작업을 살펴보기도 하며 벌목꾼들과 시간을 보냅니다.

숲에서 나오면 나의 안식처인 옹달샘으로 갑니다. 단테나 페트라르카, 아니면 더 가벼운 티불루스나 오비디우스 같은 시집을 가져가 읽으며 시인의 정열적인 연예와 사랑을 음미하고 나의 경험들을 떠올리며 꿈 같은 시간을 즐깁니다.

그런 다음 발길을 선술집으로 향합니다. 그곳에서는 지나가는 나그네들에게 그들 나라의 소식을 물으며 여러 가지 소식을 알아내고 또 각각의 다양한 취향과 선호도의 차이 같은 것을 느낍니다.

그러는 동안 저녁 식사 시간이 되면 집으로 가서 가족들과 함께, 이 가난한 농장과 보잘것없는 재산이 허용하는 음식을 먹습니다. 그리고 다시 선술집으로 돌아갑니다.

그곳에는 언제나 푸줏간 주인과 방앗간 주인 그리고 두 명의 수선공이 있습니다. 그들과 나는 온종일 크리커나 트릭 트랙과 같은 천박한 놀이에 젖어 지냅니다. 게임을 하며 무수한 욕설과 모욕적인 언사를 퍼붓고 얼마 안되는 돈 때문에 종종 싸움질을 하며 멀리 산 카시아노 마을에까지 들릴 정도로 소리를 지르곤 합니다.

이렇게 하찮은 놀이에 몰두하는 것은, 나의 머릿속에 쌓여가는 곰팡이를 긁어내고, 이 악의적인 운명의 장난을 즐기며 나를 이렇게 구렁텅이로 빠져들게 한 운명이 아직도 부끄러워하지 않는지를 시험하기 위해서랍니다.

밤이 되면 난 집으로 돌아가 서재로 들어갑니다. 문 앞에서 흙과 먼지로 더러워진 작업복을 벗고 궁정에서 입는 옷으로 갈아 입습니다. 옷매무새를 가다듬고 고대인들이 있는 그들의 궁정으로 들어갑니다. 그곳에서 나는 그들의 환영을 받고 나만을 위한, 나를 새로이 태어나게 할 음식물을 받아 먹습니다. 그리고 부끄러워하지 않고 그들의 행위에 대한 이유를 물어보곤 합니다. 그들은 아주 친철하게 대답해줍니다.

그렇게 보내는 네 시간 동안 나는 전혀 지루함을 느끼지 않고 모든 근심과 가난도 잊게 되고, 죽음도 전혀 두려워하지 않게 됩니다. 나 자신을 그들의 세계에 온전하게 맡기기 때문입니다.

단테는 "들은 것을 지식으로 만들어 놓지 않으면 아무것도 기억할 수 없다."고 말했습니다. 그래서 난 그들과의 대화를 통해 얻은 것을 정리하여 『군주론』이라는 소논문으로 구성해보았습니다. 그리고 더욱 깊이 있게 이 주제를 분석해보았습니다.

'군주국이란 무엇인가? 어떤 유형이 있는가? 어떻게 하면 군주국을 얻을 수 있고, 어떻게 하면 유지할 수 있는가? 왜 잃게 되는가.'

내 공상의 산물들 중에서 어느 것 하나 당신의 마음에 드는 것이 없었을 테지만 이것만은 당신을 기쁘게 할 것이 틀림없습니다. 그리고 군주들, 특히 신생 군주들은 환영할 것임에 틀림없습니다. 나는 이것을 위대한 줄리아노 전하께 바치려고 합니다. 필리포 카사베키아도 그 논문을 읽어보았습니다. 나로서는 아직 수정하고 보완해야 할 것이 많지만 그것에 대해 나와 그가 논의한 부분에 대해 당신에게 말할 것입니다.

(중략)

이 소논문에 대해 필리포와 상의했습니다. 이것을 헌정해야 할지 헌정하지 말아야 할지, 그리고 만약 헌정을 하게 되면 직접 바치는 것이 좋을지 아니면 다른 사람에게 바치게 하는 게 나을지를 의논했습니다. 그러나 혹시 줄리아노 전하가 읽지 않을까 두렵습니다. 그렇게 되면 아르딩헬리가 내가 최근에 심사숙고하여 쓴 이 작품을 자신의 명예로 가로챌지도 모르기 때문입니다.

이 글을 바치려는 것은 나의 곤궁한 처지 때문입니다. 빈곤함으로 인한 경멸이 오래 지속되는 것을 견딜 수가 없습니다. 돌을 굴리는 일이라 할지라도 메디치의 군주들이 나를 유용하게 써주기를 바랍니다. 그래도 그들의 신임을 얻지 못한다면 나 스스로를 탓할 수밖에 없겠지만, 그들이 이 논문을 읽으면 내가 15년 동안 무위도식한 것이 아니라 국가통치술에 관해 연구했다는 것을 알게 될 것입니다.

어느 누구라 할지라도 풍부한 경험을 한 사람에게서 봉사받고 싶어할 것입니다. 난 언제나 최선을 다했기 때문에 나의 정직함에 대해서는 한 점 의혹을 가져서는 안될 것입니다. 43년 동안 정직하고 결백했던 사람이라면 그 본성이 변하지는 않습니다. 그리고 바로 내가 이렇게 가난하다는 것이 나의 정직함과 결백함을 증거하는 것입니다. 이 문제에 대해 어떻게 생각하는지 답장을 받을 수 있기를 바랍니다.

니콜로 마키아벨리

『군주론』 속의 역사적 인물들

루이 12세|Louis XII(1462~1515)

프랑스 왕(재위 1498~1515). 오를레앙 공 샤를의 아들. 14살 때 루이 11세의 딸, 잔과 결혼했다. 한때 샤를 8세Charles VIII(재위 1483~1498)에 반역하여 일시 투옥된 적이 있었으나 샤를 8세의 이탈리아 침공에 함께 참여했다. 1498년 사촌인 샤를 8세가 사망하자 왕위를 계승하고 샤를의 미망인 브르타뉴 공국의 안과 결혼하기 위해 교황 알렉산데르 6세에게 잔과의 결혼을 무효로 해줄 것을 요청했다. 교황은 이를 승낙했으며 그 보답으로 교황의 아들 체사레 보르자를 발렌티노 공작으로 임명했다.

전 왕 샤를 8세를 계승하며 나폴리와 밀라노의 소유권을 주장했는데, 100년쯤 전에 오를레앙 공에게 출가한 비스콘티 공 집안의 딸, 발렌티나의 혈통이 자신이기 때문이라는 것이었다(당시 밀라노는 발렌티나의 동생으로 밀라노 공이었던 필리포 비스콘티의 딸 비앙카와 결혼한 프란체스코 스포르차가 밀라노 공작으로 정권을 장악하고 있었다).

이러한 이유로 1499년 여름, 이탈리아에 원정하여 밀라노 공작 프란체스코 스포르차를 축출하는 데 성공했다. 그러나 겨울에 다시 프란체스코 스포르차의 반격에 패하여 나폴리 왕국으로 철수했다. 그러나 나폴리 왕국의 소유권을 주장하는 에스파냐(스페인)의 페르난도 2세Fernando II(1452~1516)의 반발에 부딪히게 되었으며 이에 그라나다 조약을 맺고(1500) 나폴리를 두 사람이 나누어 통치하자고 약속했다. 그러나 약속은 지켜지지 않았고 서로 나폴리를 차지하려고 다투었으며 1503년 루이의 프랑스 군이 에스파냐 군에게 패함으로써 결국 나폴리에 대한 소유권을 잃었다.

1507년, 교황 알렉산데르 6세의 후계자인 피우스 3세를 이어 교황으로 등극하여(1503) 교황령 확보에 열을 올리고 있는 율리우스 2세와 함께 베네치아를 공격하기로 결의했다. 여기에 막시밀리안 황제 1세, 페르난도 2세까지 합세함으로써 반베네치아 동맹인 캉브레 동맹이 결성되었고 이들은 베네치아를 크게 물리쳤다. 그러나 이로 인해 이탈리아에서 프랑스의 세력이 강대해지는 것을 불안해한 율리우스 2세가 베네치아, 신성로마제국, 에스파냐와 새로운 신성동맹을 맺고 프랑스에 대항했다.

1512년, 볼로냐와 라벤나에서 신성동맹군과 맞선 프랑스 군이 승리를 함으로써 루이의 이탈리아 정벌이 눈앞에 보이는 듯했다. 그러나 유례가 없을 정도로 극심했던 라벤나 전투로 양군의 손실은 너무 컸으며 프랑스의 유능한 지휘관 가스통 드 푸아가 죽자 프랑스 군의 결속력이 급속도로 떨어졌다. 이 틈을 이용하여 대규모의 스위스 군이 프랑스의 점령지인 롬바르디아로 쳐들어왔다. 오랜 전투로 지쳐 있던 루이는 그 소식을 듣고 돌연 군대를 돌려 라벤나와 볼로냐, 밀라노에서 퇴각했으며 롬바르디아까지 철수해 결국 알프스를 넘어 프랑스로 돌아갈 수밖에 없었다(1512). 이로써 프랑스의 샤를 8세에 의해 시작된 이탈리아 원정은 루이 12세에 와서 실패로 끝났다.

마키아벨리는 『군주론』에서, '루이 왕이 밀라노에 입성하자마자 교황 알렉산데르 6세가 로마냐 지방을 정복할 수 있도록 도운 것은 결과적으로 이탈리아 내에서 교회 세력을 강화시켰고, 나폴리 왕국을 에스파냐 왕과 분할함으로써 이탈리아 내에 에스파냐 왕권을 끌어들이게 되었으며 이탈리아 내에서 가장 강력한 세력인 베네치아를 적으로 만드는 결정적인 실수를 함으로써 루이의 정책은 실패한 것'이라고 말하고 있다.

프란체스코 스포르차 Francesco Sforza (1401~1466)

15~16세기 이탈리아 정치에서 중요한 역할을 한 용병대장이다. 평민 출신의 용병대장이었으나 밀라노 공비스콘티의 딸과 결혼하여 밀라노 공작이 되었다. 이후 스포르차 가는 거의 1세기 동안 밀라노를 통치하게 되는데, 로마냐 출신의 평범한 농부였던 그의 아버지는 자신이 속해 있던 용병군의 대장이 죽자 권력을 장악한 후 나폴리와 교황을 섬기며 여러 전투에 참가했다.

1424년 프란체스코 스포르차는 아버지의 뒤를 이어 자신의 부대를 이탈리아에서 가장 강한 용병부대로 만들었으며, 최고의 보수를 지불하는 사람을

위해 싸웠다. 밀라노의 독재자였던 필리포 마리아 비스콘티 휘하에서 용병대
장을 하면서 비스콘티의 딸, 비앙카와 결혼하여 밀라노 공작의 지위를 노렸
으며 1434년 피렌체의 코시모 데 메디치Cosimo de' Medici(1389~1464)와 용
병계약을 맺고 피렌체를 위해서 싸우기도 했다.

　1447년 밀라노 공작 비스콘티가 사망하고 나폴리 왕 아라곤의 알폰소가 후
계자로 지명되자 밀라노 공작의 계승권을 두고 독일, 베네치아와 대치했다.
밀라노 사람들이 공화국을 선포하고 프란체스코 스포르차를 총사령관으로 임
명하자 1449년에 베네치아, 나폴리, 사보이 및 몬페라토가 연합해 스포르차
에 대항했다. 스포르차는 이전부터 재정적, 정치적으로 강력한 후원을 해준
피렌체의 코시모와 손잡고 밀라노—피렌체 동맹을 맺으며 밀라노에 대한 지
배권을 확고히 했다.

루도비코 스포르차Ludovico Sforza(1452~1508)

밀라노 공작이 된 프란체스코 스포르차의 둘째 아들.
까무잡잡한 피부와 검은 머리카락 때문에 흔히 일모로
Il Moro(the Moor, 무어인)로 불린다. 1466년 아버지가
죽고 1476년에는 형 갈레아초가 7세밖에 안된 아들 잔
갈레아초에게 공작령을 남긴 채 살해당하자, 음모를
꾸며 조카의 섭정(1480~1494)이 되었다.

　그러나 밀라노 공국의 주인이 되고 싶었던 그는 당시 이탈리아 도시국가
간의 불안정한 정치를 자신에게 유리하도록 외교적인 수단을 발휘했다. 먼저

이탈리아 내에서 가장 강력한 베네치아를 견제하기 위해 피렌체의 메디치 가문과 우호적인 관계를 맺었으며, 조카 잔 갈레아초를 나폴리 왕 페르디난도 1세(페란테)의 손녀딸과 결혼시켜 나폴리와는 동맹관계를 유지했다. 또한 보르자 가문의 교황 알렉산데르 6세와도 동맹을 맺었다. 신성로마제국 황제 막시밀리안에게는 누이를 막대한 지참금과 함께 출가시키고 황제로부터 밀라노 공작의 칭호를 인정하게 했다.

1494년 나폴리 왕 페란테가 죽자 프랑스 왕 샤를 8세가 즉각 나폴리 계승권을 주장했다. 교황 알렉산데르 6세가 이를 거부하고 새 나폴리 왕으로 전 왕의 적자 알폰소를 승인하자 화가 난 샤를 8세는 나폴리 정복에 나섰으며 이때 스포르차는 샤를 8세와 동맹을 맺고 밀라노에 입성하는 샤를을 환영했다. 샤를은 그에게 밀라노 공작의 칭호를 주었다. 그러나 프랑스 군의 침입으로 이탈리아 전역이 전쟁의 혼란으로 빠져들자 베네치아가 주도하는 대프랑스 동맹에 가입했다. 이 동맹은 결국 샤를 8세를 프랑스로 돌아가게 했으며 이 과정에서 스포르차는 한때 이탈리아의 주도권을 쥐었다.

그러나 샤를의 뒤를 이은 프랑스의 루이 12세가 밀라노 공작령에 대한 주도권을 주장하며 다시 밀라노를 공격하자 쫓겨나고 만다. 때를 기다리던 스포르차는 백성들이 루이의 통치에 염증을 내기 시작하는 틈에 스위스 용병을 이끌고 다시 밀라노를 되찾으려고 했으나 스위스 용병부대의 배신으로 프랑스 군에 잡히고 말았다. 그 후로는 밀라노로 돌아가지 못하고 프랑스의 로슈 성에서 세상을 떠났지만(1508), 죽을 때까지도 밀라노 공작을 포기하지 않았다.

군사, 외교 면에서 뛰어난 능력을 보여준 스포르차는 용병대장으로서는 드물게 학문과 예술에도 상당히 조예가 깊었다. 레오나르도 다 빈치, 도나텔로를 비롯한 많은 예술가들을 후원하여 밀라노를 르네상스 문화의 중심지로 만들었으며, 대규모 공사와 다양한 축제 등으로 그가 집권하는 동안 밀라노 시민들을 행복하게 해주었다. 그러면서도 외세의 침입 또한 받지 않았기 때문에 마키아벨리는 『군주론』에서 스포르차의 외교술과 통치술을 인정했다.

하지만 그로 인해 백성들은 세금 부담에 시달리게 되었고 프랑스 왕 루이 12세의 침입을 환영하게 되었다고 마키아벨리는 말한다. 또한 '스포르차가 샤를 8세의 이탈리아 정복을 허용함으로써 이후 이탈리아는 프랑스를 비롯한 외세의 침입으로 혼란을 겪게 되었다.'고 비난했다.

체사레 보르자Cesare Borgia(1475~1507)

마키아벨리에 의해 '새로운 군주의 전형'으로 소개되면서 『군주론』에서 자주 거론되는 인물이다. 교황 알렉산데르 6세Alexander VI(1431~1503)의 아들이며 아버지가 교황에 오르기 전의 애인이었던 로마 귀족 출신의 여인과의 사이에서 태어난 사생아였다.

하지만 교황의 자식들(알렉산데르 6세는 르네상스 시대의 역대 교황 중에서 가장 부패하고 세속적인 교황으로 여러 명의 정부를 거느린 복잡한 사생활로 잡음이 끊이지 않았다) 중에서 가장 총명하고 잘생겼으며 야심만만했으므로 교황의 참모가 되는 데 성공했다. 그러나 여동생 루크레치아를 두고 남동생과 치정에 얽히고 동생이 살해되는 비극적인 사건들이 발생하면서 냉혹한 살인자라는 의심을 받았으며, 정치적 야망을 위해서

동생을 죽일 수도 있는 탐욕스럽고 냉혹한 인간으로 인식되기 시작했다.

아버지 로드리고 보르자가 1492년 교황으로 선출되자 아버지에 의해 추기경에 올랐으며 프랑스 왕 루이 12세로부터는 발렌티누아 공작 칭호를 받았다(발렌티노라는 별명으로 불렸다). 교황과 프랑스 왕의 후원을 받으며 이탈리아 중부 로마냐 지역에 자신의 통치권을 확립하고 나폴리, 밀라노, 피렌체를 위협하며 중부 이탈리아 지역에 자신의 왕국을 세우려 했다. 1503년 교황 알렉산데르 6세가 사망했을 때 자신도 병을 앓게 되었고 그 사이에 자신의 정적인 줄리아노 델라 로베레가 교황 율리우스 2세로 선출되었다. 율리우스가 로마냐 지역에서의 보르자의 통치권을 거부하자 나폴리로 도망쳤으며, 이후 체포와 탈출을 거듭하다 1507년에 사망했다.

마키아벨리는 1502~1503년 사이에 피렌체 공화국의 서기관으로서 체사레 보르자를 접촉했다. 그리고 체사레가 자신의 권력을 만들어가는 과정을 지켜보며 훗날 『군주론』에서 '이탈리아의 강력한 새 군주'로 그를 인용했다. 마키아벨리는 체사레에게서 다음과 같은 사건들을 주목했다.

1498년 프랑스 왕 루이 12세로부터 발렌티노 공작 칭호를 받은 체사레 보르자는 프랑스 군을 포함한 교황군 총사령관으로서 이몰라와 포를리를 점령하고(1499) 로마냐 지역을 위협했다. 이후 체사레는 아주 신속하고 기습적으로 군대를 움직여 우르비노 공국으로 향했다. 우르비노는 총 한번 쏘지 못하고 성문을 열었으며(1502), 이어 산 마리노, 카메리노도 차례로 체사레의 위협적인 힘에 굴복하게 되었다. 고립된 피렌체는 체사레에게 우호의 사절을 보내지 않을 수 없었으며 이때 마키아벨리가 파견되었다.

체사레의 통치권이 이탈리아 중부도시를 휩쓸자 불안을 느낀 휘하의 용병대장들이 마조네에 모여 반란을 일으켰다(1502. 10). 이들은 용병대장이지만 엄밀하게 말하면 교황령 아래 소국의 영주들이었다. 순식간에 군사력을 잃게 된 보르자는 교황의 자금으로 다시 군대를 소집했으며 동시에 속임수로 외교 전술을 펼쳤다.

먼저 프랑스 루이 12세가 보내준 프랑스 병사들을 돌려보냄으로써 주변국의 긴장을 완화시켰으며, 자신의 가신이었던 레미로 데 오르코를 참혹하게 처형해버렸다. 오르코는 체사레에 의해 로마냐 지방을 통치했던 인물이었으나 너무 잔혹하고 엄격하여 민심이 동요하고 있었다. 이를 알아차린 체사레는 그를 희생양으로 처벌하여 반란자들을 안심시켰으며 동시에 로마냐 지역의 민심을 자신의 편으로 만들었다. 그리고 화해의 제스처를 보내며 반란자들을 세니갈리아의 한 장소에 모이게 한 다음 전부 죽여버렸다(1502. 12). 그 후에 그들이 다스리던 지역을 점령함으로써 자신의 권력 기반을 확고하게 했다. 이렇듯 냉혹한 체사레의 태도에 주민들은 경악을 금치 못했지만 그를 따르고 지지할 수밖에 없었다.

마키아벨리는 이러한 체사레의 행적에 대해 『군주론』에서 이렇게 논했다.

"그러므로 발렌티노 공작이 밟아갔던 모든 단계들을 살펴보면 그가 자신이 얻을 미래의 권력을 위한 강건한 기반을 구축했음을 알 수 있습니다. 그러한 각 단계들을 거론하는 것이 무의미하다고 생각하지 않는 것은, 신생 군주로서 그의 행적들보다 더 모범적인 선례를 찾아볼 수 없기 때문입니다. 비록 그의 계획이 성공하지 못했다 해도, 그것은 그의 실수 때문이 아니라 예외적이며 극단적인 불운의 결과라 할 것입니다.

…… 그러므로 새로이 군주국을 차지하게 되었을 경우, 적들로부터 자신을 안전하게 지켜야 할 필요가 있다고 생각한다면 다음과 같이 행동해야 합니다.

우호세력을 만들고, 무력이나 속임수로 정복하고, 백성들로부터 사랑을 받으면서 동시에 두려움을 품도록 해야 하며, 군대로부터 복종과 존경을 받을 수 있어야 합니다. 또한 해를 끼칠 가능성이 있는 자들은 모두 제거하고, 오래된 제도는 새로운 제도로 대체하고, 잔혹한 동시에 너그러워야 하며, 관대하고 대범해야 하며, 충성을 바치지 않는 군인들은 제거하여 새로운 인물들을 발탁하고, 주변의 왕들과 동맹관계를 유지하여 그들이 흔쾌히 도움을 줄 수 있도록 하고, 함부로 공격할 수 없도록 만들어야 합니다. 이러한 것들의 본보기로서 공작의 행적보다 더 생생한 모범은 없습니다."

마키아벨리는 15세기 후반 끊임없이 외세의 침입에 시달리는 피렌체 공화국과 더 나아가 이탈리아를 구원할 새로운 군주의 유형을 '체사레 보르자'에게서 찾고 있었다고 할 수 있다.

지롤라모 사보나롤라Girolamo Savonarola(1452~1498)

이탈리아 르네상스 시대의 그리스도교 설교가이며 종교개혁자이다. 전제군주들과 부패한 성직자들을 비난하는 설교로 민중들의 지지를 받았으며 1494년 메디치가가 몰락한 뒤 피렌체의 민주공화정을 이끌었던 인물이다.

1452년에 태어나 페라라 궁정의 주치의였던 할아버지의 교육을 받으며 자랐다. 할아버지는 철저한 그리스도교 신자였으나 특이하게도 건강을 위해 술을 적당히 마시라고 주장한 의사였다. 그런 할아버지에게서 교육받았지만 사보나롤라는 술은 마시지도 않았을 뿐만 아니라 우울하고 내성적인 성격이었으며, 도덕과 신앙 원칙을 아주 철저하게 지키는 금욕적인 종교생활을 했다.

1475년 아버지에게 '이탈리아 사람들이 저지르는 맹목적인 사악함을 참을 수가 없다.'는 편지를 남기고 볼로냐에 있는 도미니쿠스 수도원으로 들어가 수도생활을 시작했다. 7년의 수련 기간을 보낸 후 페라라를 비롯하여 제노바, 토스카나, 롬바르디아 등을 돌아다니며 성직자들의 부패를 강력하게 비난하는 설교를 하기 시작했으며, 1482년 피렌체의 산 마르코 수도원에 자리를 잡았다.

사보나롤라가 설교를 처음 시작할 때는 능숙하지 않았다. 외모에서뿐만 아니라 투박하고 거친 목소리 때문에 우아하고 품위 있는 설교에 길들여져 있는 피렌체 인의 마음을 움직이지 못했다. 그러나 차츰 '나의 설교는 하느님이 나를 통해 말씀하시는 것'이라는 예언자적인 태도와 교회의 개혁을 외치는 금욕적인 신앙이 피렌체 인들에게 영향력을 발휘하기 시작했다. 영혼을 파괴하는 사치와 쾌락을 버리고 초기 그리스도 교회의 순수성으로 돌아가야 구원을 받을 수 있다고 외쳤으며, 피렌체는 새로운 정치제도가 필요하다며 메디치 정권에 대해 신랄한 비판도 서슴지 않았다. 따라서 피렌체의 하층민들뿐만 아니라 지식계급들 특히 메디치 가의 로렌초의 후원을 입은 학자들과 보티첼리, 미켈란젤로를 비롯한 예술가들의 영혼을 사로잡기 시작했다.

1492년 로렌초가 죽고 샤를 8세의 침략(1494)으로 메디치 가의 통치가 무너지자 사보나롤라는 "이것은 신이 내리시는 노여움이며, 피렌체 시민들은 회개해야 한다. 주님이 나를 이곳으로 보내셨다."는 내용의 무시무시한 설교로 시민들을 두려움에 떨게 했다. 이에 시민들은 사보나롤라로 하여금 샤를과 협상을 하게 했으며 피렌체로 쳐들어오는 샤를 8세를 '피렌체 공화국을 독재정치로부터 해방시키기 위해 하느님이 보내신 분'이라며 열렬히 환영했다. 이에 감동받은 샤를에 의해 피렌체는 프랑스 군의 약탈을 피할 수 있었다.

이런 눈부신 활약으로 메디치 가가 축출된 피렌체에서 군주와 다를 바 없는 권위를 갖게 되었으며, 이탈리아의 심장부인 피렌체에 이탈리아와 교회의 개혁을 선도할 '그리스도를 왕으로 모시는 공화국'을 세우기 위한 개혁을 시도했다.

이후 피렌체 거리에는 매일 사보나롤라의 날카로운 설교가 넘쳐났으며 '축복받은 어린이'라는 두건을 쓴 아이들이 떼를 지어 몰려다니며 '악으로 이끄는 모든 것'들을 고발하고, '허영의 소각'이라는 이름으로 불태웠다. 피렌체의 시뇨리아 광장은 한동안 흰옷에 붉은 십자가를 든 무리들의 합창과 나팔소리, 소각의 불꽃, 종소리가 가득했으며 시민들은 부패한 피렌체가 곧 그리스도의 낙원으로 변할 것이라고 믿게 되었다.

그러나 너무나 금욕적이고 급진적인 그의 개혁은 추종자도 많았지만 한편으로 그를 반대하는 '아라비아티Arrabbiati'라는 당파도 생겨나게 했다. 이들은 강력한 외부세력들과 동맹을 맺었는데, 그중에서 가장 대표적인 세력이 밀라노 공작 루도비코 스포르차와 새 교황 알렉산데르 6세였다. 이들은 프랑스 왕에 맞서 신성동맹을 맺었고 여기에 베네치아, 막시밀리안 황제와 아라곤 왕 페르난도 2세까지 합세했다. 그러나 사보나롤라는 이 동맹에 가담하지 않겠다고 선언했으며 이로써 교황으로부터 파문과 설교 금지령이 내려졌다. 그러나 그는 더욱더 로마 교황청을 비판하며 교황의 사생활을 언급하는 설교를 계속함으로써 교황을 격분시켰다.

교황의 파문과 협박에도 사보나롤라의 영향력이 커나가자 교황은 설교를 포기하면 추기경 자리를 주겠다고 회유했다. 그러나 사보나롤라는 "나는 붉은 모자가 아니라 피로 물든 붉은 모자가 어울린다"며 회유를 물리쳤고, 자신은 하느님의 명을 받고 교황과 대적하고 있는 것이라며 설교를 멈추지 않았다.

교황청이 사보나롤라를 투옥시키지 않으면 피렌체 전체를 파문하겠다고 위협하는 가운데 피렌체 내에 흉년과 역병 그리고 잇달은 전쟁으로 정치적, 경제적 상황이 악화되면서 사보나롤라의 지지 기반이 약해지기 시작했다. 이 틈을 이용하여 아라비아티지(사보나롤라를 반대하는 메디치 가 지지자들)들이 피렌체 정부를 장악하고 사보나롤라의 설교를 금지시켰다.

1498년 3월 도미니쿠스회에 반감을 품고 있던 프란체스코회의 한 수도사가 평소 신의 계시에 의한 설교라고 말한 사보나롤라의 은총을 입증하는 '불의 심판'을 받자고 제의했다. 자신과 사보나롤라가 불속으로 걸어 들어가 사보나롤라가 화상을 입지 않으면 그를 진정한 예언자로 인정하겠다는 것이었다. 피렌체 시민들은 순식간에 이 야만적인 실험에 흥분하기 시작했으며 당장 실시하라고 재촉했다. 사보나롤라의 반대에도 불구하고 4월 7일 피렌체의 시뇨리아 광장에는 불의 심판을 위한 제단이 준비되었다. 그러나 프란체스코회 수사는 나타나지 않았으며 엄청난 폭풍우로 인해 신성재판이 취소되자 재판을 기대했던 군중들은 폭도로 변했다. 사보나롤라의 기적을 기대하며 그를 지지했던 '피아뇨니(사보나롤라 추종자)'들은 "속았다. 가짜 예언자에게 속았다!"라고 비난했으며 그를 반대하던 아라비아티는 "처음부터 사기꾼이었다." 며 분노했다.

결국 다음날 사보나롤라와 그의 제자들은 산 마르코 수도원을 공격한 폭도들에게 체포되었으며, 형식적인 종교재판이 열려 이단죄, 분파 활동을 한 죄, 성스러운 로마 교회에 대한 반역죄가 언도되고 화형에 처해졌다. 그가 화형을 당하던 마지막 순간에도 시민들 가운데에서 누군가가 "오, 예언자이시여, 이제 기적의 시간이 되었습니다. 자신을 구원하소서!"라고 외쳤다고 한다.

사보나롤라가 처형되던 당대를 살던 피렌체 인 마키아벨리는 『군주론』에서 사보나롤라의 주장이나 방법론에 대해 이렇게 언급하고 있다.

"무력을 갖춘 예언자는 모두 성공하지만 무력을 갖추지 못한 예언자는 멸망한다는 사실을 알 수 있습니다. …… 그는 자신을 믿었던 사람들을 지속적으로 관리할 방법도, 믿지 않았던 사람들을 믿게 할 방법도 없었던 것입니다."

막시밀리안 1세|Maximilian I(1459~1519)

1493년 프리드리히 3세가 사망하자 독일 왕국의 유일한 통치자로서 합스부르크 왕가의 수장이 되었다.

1494년 샤를 8세의 이탈리아 침공으로 유럽의 세력 균형이 깨지자 나폴리를 점령하고 있던 프랑스를 물리치기 위해 교황(알렉산데르 6세), 에스파냐(아라곤의 왕 페르난도 2세), 베네치아, 밀라노 등과 함께 이른바 신성동맹을 맺고(1495) 1496년 이탈리아에 원정하여 프랑스 군을 격퇴했으나 별로 소득을 얻지는 못했다.

막시밀리안은 독일 왕이었지만 새로 선출된 교황 율리우스 2세의 동의에 의해 로마 황제 칭호를 받았다(1508). 이후 프랑스, 에스파냐, 교황과 함께 대베네치아 동맹인 캉브레 동맹에 가담했다(1508). 이들은 베네치아 공화국을 분할하는 데 그 목적이 있었으나 이 전쟁에서 막시밀리안은 자금과 병력이 부족했기 때문에 신뢰할 수 없는 동반자라는 오명을 쓰기도 했다.

1511년 동맹을 맺었던 프랑스에게서 등을 돌리고 교황, 에스파냐, 영국과 그 연합세력들에 의해 새로 결성된 신성동맹에 가담하여 프랑스 군과 싸워 승리를 거두었으며 그의 동맹군들은 밀라노와 롬바르디아를 회복했다.

1515년 합스부르크 가문과 헝가리 왕가 사이에 유리한 혼인관계가 맺어졌으며 이에 따라 합스부르크 가는 같은 왕조의 지배를 받고 있던 헝가리와 보헤미아에서 위상을 강화했다. 중부 유럽과 이베리아 반도까지를 포함하는 막시밀리안의 복잡한 동맹체제는 그를 유럽 정세에서 강력한 세력으로 만들었다. 죽을 때까지 손자 카를이 황제에 선출되도록 노력했으며 그 결과 에스파냐의 왕이었던 손자가 그가 죽던 해에 카를 5세로 신성로마황제에 즉위했다 (1519).

카를 5세|Karl V(1500~1558)

신성로마제국의 황제(재위 1519~1556), 에스파냐의 왕 (카를로스 1세, 재위 1516~1556), 오스트리아의 대공 (카를 1세, 재위 1519~1521)이다. 신성로마제국의 황제이면서 에스파냐의 왕을 겸했기 때문에 명칭이 많다.

아버지는 막시밀리안 황제 1세의 아들 펠리페이며, 어머니는 아라곤의 왕 페르난도의 딸 후아나이다. 따라서 16살에는 외가 쪽에서 에스파냐를 물려받았고, 19살에는 친가 쪽에서 독일의 합스부르크 왕가를 물려받았다.

　서유럽의 패권을 두고 경쟁자인 프랑스 왕 프랑수아 1세와 대결했으나, 1520년 독일 왕에 즉위하는 동시에 신성로마제국 황제라는 칭호를 얻었다. 1525년, 밀라노 남쪽 파비아 전투에서 프랑스 군을 격파하고 프랑수아 1세를 포로로 잡아 이탈리아에서 카를의 영향력이 확실해지자, 교황 클레멘스 7세는 프랑스와 손잡고 카를에 대항했다(코냐크 동맹). 그러나 1527년 초 카를의 에스파냐 군대와 독일 용병들은 교황과 싸우기 위해 로마로 향했으며 무방비 상태인 로마는 이들에 의해 6개월에 걸쳐 약탈을 당했다(로마의 약탈).

　개신교도인 루터 파의 독일 용병들은 가톨릭의 본산인 로마 교황청에 대해 노골적인 적개심을 가지고 있었다. 교황청의 개혁을 요구하는 이들에 대해 전혀 대비책을 찾지 못하고 있던 클레멘스 7세는 카를과 강화조약을 맺고 볼로냐에서 카를에게 황제의 왕관을 씌워주었다(1530). 그후 루터 파들의 개혁 운동은 더욱 확산되었으며 프로테스탄트들의 반란은 확대되었다.

　1530년 카를은 뒤늦게 종교회의를 소집하고 교회 내부의 개혁을 이룩하려고 애썼으나 이미 종교개혁의 불길은 걷잡을 수 없는 상태였고, 점점 커지고 있는 투르크와 프랑스의 압력에 맞서 만성적인 전쟁을 해야 했다. 1544년 프랑스와의 싸움이 일단 종결되었고, 투르크 제국과도 휴전이 성립하여 간신히 분쟁에서 벗어났다. 그러나 1552년에 프로테스탄트 군주들이 카를의 전제적인 태도에 항거하자 1555년 아우크스부르크 국회에서 성립한 종교화의宗敎和議에서 루터의 정치적 권리를 승인할 수밖에 없었다.

　실의에 빠진 카를은 이듬해 황제 칭호를 동생 페르디난트 1세(재위 1558~1564, 신성로마제국 황제)에게, 네덜란드와 에스파냐 왕위는 아들 펠리페 2세에게 물려주고 에스파냐의 한 수도원에 은거하며 여생을 보냈다.

• 메디치 가문Medici family •

메디치 가문은 원래 토스카나 지방의 농민이었으나 13세기 피렌체의 동북부 무젤로 지방에서 상업으로 성장하기 시작하여 14~16세기에 걸쳐 유럽 최대의 금융 자본가가 되었다. 이를 바탕으로 피렌체의 정치계에 발을 디딘 메디치 가는 1434부터 1737년까지 두 차례의 공백기간(1494~1512, 1527~1530)을 제외하고 피렌체 공화국과 토스카나 공국을 지배했다. 또한 르네상스의 문화를 꽃피우게 한 결정적인 공로자로서 이탈리아 내에서 정치적 영향력이 막강했던 가문이다.

조반니 디 비키 데 메디치Giovanni di Bicci de' Medici(1360~1429)

13세기경부터 약제업 또는 고리대금업으로 돈을 벌기 시작한 메디치 가는 대규모 사업을 하는 부유한 가문들만이 정부의 요직에 들어갈 수 있는 피렌체에서 일류 가문은 아니었지만 부유한 명문가로 일찌감치 자리를 잡고 정치에 영향력을 발휘하기 시작했다. 1378년 촘피 반란(모직업 중 최하층 계급, 세척실에서 나막신을 신고 일했기 때문에 '촘피ciompi'라 불린 사람들이 일으킨 난)에서 빈민층 편을 들어줌으로써 평민들에게는 우호적이라는 인상을 주었다. 반면에 지배 계층으로부터는 경계의 시선을 받아야 했다.

조반니 디 비키는 메디치 가의 영광을 이룩한 최초의 인물로 평가된다. 선조들의 가업이었던 직물과 실크 제조업으로 돈을 벌기 시작했으나 결정적으로는 금융업과 함께 교황청의 재정을 담당하며 막대한 부를 쌓았고 이와 동시에 지배계층의 의혹도 사라지게 했다. 교황 요한 23세를 위해 막대한 자금을 동원하여 교황직을 사게 했다는 설이 있을 정도로 교황과 밀접한 관계를 유지하여 피렌체의 유력한 정치인사로 자리잡았다. 또한 피렌체 시민들에게 항상 친절하고 이해심이 많은 사람, 인정이 많고 검소한 사람이라는 인상을 심어줌으로써 조반니 대에 메디치 가는 이탈리아에서 가장 큰 은행가이며 부유한 가문으로서의 위치를 확고히 할 수 있었다.

코시모 데 메디치Cosimo de' Medici(1389~1464)

메디치 가문의 피렌체 집권 시대(1434~1537)를 연 인물이다. 아버지 조반니의 후광으로 피렌체의 다른 부유한 귀족 가문의 자식들과 함께 교육을 받으며 자랐다. 아버지와 달리 무식한 상인의 모습에서 탈피하기 위해 폭넓은 지식을 가지려고 노력했으며 고전 학문과 고전적 이상을 추구하는 인문주의자가 되고자 했다.

따라서 피렌체 내의 명망 있는 가문들의 인문학적 고전서적 구입이나 골동품 수집 등을 적극적으로 후원함으로써 그 가문들과 친밀한 관계를 유지하고 정치적 기반을 다졌다.

그러나 평소에 메디치 가문을 견제하던 알비치 가의 사람들이 '아주 나쁜 방식으로 돈을 긁어모았으며 가문의 영광을 위한 고리대금업자에 불과하다.'

는 중상모략을 퍼뜨렸고, 이에 자극받은 민중들이 1433년 초 코시모의 궁전을 공격하기에 이르렀다. 이로 인해 피렌체 정부에 소환되었으며 '다른 사람들보다 더 높은 지위에 오르려 했다'는 반역죄를 언도받고 피렌체에서 추방되었다. 하지만 추방은 길지 않았다. 정치적 영향력과 막대한 자본을 소유하고 있었기 때문인지 추방지에서도 거의 군주와 같은 대접을 받았으며 결국 시민들에 의해 피렌체로 다시 복귀할 수 있었다. 이후 본격적인 메디치 가문 집권 시대를 열었다(1434).

코시모는 정적이었던 알비치 가문을 피렌체에서 추방시키고 입헌주의 체제를 다듬었다. 법률에 따라 다스리는 공화정을 표방했지만 사실은 자신의 영향력을 행사하면서 메디치 가의 통치체제를 만들었다. 따라서 자신을 반대하는 세력에 대해서는 밀라노의 스포르차 가문과 동맹을 맺고 스포르차의 군대로 진압함으로써 피렌체를 장악할 수 있었다.

그러나 밀라노와의 동맹은 베네치아를 자극했고 베네치아 인들이 신성로마제국 황제와 함께 피렌체를 공격하려 했다. 다행히 1453년 콘스탄티노플을 함락시킨 투르크 족이 이탈리아를 침범하려 하자 외교적 수완을 발휘하여 교황, 피렌체, 밀라노, 베네치아가 동맹을 맺어 단결할 것을 촉구했으며, 이러한 코시모의 정책은 빛을 발하여 이탈리아는 50여 년 만에 평화를 누릴 수 있게 되었다.

또한 코시모는 경제적 능력도 뛰어나서 유럽의 16개 도시에 메디치 은행을 세워 이탈리아에서 가장 부유한 가문으로 만들었고 그 막대한 자금을 기반으로 피렌체의 예술과 문화 융성을 위해 노력하는 것도 잊지 않았다. 당시 피렌체에는 많은 그리스 학자들이 모여들어 고문서와 역사, 미술, 철학에 대한 관심이 고조되고 있었다. 코시모는 특히 플라톤 철학에 대한 흥미가 높아지자 플라톤 아카데미를 창설했고, 수년간 모아들인 고서들을 보관할 메디치 도서관도 건립했다.

또한 피렌체를 아름다운 도시로 만들기 위해 기베르티Lorenzo Ghiberti (1378~1455)와 브루넬레스키Filippo Brunelleschi(1377~1446) 같은 건축가들을 동원하여 피렌체 부근의 교회와 수도원, 건물을 건축하고 장식했다. 따라서 교황청의 재산으로 부를 축적한 것에 대한 비난도 있었지만, 르네상스 문화 발전에 대한 코시모의 업적을 감사하게 생각한 피렌체 공화국은 사후 그에게 '국부國父, Pater Patriae'의 칭호를 내렸다.

훗날 피렌체의 역사가 구이차르디니Francesco Guicciardini(1483~1540)는 코시모에 대해 이렇게 말했다. "그가 가진 대단한 명성은 로마의 몰락 이후 당대에 이르기까지 그 어떤 시민도 누려보지 못한 것이었다."

코시모는 30여 년간 피렌체에서 최고의 권력을 가진 인물이었지만 표면적으로는 아주 소박하게 행동함으로써 당대에는 피렌체 인들의 존경과 찬사를 받았으며 1464년 그가 죽었을 때 사람들은 그의 죽음을 진심으로 슬퍼하며 그의 정치적 능력과 수많은 업적을 칭송했다.

2명의 아들, 피에로(1416~1469)와 조반니(1424~1463)를 두었는데, 조반니는 일찍 죽고 피에로가 아버지의 뒤를 이었으나 피에로의 시대는 그리 길지 않았다. 피에로도 2명의 아들을 두었는데, 둘째 아들 줄리아노(1453~1478)는 암살당했으며, 피에로의 뒤를 이은 첫째 아들 로렌초(1449~1492)는 '일 마그니피코il Magnifico(위대한 자)'라 불렸다.

로렌초 데 메디치Lorenzo de' Medici(1449~1492)

 메디치 가에서 가장 뛰어난 인물로 1449년 피렌체에서 출생하여 메디치 가문의 황금시대를 만들어냈다. 아버지 피에로는 '통풍에 걸린 피에로'라는 별명을 얻을 정도로 몸이 약했기 때문에 은행 업무나 피렌체의 정치에 적극적으로 참여하지 못했으므로 어렸을 때부터 최고의 교육과 제왕 교육을 받으면서 대외적인 일로 로마 교황을 방문하거나, 메디치 궁에서 국빈들을 접대하며 자랐다. 외모는 뛰어나지 않았지만(아주 못생긴 얼굴이었다고 한다), 강인하고 영특해 보였으며 열정적이고 성격은 쾌활했다.

아버지가 죽자 22살의 나이로 메디치 가를 물려받았다. 피렌체를 아버지의 방식대로 "가능한 합헌적인 방식으로 통치하겠다."고 공표하고 아버지와 동맹관계에 있던 밀라노의 스포르차 가에 군사적 지지를 요청하여 정적들의 음모를 진압하고자 했다. 아버지와 마찬가지로 표면적으로는 피렌체 공화국을 표방했지만 대외적으로는 피렌체의 실제적인 통치자로 군림하며 메디치 가의 정권(1469~1492)을 확립했다.

1471년 교황 식스투스 4세Sixtus IV(재위 1471~1484)가 선출되었을 때 재정적인 후원을 거절함으로써 교황청과 불화가 시작되었다. 메디치 가에 적대적이었던 교황의 조카(지롤라모 리아리오)와 피사의 대주교(프란체스코 살비아티) 그리고 파치 가문이 결탁한 음모로 1478년 대성당의 미사에서 생명을 잃을 뻔했으나 다행히 살아남았다. 그러나 대신 동생 줄리아노가 살해되었으며 충격을 받은 군중은 메디치 편에 서서 음모자들을 처단해버렸다.

줄리아노의 죽음과 사제들이 가담했던 사건이었음에도 교황이 오히려 메디치 가에 보복 조치를 내리고 로렌초를 교황의 법정으로 소환하려 하자, 로렌초는 밀라노와 페라라 등 주변 국가와 외교적인 동맹을 맺고 교황에 대응했다. 화가 난 교황은 피렌체에 전쟁을 선포하고 나폴리의 페르디난도 1세(재위 1458~1494, 페란테라고도 함)에게 원조를 요청했다. 이에 로렌초는 과감하게 나폴리 왕을 설득하여 전쟁을 피하고 이탈리아 반도의 세력 균형을 유지했다.

이로써 로렌초는 이탈리아에서 자신의 영향력을 확고히 했으며 또한 막강한 경제력으로 피렌체에 평화와 축제의 시대를 열었다. 권력의 최고 자리에 있었으나 스포르차 가문처럼 공작이 되려고 하지 않았으며 '70인 위원회'를 창설하여 피렌체의 정책을 담당하게 했다. 그러나 정적들이 독재자라고 비난할 정도로 피렌체는 그의 결정권에 의해 좌우되었다. 그럼에도 불구하고 메디치 가 및 피렌체의 황금시대를 만들어냈다 하여 피렌체 시민들로부터 '일 마그니피코(위대한 자)'라는 칭호를 받았다.

1484년 적대적이었던 교황 식스투스 4세가 죽고 뒤를 이은 인노켄티우스 8세에 이르러 교황청과 관계를 회복하고 다시 한번 이탈리아 평화를 위한 중추적인 역할을 발휘했다. 이로써 피렌체 공화국은 평화와 예술이 꽃피는 풍요의 시대를 마음껏 누릴 수 있었으며 또한 화가, 건축가, 작가들에 대한 아낌없는 후원으로 15세기 후반 피렌체의 문화를 꽃피우는 데 결정적인 역할을 했다. 보티첼리Sandro Botticelli(1445~1510), 베로키오Andrea del Verrocchio(1435~1488), 레오나르도 다 빈치Leonardo da Vinci(1452~1519), 미켈란젤로 Michelangelo di Lodovico Buonarroti Simoni(1475~1564)와 같은 대예술가들이 탄생하게 되었다.

그러나 이러한 활동은 결국 가문의 재정에 상당한 부담을 주었을 뿐만 아니라, 권력 보존을 위한 지나친 재정 낭비와 경제적 악화로 메디치 은행은 거의 파산할 지경에까지 이르게 되었다. 1490년 도미니쿠스 수도회의 수사 사보나롤라의 메디치 가문에 대한 비난이 빗발치는 가운데 로렌초는 1492년 몇 년 동안 앓고 있던 통풍이 악화되어 세상을 떠났다(43살). 메디치 가의 로렌초 시대는 이탈리아에서 가장 평화로웠고 전쟁도 없었던 시기였다. 그러나 그가 죽고 2년 후 이탈리아는 프랑스 왕 샤를 8세의 침입을 받게 된다(1494).

로렌초는 세 아들, 피에로(1472~1503), 조반니(1475~1521, 교황 레오 10세), 줄리아노(1479~1516)를 두었으며, 로렌초의 뒤를 이은 첫째 아들 피에로 대에 이르러 메디치 가는 피렌체에서 추방당했다.

레오 10세|Leo x(1475~1521)

본명은 조반니 데 메디치Giovanni de' Medici. 로렌초의 둘째 아들이다. 1475년 피렌체의 메디치 궁에서 태어났다. 8살 때부터 성직에 들어섰으며 아버지 로렌초의 영향력으로 1492년 로마 교황청에서 가장 어린 나이(16살)에 추기경에 올랐다. 아버지 로렌초가 죽고 형 피에로가 피렌체를 이어받았으나 프랑스 왕 샤를 8세의 침입에 굴복함으로써 시민들의 반발을 사게 되었다. 이로써 피렌체 공화국을 배반했다는 혐의로 가문 전체가 피렌체에서 추방당하자(1494.11) 피렌체를 떠나 잠시 유럽을 여행했다.

1500년 다시 이탈리아로 돌아와 로마에 정착했으며 형 피에로가 죽은 후 메디치 가문의 수장이 되었다. 1503년 교황 율리우스 2세Julius II(1443~1513)가 교황이 되는 데 조력하고 율리우스 2세와 돈독한 관계를 유지했다. 이탈리아의 정복을 꿈꾸는 프랑스 왕 루이 12세에 대항하여 율리우스 2세가 에스파냐와 신성동맹을 맺었을 때 에스파냐 군에서 종군하며 프랑스 군과 싸웠으며, 프랑스 군이 철수하자 율리우스의 후원 아래 메디치 가문이 피렌체를 다시 장악하는 일을 주도했다(1512).

피렌체 공화정을 장악하고 동생 줄리아노Giuliano de' Medici(1479~ 1516)의 지배체제를 만든 다음 음울했던 사보나롤라의 시절 대신 메디치 가의 '로렌초 일 마그니피코'의 시대로 다시 돌아갈 것이라고 선언함으로써 피렌체의 거리에는 사보나롤라가 금지했던 축제의 노래가 다시 울려퍼졌으며 시민들은 메디치 가문을 지지했다.

1513년 교황 율리우스 2세가 죽자 교황 레오 10세(재위 1513~1521)로 추대되었다. 호전적이었던 전 교황 율리우스에 의해 전쟁에 지쳐 있던 교황청의 추기경들은 37세의 온화하고 사교적인 새 교황을 지지했다. 메디치 궁에서 청년 시절을 보내면서 유럽에서 가장 세련된 상류사회의 생활방식과 취향을 체득했기 때문에 전임 교황과는 아주 대조적이었으며, 로마가 갈망하던 평화로운 시대와 아주 잘 어울렸다. 막대한 교회 재정과 메디치 가의 부를 이용하여 예술과 문화의 부흥에 열정을 기울였다. 율리우스 2세가 시작한 성베드로 성당 재건축을 완성시켰고, 바티칸 도서관의 장서들도 크게 늘렸다. 이로써 알렉산데르 6세 때 형편없이 떨어졌던 교황의 권위를 어느 정도 회복시켰다.

한편 이탈리아에서 메디치 가문이 다시 한번 영향력을 주도하리라는 야심

찬 계획도 추진했다. 페라라와 우르비노 공국을 합치고 파르마와 모데나를 합류시키고, 영향력이 큰 피렌체의 추기경직에 사촌 줄리오Giulio de' Medici (1478~1534)를 임명하고, 조카 로렌초는 교황의 대리인으로 피렌체에 보냈으며, 동생 줄리아노는 나폴리 왕국을 맡게 하여 중앙 이탈리아에 강력한 새 왕국을 만들려고 했다.

그러나 1515년 프랑스 왕 루이 12세의 뒤를 이은 프랑수아 1세Francis I(1494~1547)가 다시 한번 이탈리아를 침범하려 했다. 이때 마키아벨리는 레오 10세에게 이탈리아와 피렌체를 구하기 위해서는 프랑스 군대와 싸워야 한다고 강력하게 촉구했다. 그러나 교황은 결심을 하지 못하고 결국 에스파냐, 신성로마제국, 영국과 동맹을 맺는 길을 택했다. 이에 프랑수아는 10만의 군대를 이끌고 알프스를 넘어 쳐들어왔으며, 동맹국들이 군대를 결성하는 동안 교황의 대리인 로렌초와 추기경 줄리오는 프랑수아와 협상에 들어갔다. 그러나 프랑스 군이 밀라노를 점령하고 볼로냐로 행군해오자 레오는 볼로냐에서 프랑스 왕과 화해하고 볼로냐 협약을 맺었다. 이 협약으로 프랑수아는 레지오와 모데나를 프랑스의 동맹군인 페라라 공작 알폰소에게 양도하게 했으며 밀라노와 나폴리까지 장악해버렸다.

프랑스 왕과의 협약이 만족스럽지는 못했지만 동생 줄리아노가 병으로 갑자기 죽게 되자, 조카 로렌초로 하여금 우르비노를 공략하게 하고 이어 페사로의 군주가 되게 했다. 이로써 교황은 중부 이탈리아를 장악한 것에 만족하며 이탈리아에 평화가 찾아왔다고 생각했다. 그리고 교황청의 부를 마음껏 누렸다. 사치스러운 오락과 연회 베풀기를 즐겼으며 추기경과 로마의 귀족들까지 화려한 유흥을 경쟁적으로 베풀었다. 그로 인해 교황청의 재정과 개인의 재산이 고갈될 정도였다. 그래서 재정을 충당하기 위해 무리하게 면죄부를 팔았고 이로 인해 신자들의 원성을 사게 되었다.

한편 1519년에 신성로마제국 황제 막시밀리안 1세Maximilian I(1459~1519)가 죽자 에스파냐의 카를로스(1500~1558)가 조부 막시밀리안의 뒤를 이어 독일 왕의 자리에 오를 것을 꿈꾸었다. 그것은 에스파냐와 나폴리의 왕이면서도 동시에 네덜란드, 오스트리아의 대공이 되는 것을 의미했다. 따라서 프랑스의 프랑수아 1세와 교황은 카를로스가 선출되는 것을 막기 위해 모든 힘을 동원했다. 레오는 신성로마제국이 프랑스나 에스파냐에 합병될 경우 이탈리아가 승자의 손에 들어가게 될 것을 두려워했다. 그러나 에스파냐의 카를로스 1세가 신성로마제국의 황제 카를 5세로 선출되자 프랑스와 에스파냐 사이에 전쟁이 벌어졌으며, 레오는 중립을 지키려다가 프랑스를 버리고 카를 5세와 비밀 협정을 맺었다. 그것은 종교개혁을 요구하는 마르틴 루터를 해결하는 데는 카를의 도움이 필요했기 때문이다.

레오는 이단자인 루터를 카를 5세가 종교재판에서 해결해주기를 바랐다. 황제는 루터에게 유죄 판결을 내리는 조건으로 밀라노를 포함하여 이탈리아 내의 프랑스의 점령지를 공격할 때 교황이 지원할 것을 요구했다. 이러한 조건을 수락한 가운데 카를이 프랑수아 1세를 이기고 밀라노가 함락되었다. 프랑스 군이 알프스로 퇴각하는 동안 심한 열감기를 앓던 교황은 갑자기 급사하게 되었으며(1521), 이로써 이탈리아 내부는 정치적으로 혼란 상태에 빠져들었고 북유럽에는 마르틴 루터에 의한 종교개혁의 파문이 걷잡을 수 없이 번지기 시작했다.

로렌초 디 피에로 데 메디치Lorenzo di Piero de' Medici(1492~1519)

우르비노 공작Duca di Urbino이라고도 한다. 마키아벨리가 헌사와 함께『군주론』
을 바친 메디치 가의 젊은 군주이다. 1513~1519년까지 피렌체를 통치했다.
레오 10세의 조카(즉 '위대한 로렌초'의 손자)로 1494년 메디치 가문이 피렌체
에서 추방당할 때 2살이었던 그는 1512년 메디치 가의 일원으로 피렌체로 복
귀했다. 숙부인 줄리아노Giuliano de' Medici(1479~1516) 추기경이 1년간 피렌
체를 통치하다가 죽자 교황 레오 10세의 후원 아래 1513년 8월부터 피렌체를
다스렸으며(20살), 우르비노 공작 프란체스코 마리아 델라 로베레를 쫓아내
고 우르비노 공작이 되었다. 그러나 레오에 의해 쫓겨났던 공작은 1년 뒤 자
신의 공작령을 탈환하기 위해 에스파냐 군대를 이끌고 나타났다. 교황과 로
렌초는 장기간에 걸친 전쟁을 치르고 지배권을 되찾을 수는 있었으나 이 전투
에서 부상당한 로렌초는 이후 건강이 악화되었다.

　1518년 프랑스 왕 프랑수아 1세의 사촌과 결혼해 딸 카테리나(프랑스에서
는 카트린 드 메디시스로 불린다)를 낳았으나 얼마 안 되어 아내도 죽고 공작
역시 죽는다(1519). 카테리나는 뒤에 프랑스 왕 앙리 2세가 되는 오를레앙 공
작 앙리와 결혼했으며, 그녀가 낳은 4명의 아들 중 3명이 프랑스 왕이 되었다.

교황 클레멘스 7세Clemens VII(1478~1534)

본명은 줄리오 데 메디치Giulio de' Medici(재위 1523~ 1534). 1478년 파치 가문의 음모로 살해된 줄리아노 데 메디치의 서자다. 줄리아노가 살해되었을 때 결혼 을 하지 않은 상태였으나 사생아가 있다는 것을 안 로 렌초(로렌초 일 마그니피코Lorenzo il Magnifico, 위대한 로렌초)가 데려다가 길렀다. 1513년 사촌인 교황 레오 10세에 의해 피렌체 대주교와 추기경으로 임명되었다. 피렌체를 다스리던 우 르비노 공작, 젊은 로렌초가 사망하자, 재빨리 피렌체를 수습하고 메디치 가 의 영향력을 유지했다. 1521년 교황 레오 10세가 사망하자 25살의 나이로 교 황 클레멘스 7세로 추대되었다. 이탈리아를 차지하려는 프랑스 왕 프랑수아 1세와 신성로마제국 황제 카를 5세 사이에서 나약하고 우유부단한 행동으로 일관했다. 파비아 전투(1525. 2)에서 카를이 밀라노 공작과 동맹하여 프랑스 군을 격파하고 프랑수아 1세를 포로로 잡았다는 소식이 전해지자, 황제를 후 원했던 클레멘스는 돌연 프랑수아와 코냐크 동맹을 체결하고 카를 5세에 대 항했다.

이에 화가 난 카를 5세는 강력한 독일 용병을 이끌고 로마를 공격하여 성 베드로 성당 주변과 교황궁을 약탈했다. 로마의 산탄젤로 성으로 피신한 교 황은 감금된 상태로 카를이 요구한 조약문에 서명했으며 이후 독일과 에스파 냐 용병들에 의해 로마는 6개월여 동안 약탈을 당했다(1527, 교황을 구하기 위한 교황군 총사령관 구이차르디니와 합류했던 마키아벨리는 로마가 함락되 었다는 소식을 듣고 피렌체로 다시 돌아갈 수밖에 없었다).

교황의 무력함에 화가 난 피렌체 시민들은 교황의 초상을 교회 밖으로 던져버리고 새 공화정의 설립을 선포했으며 반메디치 인물인 니콜로 카포니를 지지했다. 또한 국민병을 소집하고 용병을 위한 자금을 마련하고, 시의 성벽을 강화하는 등 카를의 침입에 대비했다. 그러나 그동안 아무런 조치를 취할 수 없었던 교황은 결국 카를과 바르셀로나에서 협정을 맺고(1529) 카를에게 신성로마제국 황제의 왕관을 씌워주기로 약속하고, 그 대신 피렌체를 메디치 가가 지배할 수 있도록 해주겠다는 약속을 받았다.

클레멘스가 1530년 카를에게 정식으로 신성로마제국 황제의 왕관을 내려 카를의 이탈리아 반도 지배를 정식으로 허용하게 되자, 그동안 피렌체를 구하겠다는 애국적인 열정으로 성벽을 두르고 카를에게 대항했던 피렌체 시민들은 황제와 교황의 항복 조건에 굴복할 수밖에 없었으며, 피렌체는 다시 메디치 가의 지배체제로 들어갔다.

클레멘스는 교황 알렉산데르 6세, 율리우스 2세, 레오 10세와 마찬가지로 이탈리아 정치에 관여하고 르네상스 문화를 후원하며 메디치 가의 번영을 위해 노력했지만, 결국 카를의 지배 하에 이탈리아를 남겨둔 채 1534년 세상을 떠났다. 죽기 전에 자신의 사생아였던 알렉산드로(1511~1537)를 피렌체의 세습 공작으로 임명했으나, 잔혹하고 야만스러운 독재자였던 알렉산드로는 5년간 피렌체를 지배하다 친척에게 암살당했다.

토스카나 대공Grand Duke of Tuscany(1519~1574) 이후

피렌체의 공작 알렉산드로의 암살 소식을 듣고 피렌체를 공격한 사람은 메디치 가의 분가分家 출신인 코시모 데 메디치Cosimo de' Medici였다. 위대한 로렌초의 후손으로 정치적 활동을 거의 하지 않았으나 피렌체 공작 2세(1537~1574)를 거쳐 1569년 토스카나 대공이 된 뒤, 코시모 1세로 토스카나를 통치했다.

　메디치 가는 코시모 1세 이후 유럽의 왕가들과 혼인을 하며 가문의 이름과 재산을 계승해나갔으나 자신들의 통치 수단을 군사력에 의존함으로써 선대가 이룩해놓은 명성에 미치지 못했으며, 피렌체에서의 영향력도 상실되어갔다. 1743년 코시모 3세의 딸 안나 마리아(1667~1743)가 죽으면서 메디치 가문은 역사에서 사라졌다.

1469년   이탈리아 피렌체에서 출생.

1498년   피렌체 공화국의 공직자로서 주로 외교사절의 임무를 수행.

1502년   체사레 보르자와의 협상을 위해 외교사절로 파견.

1503년   교황 선거에 대한 정보 수집을 위해 로마에 파견.

1506년   피렌체 민병대 감독기구 '9인 위원회'의 서기관으로 임명.

1510년   프랑스에 외교사절로 파견.

1512년   메디치 가의 복귀로 직위에서 파면.

1513년   반메디치 음모에 가담한 혐의로 체포되어 수감.
        교황 레오 10세의 등극으로 대사면령이 내려 출옥.
        산트 안드리아 농장에서 은둔 생활과 동시에 글쓰기에 몰두.
        『군주론』을 완성하여 메디치 가의 젊은 군주 로렌초에게 바침.

1517년   『로마사론』 및 『전술론』 완성.

1518년   희극 『만드라골라』 집필.

1520년   메디치 가의 사료편찬관으로 임명되고 『피렌체사』 집필 의뢰받음.
        『카스루치오 카스트라카의 생애』 집필.

1521년   『전술론』 출간(마키아벨리 생전 출간된 유일한 정치사상 서적).

1526년   『피렌체사』 8권을 완성하여 교황 클레멘스 7세에게 헌정.
        성곽 방비를 위한 '5인 위원회' 위원장으로 임명됨.

1527년   58세의 나이로 사망. 피렌체의 산타크로체 성당에 매장.

1531년   『로마사 논고』 출간.

1532년   『군주론』 및 『피렌체사』 출간.

1559년   교황청에 의해 『군주론』 금서 조치

마키아벨리즘, 500년간의 논란

마키아벨리는 이렇게 단언한다. "특히 신생 군주라면 사람들이 좋다고 생각하는 방법들은 고려하지 말아야 한다는 점을 분명히 알고 있어야 합니다. 자신의 지위를 유지하기 위해 군주는 어쩔 수 없이 약속을 어겨야 하며, 자비심도 베풀지 말아야 하며 종교도 무시해야만 하는 일이 빈번히 발생하기 때문입니다."

깊게 생각해볼 필요도 없이 독자들은 16세기의 군주제와 21세기의 대통령제가 얼마나 닮은 꼴인가를 알아차릴 수 있다.

– 팀 호건Tim Hogan

1532년, 마키아벨리가 죽고 난 후 몇 년이 지나 출간된 『군주론』은 즉각적인 논쟁을 불러일으켰다. 그리고 그 논쟁은 지금까지도 계속되고 있다.

『군주론』은 주로 '최초'라는 수식어로 다양하게 평가받고 있다. 즉,

- 최초로 정치지도자의 역할을 분석한 책
- 최초로 신학으로부터 정치학을 독립시킨 책
- 최초로 정치에 무관심한 대중을 정치의 영역으로 끌어들인 책
- 외교관을 위한 영원한 규범을 담고 있는 최초의 실용적 통치교본

그러나 무엇보다 최초의 사악한 정치지침서라는 평을 가장 많이 들어왔다.

– 피터 본다넬라Peter Bondanella

르네상스 시대의 역작 『군주론』은 1513년 피렌체 사람, 마키아벨리가 저술한 것으로 '군주는 어떻게 하면 권력을 획득하고 또 유지할 수 있을까'를 그 중심적인 내용으로 삼고 있다. 그는 『군주론』 외에도 로마 공화정을 연구한 『로마사론』(1531년)과 『전략론』 그리고 피렌체의 역사를 정리한 『피렌체사』와 문학작품도 저술한 역사가이며 작가였다.

그러나 이러한 저작물을 남기기 전의 그는 29살부터 15년간 피렌체 공화국의 외교관으로 활동한 인물이었다. 피렌체 공화국의 외교사절로서 뛰어난 역량을 보인 냉철한 정치인이었지만 현재의 많은 사람들은 주로 그를 『군주론』의 저자이며 '목적을 위해서는 수단과 방법을 가리지 말라'는 뜻으로 통용되는 마키아벨리즘으로만 기억하고 있다.

그의 저서 『로마사론』은 로마의 공화정을 다룬 뛰어난 역사서이며, 이탈리아와 피렌체의 역사를 다루고 있는 『피렌체사』는 마키아벨리의 정치사상과 역사의식이 구현돼 있는 중요한 저술이다. 그럼에도 불구하고 공화주의자였던 마키아벨리가 쓴 『군주론』이 500여 년이 지난 오늘날까지도 논란을 일으키는 고전이 된 이유는 무엇일까?

마키아벨리가 살아 있을 당시에는 전혀 주목을 받지 못했던 이 책은 그가 죽은 지 5년 후인 1532년 교황 클레멘스 7세에 의해 출간되었지만, 1559년에 교황 파울루스 4세에 의해 선량한 기독교도에게는 적당치 않은 '악마의 사상'이라며 금서로 지정되었다.

그것은 마키아벨리가 당대 사람들에게는 무자비한 군주로 기억되는 '체사레 보르자'를 모범적인 군주의 예로 제시하며, 권력을 빼앗기지 않고 존속시키는 냉혹한 정치이론을 이상으로 제시했기 때문이었다. 그 외에도 '군주는 필요하다면 도덕적으로 행동하는 것보다 부도덕하게 행동해야 할 경우가 훨씬 많다.' 또는 '군주에게 가장 필요한 특질은 위장기술이다. 따라서 군주란 파렴치한 행동을 해야 할 상황에서는 최대한 사람들이 그 사실을 알아차리지 못하도록 해야 하며, 훌륭한 덕성을 갖춘 것처럼 행동해야 한다.'는 등 『군주론』의 내용은 종교가 지배이념 역할을 하고 있던 당시로서는 너무 파격적인 것들이었다.

그러나 당시 이탈리아의 정치환경을 고려해보면 마키아벨리의 이러한 사상은 새로운 가치관이 절실했던 시대적 배경에서 나왔다는 것을 알 수 있다.

『군주론』에서 제시한 사상은 마키아벨리가 피렌체 공화국을 위해 일하는 외교관으로서 당대 이탈리아의 유력한 군주나 지배자들을 만나면서 형성된 것이었다. 상대국 지도자들의 통치행위를 세심하게 관찰하면서 끝없는 정치적 불안을 겪고 있던 자신의 조국, 피렌체 공화국의 운명을 어떻게 하면 호전시킬 수 있을 것인가에 초점을 맞췄던 것이다.

강력한 군주에 의한 권력 획득과 장악 그리고 유지에 의해서만 안정적인 통치가 가능하다는 지극히 현실적인 정치적 이상을 표현했던 것이다. 또한 공직에서 쫓겨난 그로서는 메디치 가문의 군주에게서 인정받고 싶은 개인적인 소망과 궁극적으로는 외세의 침략으로부터 벗어나 이탈리아의 통일이라는 민족적 염원을 구현하고자 하는 의도가 담긴 것으로 이해할 수 있다.

마키아벨리는 오직 메디치 가문의 강력한 군주에 의해 피렌체의 자유가 옹호되기를 바랐던 것이다. 따라서 그의 사상에서 '권력이 존속할 수 있는' 철저한 실용정치의 원리를 발견할 수 있다. 그것은 '정치란 비도덕적인 것이 아니라 무도덕, 즉 도덕과 무관한 것이며, 윤리적인 행위나 선악의 가치 기준일 수 없으며, 국가를 존속시키는 수단이 될 때 그 정당성이 인정된다'는 것이다.

그러나 마키아벨리의 이러한 사상은 당대의 메디치 가를 통해 구현되지는 못했으며, 종종 독재를 지향하는 정치인들이나 지도자들에 의해 오용되어 '마키아벨리즘'이라는 나쁜 명성을 얻게 되었다. 그러나 역설적으로는 '권력의 속성'을 적나라하게 보여줌으로써 16세기 이후 수많은 사상가들에 의해 실용 정치의 기술로 인정받았다. 결국 '마키아벨리즘'을 통해 근대정치학의 기초를 다지게 되었으며 발간 이후 500여 년이 지난 지금까지 수많은 사람들이 애독하는 명저가 된 것이다.

『군주론』은 르네상스라는 시대적 틀을 걷어내고 바라볼 때 아주 명쾌한 정치철학서가 되며 유쾌한 심리서 또는 세상살이의 지혜를 제시하는 고전이 된다. 격변하는 정치세계에 있는 지도자들에게는 리더십과 처세술이, 개개인에게는 험난한 인생의 지침이 될 실용철학서인 것이다.

그러므로 고대와 중세의 전통적인 사상과 도덕에 반기를 들었던 최초의 근대 철학서인 『군주론』은 학자들은 물론이고 정치가, 학생 그리고 정치의 어두운 이면을 이해하고 싶은 모든 사람들이 꼭 읽어야 할 고전이다.

흔히들 『군주론』은 어려운 책이라 인식하고 있다. 그러나 전혀 그렇지 않다. 마키아벨리가 군주 곁에 앉아 마치 옛이야기를 들려주듯 일목요연하게, 재미있게 통치술을 구술하는 형식으로 되어 있다. 그래서 번역 또한 경어체를 사용하여 입말에 가깝게 풀어내려 노력했다. 또한 정치적 측면보다는 당대의 역사적 상황과 인물에 대한 상세한 정보를 제공하기 위해 역자 주석과 부록, 삽화를 풍부하게 수록했다.

* 이 책은 미국과 영국에서 인정받고 있는 Peter Bondanella and Mark Musa와 W. K. Marriott의 영문 번역본 두 권을 번역의 원전으로 삼았음을 밝혀둔다.

2005년 6월　역자 권혁